D1689017

David Hesse
Philipp Loser

HEUTE ABSTIMMUNG!

30 VOLKSENTSCHEIDE, DIE DIE SCHWEIZ VERÄNDERT HABEN

Limmat Verlag
Zürich

9   Einführung
    Wie Volksabstimmungen das Land verändern

16 Totalrevision (1874)
    Mehr Macht für das Volk

24 Fabrikgesetz (1877)
    Innovativer Arbeitnehmerschutz in den Fabriken

30 Schächtverbot (1893)
    Die erste Volksinitiative grenzt aus

36 Eisenbahngesetz (1898)
    Die Geburt der SBB

42 Kriegssteuer (1915)
    Die erste Bundessteuer

48 Proporzwahl (1918)
    Das Ja zur Revolution

54 Rätoromanisch (1938)
    Die viersprachige Schweiz entsteht

60 Strafgesetzbuch (1938)
    Ein humanes Strafrecht in einer Zeit der Gewalt

66 AHV (1947)
    Sozialstaat statt Sozialismus

72 Vollmachten (1949)
    Das Stimmvolk will zurück zur Demokratie

78 Auslandschweizer (1966)
    Die fünfte Schweiz wird offiziell

84 Überfremdung (1970)
    James Schwarzenbach lanciert die permanente Ausländer-Debatte

92 Frauenstimmrecht (1971)
Hundert Jahre Kampf

100 Kanton Jura (1978)
Der 26. Kanton entsteht

106 Gurtenobligatorium (1980)
Anschnallen, bitte!

112 Neues Eherecht (1985)
Der Abschied vom Paternalismus

118 Rothenthurm (1987)
Schweiz, Land der Moore

124 Schweiz ohne Armee (1989)
Das Ende der Schweizer Armee

130 Atom-Moratorium (1990)
Das Volk stoppt den Bau weiterer Atomkraftwerke

136 EWR-Beitritt (1992)
Die Schweiz wird zur Insel

144 Anti-Rassismus-Strafnorm (1994)
Was darf man noch sagen?

152 Schuldenbremse (2001)
Ein freisinniger Exportschlager

158 UNO-Beitritt (2002)
Der Beitritt zur Welt

164 Fristenlösung (2002)
Wer bestimmt über den Körper der Frau?

170 Verwahrung (2004)
Verwahren und vergessen

176 Mutterschaftsversicherung (2004)
20 Anläufe für eine Mutterschaftsversicherung

184 Gentech-Moratorium (2005)
Ein Ja zu gentechfreier Nahrung

192 Ausschaffung (2010)
Das Volk zwingt die Justiz zur Härte

198 Abzocker (2013)
Der Bruch mit der Wirtschaft

204 Masseneinwanderung (2014)
Die Schweiz und der Dichtestress

213 Schlusswort
Die nächsten 700 Abstimmungen

217 **30 weitere wichtige Volksabstimmungen (1848–2024)**
221 Kleines Glossar
223 Quellen und Literatur
239 Bildnachweis
241 Zu diesem Buch

Einführung

Wie Volksabstimmungen das Land verändern

Wir könnten Teil der Europäischen Union sein. Ein Land ohne Frauenstimmrecht. Eine Nation ohne Armee. Ein Kuriosum ausserhalb der Vereinten Nationen an der Seite von Vatikanstadt und Westsahara. Das erste Land mit bedingungslosem Grundeinkommen. Ein Staat mit nur drei Landessprachen, 25 Kantonen, zehn Atomkraftwerken und sechs Wochen Ferien.

Wir sind es nicht. Weil die Bevölkerung es anders wollte.

Die Schweiz wird geformt von Wasser, Wetter, Stein – und Volksabstimmungen. Seit Gründung des modernen Bundesstaates im Sommer 1848 haben die Stimmberechtigten 676-mal an der Urne Veränderungen der Nation beschlossen oder aufgehalten (Stand Ende 2024) – mit einem Ja, einem Nein, einem leer belassenen oder einem gar nicht eingeworfenen Stimmzettel.

Die Schweizer Stimmbevölkerung entscheidet auf Bundesebene über Details wie das Absinth-Verbot (1908) und den Schutz der Hornkuh (2018), aber auch über tiefgreifende Neuerungen wie die Einführung einer staatlichen Altersversicherung (1925 und vor allem 1947) oder die Legalisierung des Schwangerschaftsabbruchs (2002). Bei jeder Abstimmung geht es um die Zukunft, um die Gestaltung der kommenden Zeit.

Oft ist die Debatte vor dem Volksentscheid bewegter als die Umsetzung danach. Vermeintlich kühne Beschlüsse werden vom Alltag gezähmt, von Behörden entschärft und von sich wandelnder Wirklichkeit überholt.

Nur wenige Abstimmungen haben die Schweiz eindeutig und dauerhaft verändert, auf Jahrzehnte hinaus geprägt. 30 solcher Beschlüsse sind hier porträtiert. Sie wirken in die Gegenwart hinein und machen das Land zu dem, das es heute ist.

Wer ist das Volk?

Abstimmen war in der Schweiz sehr lange Zeit ein Privileg der Wenigen. Nur Männer im Alter von über 20 Jahren mit Vermögen und reinem Leumund hatten 1848 im neuen Bundesstaat gemäss den vielfältigen kantonalen Bestimmungen das Stimm- und Wahlrecht – sie stellten nicht einmal ein Viertel der Wohnbevölkerung. Frauen, verurteilte Straftäter, Konkursite, Steuerschuldner, Armengenössige, Zwangsverwahrte und Landstreicher durften meist keine Stimme abgeben, in einigen Kantonen führte bereits ein Wirtshausverbot zum Entzug des Stimm- und Wahlrechts. Auch die Schweizer Juden waren bis 1866 von der politischen Teilhabe ausgeschlossen.

Mit der Einführung des fakultativen Referendums (1874) und der Volksinitiative (1891) →Glossar, 221 vergrösserte sich die Zahl der Urnengänge, aber noch nicht der Kreis der Stimmenden. Mehr als ein Jahrhundert lang wehrten die Schweizer Männer fast jede Ausweitung des Stimmvolkes erfolgreich ab.

Die Einführung des Frauenstimmrechts wurde mehrfach verschleppt und 1959 an der Urne verworfen. Erst nach internationalem Druck und Protesten im Inland folgte 1971 eine erneute Abstimmung und erhielten auch die Schweizerinnen das Stimm- und Wahlrecht auf Bundesebene. Die Schweiz, die vermeintlich älteste Demokratie der Welt, war neben Liechtenstein das letzte Land Europas, das Frauen ihre politischen Rechte zugestand. Auch der Tschad (1958) und der Iran (1963) waren schneller.

Seither öffnet sich die Gemeinschaft der Stimmenden. 1971 wurden neben den Frauen auch Schuldner und Mittellose bei Abstimmungen auf Bundesebene zugelassen, auch Strafgefangene und Vorbestrafte dürfen nicht länger ausgeschlossen werden. Damit ist die Schweiz etwa den USA einen Schritt voraus, wo mehr als fünf Millionen Bürgerinnen und Bürger ihr Wahlrecht aufgrund von Verurteilungen verwirkt haben, mancherorts auf unbestimmte Zeit.

Seit 1977 dürfen auch Schweizerinnen und Schweizer mitstimmen, die ihren Wohnsitz im Ausland haben. Bei nationalen Urnengängen geben sie ihre Stimme in der letzten Wohngemeinde oder in ihrem Heimatort ab. In den ersten Jahren mussten sie sich hierfür noch physisch auf Schweizer Boden begeben, seit 1992 können sie auf dem Postweg mitentscheiden – wenn die Post des Wohnsitzlandes mitspielt. Mehrere Kantone bieten seit 2008 eine elektronische Stimmabgabe für Auslandschweizerinnen und Auslandschweizer an. Die fünfte Schweiz hat ein relevantes Stimmenpotenzial: Ende 2023 waren 813 400 Schweizer Bürgerinnen und Bürger im Ausland gemeldet. In ein Stimmregister eingetragen waren davon rund 220 000 Personen.

Der vorerst letzte Demokratisierungsschub erfolgte 1991, als das Wahlrechtsalter von 20 auf 18 Jahre gesenkt wurde. 1979 hatte die Bevölkerung diesen Schritt noch abgelehnt und Zweifel an der Reife der Jugend ins Feld geführt. Heute laufen Bemühungen, das Stimm- und Wahlrecht auf 16 Jahre zu senken; der Kanton Glarus hat das lokal bereits realisiert.

Ausgeschlossen von politischer Teilhabe bleiben in der Schweiz mehrere tausend Bürgerinnen und Bürger, die wegen einer Behinderung als urteilsunfähig gelten und deshalb unter umfassender Beistandschaft stehen. Sie haben meist kein Stimm- und Wahlrecht. Diese Schweizer Praxis verstösst gegen die UNO-Konvention über die Rechte von Menschen mit Behinderungen und gerät zunehmend unter Druck. Im Kanton Genf hat die Bevölkerung 2020 auch geistig behinderten Menschen die vollen politischen Rechte zugesprochen.

Die grösste Bevölkerungsgruppe ohne Stimm- und Wahlrecht in der Schweiz aber sind die Ausländerinnen und Ausländer. Sie stellen 2,4 Millionen Menschen oder 27 Prozent der ständigen Wohnbevölkerung (Stand Februar 2024). Ihr Ausschluss ist ein Problem: Wenn ein Viertel der Steuern und Sozialabgaben bezahlenden Einwohnerschaft ohne Stimm- und Wahlrecht ist, hat die Superdemokratie Schweiz ein Demokratiedefizit. Politologen mahnen dies seit Jahren an, der liberale Think-Tank Avenir Suisse spricht von einer «Schieflage».

Angehen liesse sich der Missstand auf mindestens zwei Wegen: über die Einführung des Stimm- und Wahlrechts für niedergelassene Ausländerinnen und Ausländer, wie dies mehrere Kantone und Gemeinden lokal bereits kennen, oder über eine Vereinfachung der Einbürgerungsverfahren, die in der Schweiz weitgehend Sache der Gemeinden und Kantone und vielerorts streng und hürdenreich sind. Über beides muss, genau, am Ende wohl das Stimmvolk entscheiden.

Mitentscheiden als Ritual

Der Einbezug möglichst aller Menschen bei Volksabstimmungen und Wahlen wäre nicht nur fair, sondern verbindend. Direkte Demokratie definiert die Schweiz. Wer an Abstimmungen teilnehmen kann, gehört dazu. Dafür braucht es keine Landsgemeinde, wie es sie nur noch in den Kantonen Glarus und Appenzell Innerrhoden gibt. Das Zusammenfinden funktioniert auch gut in Schulhaus-Turnhallen, im Stimmlokal eines städtischen Hauptbahnhofs und selbst allein daheim am Küchentisch, beim Ausfüllen der Briefwahlunterlagen. Heute geben rund 90 Prozent der Schweizer Stimmenden ihre Beschlüsse per Post ab.

Das Ausfüllen der Stimmzettel ist für viele Bürgerinnen und Bürger ein Ritual. Drei- oder viermal im Jahr kommt das Abstimmungscouvert nach Hause. Wer es aus dem Briefkasten nimmt, erkennt schon an der Dicke und Schwere der Sendung, ob wieder viel oder wenig entschieden werden muss. Das Couvert will vorsichtig geöffnet sein, damit die Klebestelle für die Rücksendung nicht einreisst. In zehn Kantonen, darunter Zürich, Genf und Basel, sind die Rücksendecouverts vorfrankiert, anderswo fehlt dieser Anreiz zum Mitmachen, müssen die Stimmenden das Porto selbst bezahlen.

Das Couvert kommt spätestens drei Wochen vor dem Urnengang. Zeit genug, sich einzulesen. Die Unterlagen enthalten das Abstimmungsbüchlein der Bundeskanzlei in Bern, das seit 1977 den Inhalt der nationalen Vorlagen wertfrei erklären und die Positionen der Befürworter wie Gegner wiedergeben muss (was nicht immer gleich gut gelingt, wie mehrere Kontroversen gezeigt haben). Weiter sind da der Stimmrechtsausweis, den es eigenhändig zu unterschreiben gilt, und die bunten Stimmzettel von Gemeinde, Kanton und eben Nation, von denen auch pflichtbewusste Bürgerinnen und Bürger nie genau wissen, ob sie nun alle zusammen ins Stimmcouvert gehören oder nicht.

Aficionados füllen die Unterlagen sofort aus, haben ihre Positionen parat. Die meisten lassen die Zettel ein paar Tage liegen. Verfolgen die Debatte, prüfen Argumente, im Büro, im Fernsehen, in den sozialen Medien, in der Beiz. Diskutieren mit der Schwiegermutter, dem Partner, den Kindern. Und malen erst dann ihr Ja oder Nein in die dafür vorgesehenen Kästchen. Dass Ehepaare sich jeweils anders entscheiden und so gegenseitig ihre Stimmen aufheben, ist keine Seltenheit. Das Couvert wird verschlossen, man bringt es zur Post oder auf die Gemeinde. Man hat abgestimmt.

Hunderttausende legen das Couvert ins Altpapier. Die Stimmbeteiligung bei nationalen Abstimmungen liegt heute regelmässig unter 50 Prozent (ausser im Kanton Schaffhausen, wo gebüsst wird, wer der Urne fernbleibt). Weshalb so viele Stimmberechtigte keine Stimme abgeben mögen, ist unklar. Sind sie alle zufrieden, alle überfordert oder enttäuscht und entfremdet vom System? Wesen und Gesinnung des Nichtwählers werden mit zunehmendem Eifer erforscht. Es muss eine Demokratie interessieren, aus welchen Gründen ihre Bürger sich von der Teilnahme abwenden.

Abstimmen ohne Grenzen?

Die Schweiz ist nicht das einzige Land, das Volksabstimmungen kennt, auch wenn sie sich das gern so vorstellt. In den USA wird regional über alles Mögliche abgestimmt, etwa ob Marihuana legalisiert werden soll (erstmals in Washington und Colorado, 2012) oder ob Steuern begrenzt werden müssen (Proposition 13 in Kalifornien, 1978). In Irland haben mutige Stimmbürgerinnen und Stimmbürger die gleichgeschlechtliche Ehe erlaubt (2015), den Schwangerschaftsabbruch entkriminalisiert (2018) und das Blasphemieverbot gekippt (2018) und so ihre Insel in eine neue Zeit geführt. Und im Vereinigten Königreich beschloss das Stimmvolk ohne viel direktdemokratische Übung den Austritt aus der EU (2016) und ringt seither mit den Folgen.

Wahr aber ist: Die Schweiz stimmt am fleissigsten ab, eigentlich immerzu. An bis zu vier nationalen Abstimmungssonntagen im Jahr wird alles verhandelt, was nötig ist: Steuern, Klimaziele, Kulturförderung, Staatsverträge. Kein Thema zu komplex, kein Abkommen zu technisch, um nicht von der Bevölkerung entschieden zu werden. Entsprechend stolz sind die Schweizerinnen und Schweizer auf ihr politisches System: Hier wird dem Volk noch etwas zugetraut. Die Überzeugung, in der besten Demokratie der Welt zu leben, ist weit verbreitet. Im Ausland ist die Schweiz Sehnsuchtsort oder Drohkulisse, je nachdem, ob das Volk gerade Managerlöhne begrenzt oder Minarette verbietet.

Direkte Demokratie verleiht der Stimmbevölkerung ein Gefühl von Wirkung, ja Macht. In einer Zeit, da der Alltag von diffusen Kräften geprägt ist, von multinationalen Konzernen, steigenden Temperaturen, unsichtbaren Viren, geopolitischen Machtkämpfen, da macht es an der Urne für einen Moment den Anschein: Hier sind wir nicht Spielball, sondern Gestalter unserer Zeit. Und wenn Wirtschaft und Politik vor dem Abstimmungssonntag hörbar immer nervöser werden und das Volk immer eindringlicher zur Vernunft mahnen, dann ist das ein schönes Gefühl. Die Mächtigen zittern. Vor uns. Wir könnten alles tun.

Regelmässig schreiben die Stimmberechtigten der Schweiz die Verfassung um, entscheiden an der Urne über neu einzufügende oder zu streichende Textstellen. In den meisten Ländern der Welt ist eine solche Volksredaktion nicht vorgesehen, die Verfassung weniger antastbar.

International halten viele Polit-Experten direktdemokratische Abstimmungen deshalb für riskant, ja gefährlich. Nach dem Brexit hiess es weiterum, es sei eben leichtsinnig, das uninformierte, verführbare Volk entscheiden zu lassen. Wer soll es daran hindern, die Todesstrafe wieder einzuführen und die Steuern abzuschaffen?

Nun, die Schweiz hindert sich selbst. Immer wieder stimmt sie auffällig zurückhaltend und gegen schnelle Triebbefriedigung – verwehrt sich etwa selber eine sechste Woche Ferien pro Jahr (2012) oder verwirft einen nationalen Mindestlohn (2014). Im Zweifelsfall, so besagt eine Volksweisheit, stimmen die Schweizer für die Wirtschaft und gegen Abenteuer, immer und immer wieder.

In jüngster Zeit allerdings hat das Bild der Schweizer Stimmbesonnenheit Risse erhalten. Die Bevölkerung hat sich eine 13. AHV-Rente gegönnt (2024), ohne sich um deren Finanzierung zu sorgen. Es hat die Religionsfreiheit eingeschränkt, den Bau von muslimischen Gebetstürmen (2009) und das Tragen der Burka im öffentlichen Raum verboten (2021). Das Instrument der Volksinitiative bringt vermehrt kontroverse Anliegen zur Abstimmung. So hat das Stimmvolk die lebenslange Verwahrung von Sexualstraftätern ohne Chance auf Überprüfung (2004) wie auch die automatische Ausschaffung von kriminellen Ausländerinnen und Ausländern (2010) beschlossen. Beide Volksbegehren laufen internationalem Recht und unterzeichneten Verträgen zuwider.

Soll das Volk wirklich über alles abstimmen dürfen? Selbst über Anliegen, die möglicherweise menschenrechtswidrig sind? Unbedingt, sagt nicht nur die rechtsnationale SVP. Das Volk ist oberster Souverän des Landes, deshalb soll es weder von bilateralen Abkommen noch von internationalen Standards bei seiner Entfaltung eingeschränkt werden. Nur das Volk weiss, was gut ist.

Stimmt nicht, sagen vor allem Völkerrechtler. Das Volk hat nicht immer recht. Internationales Recht sei immer auch Schweizer Recht, da es von der Schweiz als Teil der Welt mitgestaltet und mitgetragen werde. Die Menschenrechte schützen auch jeden kleinen Schweizer, jede kleine Schweizerin.

Eigentlich ist die Vereinigte Bundesversammlung verpflichtet, alle gültig eingereichten Volksinitiativen auf ihre Verträglichkeit mit zwingendem Völkerrecht zu prüfen (sowie auf die Einheit der Materie und Form). Die Politik ist zurückhaltend dabei. Seit 1945 wurden auf Bundesebene nur vier Volksinitiativen vom Parlament für ungültig erklärt: die Initiativen für eine Rüstungspause (1955), gegen Teuerung und Inflation (1977), für weniger Militärausgaben und mehr Friedenspolitik (1995) sowie für eine vernünftige Asylpolitik (1996). Das bedeutet: Auch kontroverse Forderungen sollen zur Abstimmung gelangen, wenn das Volk das will. Auch wenn sie dann bei Annahme oft nur schwer umgesetzt werden können.

Abstimmen mit Wirkung

Abstimmen in der Schweiz ist also nicht frei von Schwierigkeiten. Viele Menschen bleiben ausgeschlossen, viele verzichten freiwillig auf die Teilhabe, und vor dieses unvollständige Volk kommen vermehrt Vorlagen, die das Land in Konflikt mit internationalem Recht bringen. Es wird Ideen brauchen, damit das Abstimmen sinnvoll weitergehen kann, für alle und gegen niemanden. → Schlusswort, 213

Denn weitergehen soll es. Etwas Besseres als direkte Demokratie ist nicht in Sicht. Die Schweiz kann der Welt im Kleinen vorführen, dass auch sehr weitreichende Möglichkeiten der Volksbeteiligung nicht in Chaos und Tyrannei der Mehrheit führen müssen, sondern auch sorgsame Anteilnahme am Projekt Nation erzeugen können. Das ist bedeutsam in einer Zeit, da der Wert von Demokratie infrage gestellt wird und Antidemokraten Wahlen gewinnen.

In den bald 180 Jahren seit 1848 hat das Stimmvolk immer wieder Beschlüsse gefasst, die den Kurs der Nation verändert haben. Manche Entscheide prägen das Land bis heute. Nicht immer zum Guten, aber immer selbst verantwortet.

Dieses Buch porträtiert 30 Abstimmungen, ohne die der Schweizer Alltag heute ein anderer wäre. Es sind Volksentscheide mit Langzeitwirkung. Sie erinnern daran, dass Demokratie keine staatspolitische Folklore ist. Sondern Wirkung hat.

EIDGENÖSSISCHE VOLKSABSTIMMUNG

MEHR MACHT FÜR DAS VOLK

ABSTIMMUNG VOM 19.04.1874
TOTALREVISION (BUNDESVERFASSUNG)

RÉVISION

UN SAUT DANS L'ABIME! | EIN SPRUNG IN DEN ABGRUND!

Voulons-nous le faire ? | Wollen wir ihn machen ?

NON! | NEIN!

Stürzt sich die junge Schweiz ins Verderben? Flugblatt der Föderalisten gegen die erste (gescheiterte) Abstimmung über eine Totalrevision der Bundesverfassung, Mai 1872.

Vorgeschichte

Der Druck kam aus der Mitte der Gesellschaft. Von Lehrern und Lokaljournalisten, Heimarbeiterinnen und Handwerkern, Kleinbauern und der Landbevölkerung. In den 1860er-Jahren, der Zeit des schnellen industriellen Wandels, der Eisenbahnen und Fabriken, standen sie wirtschaftlich auf der Verliererseite. Sie waren unzufrieden im jungen Bundesstaat und forderten als Demokratische Bewegung mehr Mitsprache und einen menschenfreundlicheren Fortschritt. →Fabrikgesetz, 24

Der Bundesstaat war 1848 nach dem Sonderbundskrieg als eine weitgehend repräsentative Demokratie gegründet worden. Das Volk (die Männer, und nur die Männer christlichen Glaubens) wählte Vertreter ins Parlament, sollte aber nur bedingt direkt mitbestimmen. Es gab noch keine Möglichkeit, aktiv das Referendum zu ergreifen oder mit einer Volksinitiative die Verfassung punktuell zu verändern. Im Alltag wollte der Freisinn allein regieren. Er hatte die Verfassung von 1848 wesentlich geprägt und dominierte nun die Bundesversammlung. Im Freisinn verwischte die Grenze zwischen Unternehmertum und Politik; die grossen Industriepioniere sassen wie selbstverständlich auch im Nationalrat und wurden wegen ihrer Machtfülle «Bundesbarone» genannt. Unternehmer wie der Zürcher Alfred Escher, im Nationalrat ab 1848, sprachen sich offen gegen mehr Mitbestimmung wie die Einführung des fakultativen Referendums aus; das Volk verstehe zu wenig von Fortschritt, um sinnvoll mitzuentscheiden.

Ab 1860 mehrte sich der Protest gegen diesen Paternalismus. Der Historiker Rolf Graber hat gezeigt, dass das Aufbegehren teils einer alten «Widerstandskultur» entsprang, etwa den Erfahrungen der Bauernkriege des 17. Jahrhunderts, oder auch der Tradition der Gemeindeautonomie. Zudem wirkten Impulse aus dem Ausland, etwa der Blick auf den US-Präsidenten Abraham Lincoln, der den Bürgerkrieg 1865 mit dem Versprechen von einer Regierung des Volkes, durch das Volk und für das Volk gewann. Warum nicht auch mehr Volk in der Schweiz?

Erste Erfolge feierte die Demokratische Bewegung in den Kantonen. Baselland gab sich 1863 eine neue Verfassung, in Bern unterzeichneten Tausende eine Petition für mehr Mitsprache, in Genf kam es zu Strassenkämpfen. Revisionsfieber brach aus, Landsgemeinden des Protests wurden ausgerichtet. In Zürich verstärkte 1867 ein Ausbruch der Cholera den Unmut mit den Eliten, da die Begüterten während der Epidemie einfach die Stadt verlassen und die Armen sich selbst überlassen hatten. Nach dem Wahlsieg der Demokraten verabschiedete der Kanton Zürich 1869 eine neue, progressive Verfassung, die mit der Einführung eines umfassenden Referendums- und Initiativrechts sowie der Volkswahl des Regierungsrats und der beiden Ständeräte weiterum inspirierte.

Das Revisionsfieber erfasste auch das Parlament in Bern. Der Freisinn hatte zwar nicht die Ausweitung der demokratischen Rechte im Sinn, wohl aber die Zentralisie-

TOTALREVISION

DATUM
19.04.1874

TYP
OBLIGATORISCHES REFERENDUM

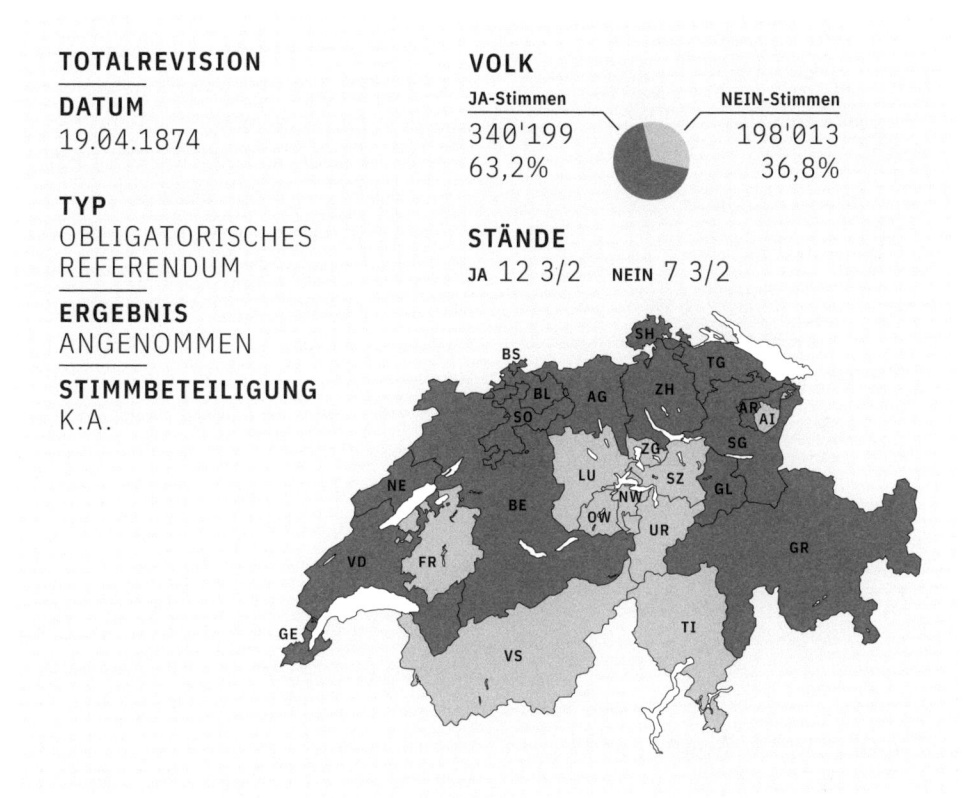

ERGEBNIS
ANGENOMMEN

STIMMBETEILIGUNG
K.A.

VOLK

JA-Stimmen: 340'199 / 63,2%
NEIN-Stimmen: 198'013 / 36,8%

STÄNDE
JA 12 3/2   NEIN 7 3/2

rung des jungen Staates. Die gemeinsame Staatlichkeit der Schweiz war auch nach 1848 noch sehr schwach ausgeprägt; der Historiker André Holenstein schreibt von einer «IG/AG Schweiz» in der Gründungsphase und den Kantonen als Stakeholdern. Es war das erklärte Ziel des Freisinns, die nationale Integration voranzutreiben. Deshalb drängte er wie die Demokratische Bewegung auf eine Revision der Verfassung, wenn auch aus anderen Gründen.

Auf Bundesebene vereinheitlicht werden sollte etwa das Recht; der Schweizer Juristenverein forderte in den 1860er-Jahren, der Wirrwarr der Kantone müsse ein Ende haben. Auch sollte das bis dahin kantonal organisierte Militärwesen zentralisiert werden. Die Schwierigkeiten bei der Internierung der Bourbaki-Armee, die im Deutsch-Französischen Krieg im Februar 1871 über die Grenze gekommen war, hatte die Überforderung der Kantone offenbart. Schliesslich sollte der Bund einen kostenlosen Schulunterricht für alle sicherstellen, sodass die Kinder aller Kantone eine gemeinsame Bildungsbasis hätten.

Die dritte Kraft, die auf eine Verfassungsrevision hinwirkte, war der Kulturkampf, der

Helvetia steht weiter sicher. «Gedenkblatt» zu der vom Volk beschlossenen Totalrevision von 1874 mit den Abstimmungsresultaten aus allen Kantonen.

Machtkonflikt zwischen katholischer Kirche und säkular-demokratischem Staat. Nach dem Unfehlbarkeitsdogma des Papstes 1870 war die Atmosphäre in der konfessionell gemischten Schweiz angespannt. Wer sollte die Aufsicht über Schule und Ehewesen haben – Staat oder Kirche? Progressive Kräfte wollten diesen Konflikt zwischen Tradition und Moderne durch die Verfassung geklärt sehen.

Die Revision der Verfassung wurde also von vielen Seiten gefordert, von Demokraten, Zentralisten und Antikatholiken. Als ein Nationalrat aus der Waadt (der spätere Bundesrat Louis Ruchonnet) im Dezember 1869 die Einführung einer zivilen Ehe und damit eine Schwächung der Kirche vorschlug, nahm dies das Parlament zum Anlass, die ganze Bundesverfassung neu zu schreiben.

Im Mai 1872 wurde der Entwurf dem Volk zur Abstimmung vorgelegt. Der ambitionierte Text scheiterte an Volk und Ständen. Die Westschweizer Föderalisten stimmten mit Nein, weil sie Zentralisierung und Ausbau des Staates als Bedrohung der kantonalen Eigenständigkeit sahen und eine deutschsprachige Dominanz fürchteten; sie hatten vor einem «Sprung in den Abgrund» gewarnt. Auch die katholisch-konservativen Sonderbundskantone waren gegen jede Zentralisierung und gegen die Verdrängung der Kirche aus Schule und Zivilstandswesen.

Allerdings fiel das Ergebnis knapp aus: 49,5 Prozent der Stimmenden hatten die progressive Totalrevision gutgeheissen. «Die Revision ist tot, es lebe die Revision», kommentierte deshalb die NZZ. Als bei den Nationalratswahlen im Herbst 1872 die demokratischen Reformkräfte weitere Sitze gewannen, wagten die vereinten Revisionskräfte einen neuen Anlauf.

Abstimmungsdebatte

Im April 1874 mussten die Stimmberechtigten zum zweiten Mal über eine totalrevidierte Bundesverfassung entscheiden. Der neue Text war kein gänzlich anderer als der verworfene von 1872, die Vereinheitlichung von Recht, Armee und Schulwesen war vom Parlament aber deutlich reduziert worden, ein Zugeständnis an die Bedenken der Romandie und aller Föderalisten.

Der kirchenskeptische Ton dagegen war verschärft worden. Die neue Verfassung wurde «antikatholisch aufgeladen», um auch konservative Protestanten für die Totalrevision zu gewinnen, meint der Historiker Marco Jorio. So verbot die revidierte Bundesverfassung die Gründung neuer Orden, machte neue Bistümer bewilligungspflichtig und verbot die Jesuiten weiterhin per Ausnahmeartikel. «Der Bund stellt sich über die religiösen Gemeinschaften», formulierte unmissverständlich die Botschaft des Bundesrates.

Angesichts der erhaltenen Zugeständnisse gaben die Westschweizer Föderalisten ihren Widerstand auf. Allein die Katholisch-Konservativen blieben ablehnend, störten sich am offen antiklerikalen Ton des Verfassungstextes. Die vorgesehene Glaubens- und Kultusfreiheit bedeute nichts anderes, schrieb der Nidwaldner Geistliche und ehemalige Sonderbündler Remigius Niederberger, dass die Schweiz aufhöre, ein christlicher Staat zu sein, weil «die Jud' und Heid' und Hottentot' ganz gleich viel Recht» erhalten würden. Der Papst in Rom hatte die Schweiz in einer Enzyklika Ende 1873 eine «Synagoge des Satans» genannt und behauptet, die freisinnige Regierung führe Krieg gegen ihn.

Den Ausschlag gaben jene reformierten Stände, die 1872 noch Nein gesagt hatten: die Waadt, Neuenburg und Genf, aber auch Appenzell Ausserrhoden und Graubünden wechselten das Lager, auch wegen des verschärft antikatholischen Geists der Verfassung. Die Mehrheit der Stände und fast zwei Drittel der Stimmenden nahmen die neue Verfassung an.

Wirkung

Die Verfassung von 1874 gab den Startschuss für die direkte Demokratie, wie wir sie heute kennen. Sie ist vielen Historikern der wichtigere Text als die erste Verfassung von 1848. Erst die Totalrevision ermächtigte das Volk zur Mitsprache. Für den Historiker Josef Lang war es «die damals fortschrittlichste Verfassung der Welt», der Staatsrechtler Stefan G. Schmid nennt sie einen «Meilenstein der Demokratiegeschichte», auch wegen der Beachtung, die sie international erfuhr, etwa in den USA. Der neuen Verfassung fehlte aus heutiger Sicht das Frauenstimmrecht →Frauenstimmrecht, 92 und das Proporzwahlrecht, →Proporzwahl, 48 ansonsten war sie ihrer Zeit voraus. Sie blieb (mit vielen punktuellen Anpassungen) Rechtsgrundlage der Schweiz bis zum Inkrafttreten der nächsten Totalrevision, am 1. Januar 2000.

Die Verfassung von 1874 brachte dem Individuum neue Freiheiten. Bürger konnten dank der Niederlassungsfreiheit neu den Wohnort wechseln, ohne ihre politischen Rechte zu verlieren. Neuzuzüger wurden rechtlich mit Alteingesessenen gleichgestellt; das war in einer Zeit der erhöhten Mobilität bedeutsam. Auch die Handels- und Gewerbefreiheit sowie die Kultusfreiheit für alle Glaubensgemeinschaften, auch die Juden, befreiten von Zwang und Tradition.

Die Verfassung trieb die Säkularisierung des Landes voran. Eheschliessung und Scheidung waren nun Sache des Staates, nicht mehr der Kirche. Mehrere konfessionelle Ausnahmeartikel drängten den Einfluss der Kirche zurück: Katholische Priester und auch reformierte Pfarrer waren neu von der Wahl in den Nationalrat ausgeschlossen. Diese Bestimmung blieb bis zur Totalrevision von 1999 in Kraft. Das Jesuitenverbot wie der Klosterartikel wurden 1973 wieder aus der Verfassung gestrichen, nicht zuletzt deshalb, weil sie dem Schweizer Beitritt zur Europäischen Menschenrechtskonvention im Weg standen. Der letzte konfessionelle Ausnahmeartikel von 1874, die Genehmigungspflicht von Bistümern durch den Bund, fiel 2001, nach einer Volksabstimmung.

Die unmittelbarste Veränderung brachte das fakultative Referendum für Bundesgesetze und Bundesbeschlüsse. Das Volk erhielt die Möglichkeit, korrigierend in die Politik des Staates einzugreifen. Mit 30 000 (heute: 50 000) Unterschriften konnte eine Volksabstimmung erzwungen werden. Die neue Mitsprache auf nationaler Ebene sollte aufwiegen, dass die Kantone mit der neuen Verfassung gegenüber dem Bund an Macht verloren hatten, etwa in militärischen Fragen.

Das fakultative Referendum brach fast sofort die Dominanz des Freisinns. Staatsrechtler Andreas Kley nennt es das «Ende der liberalen Alleinherrschaft». Der Freisinn begann, Abstimmungen zu verlieren, statt durchzuregieren. Etwa jene über den «Schulvogt» 1882, die einen Bundesinspektor über den nun kostenlosen Primarschulen installiert hätte, was von Teilen des Volkes als übergriffig erachtet wurde. Gerade die Katholisch-Konservativen, die von der neuen Verfassung eigentlich hätten gegängelt werden sollen, nutzten das Referendumsrecht aktiv. So ermöglichte ausgerechnet die antikatholische Verfassung von 1874 auf lange Sicht eine Aussöhnung der Katholisch-Konservativen mit dem Staat.

Die Einführung des fakultativen Referendums markiert auch den Anfang der Konkordanz. Bundesrat und Parlament mussten bei Gesetzen und Beschlüssen mehr auf Ausgleich achten, um vor dem referendumsfähigen Volk zu bestehen. Die Verfassung beförderte eine neue Achtsamkeit im Umgang mit Minderheiten, etwa mit der Romandie, die durch ihren Widerstand bei der ersten Abstimmung die Zugeständnisse von 1874 ausgehandelt hatte. Das mit der Totalrevision geschaffene ständige Bundesgericht, das individuellen Bürgern die Möglichkeit einer Verfassungsbeschwerde gab, erhielt seinen Sitz in Lausanne.

Der Ausbau der Volksrechte begünstigte auch das Aufkommen politischer Parteien; es brauchte Organisationen, um Anliegen zu koordinieren und bei Bedarf die verlangten Unterschriften zu sammeln. Die Katholisch-Konservative Partei (heute: Die Mitte) formierte sich 1881, die Sozialdemokratische Partei folgte 1888. Mit Josef Zemp wurde 1891 erstmals ein Konservativer in den Bundesrat gewählt und die allein regierende Fraktion der Liberalen und Radikalen gesprengt.

Beim fakultativen Referendum blieb es nicht: 1891 wurden die Volksrechte mit dem Instrument der Volksinitiative erweitert. Damit wurde die Veränderung einzelner Verfassungsartikel möglich; zuvor hatte per Initiative nur eine Totalrevision erwirkt werden können. Das neue Initiativrecht veränderte die Politik. Das Volk konnte nun nicht nur verhindern, sondern auch selber gestalten. 50 000 Unterschriften brauchte es anfänglich; erst 1977 wurde die Zahl auf 100 000 verdoppelt.

Die Verfassung von 1874 war keine von oben herab verfügte, weise Idee des Freisinns, wie das die FDP im Nachhinein gerne darstellte. Es war aber auch nicht reiner Protest der Strasse, der mehr Demokratie erzwang, wie das die Linke gerne sieht. Es war ein Zusammenwirken von demokratischen, zentralistischen und liberalen Anliegen, das eine Verfassung schuf, die den Staat ebenso stärkte wie das Volk.

INNOVATIVER ARBEITNEHMERSCHUTZ IN DEN FABRIKEN

ABSTIMMUNG VOM 21.10.1877
BUNDESGESETZ BETREFFEND DIE ARBEIT IN DEN FABRIKEN

Zum Fabrikgesetz von 1877 ist kein Abstimmungsplakat erhalten. Es folgten viele weitere Fabrik- und Arbeitszeit-Abstimmungen. Dieses Sujet von 1924 wollte das Volk bewegen, die Wochenarbeitszeit auf 54 Stunden zu erhöhen. Ohne Erfolg.

Vorgeschichte

Die Industrialisierung veränderte die Arbeit. In den Textil- und Maschinenfabriken waren Arbeitstage von 15 oder 16 Stunden zu Beginn des 19. Jahrhunderts die Norm. Männer, Frauen, Kinder arbeiteten bis zur Erschöpfung. Die Maschinen waren laut, Luft und Licht schlecht. Wer sich verletzte oder erkrankte, erhielt den geringen Lohn nicht mehr.

Wie in den Nachbarländern diskutierten in der Schweiz die bürgerlichen Eliten ab den 1830er-Jahren die «soziale Frage». Armut schien nicht mehr Schicksal, gottgegeben, sondern auch die Folge ganz bestimmter Arbeitsbedingungen. Ärzte und gemeinnützige Organisationen wiesen auf die menschenunwürdigen Lebensumstände von Fabrikarbeiterinnen und -arbeitern hin, Studien dokumentierten Elend, kranke Kinder, Armut trotz sehr harter Arbeit. Unglücksfälle wie der Usterbrand von 1832 wühlten die Öffentlichkeit auf, die zunehmende Organisation der Arbeiterschaft sorgte für Ängste.

In der zweiten Hälfte des 19. Jahrhunderts setzte sich in der Politik die Überzeugung durch, dass der Staat die Pflicht habe, korrigierend in die private Wirtschaft einzugreifen: Erst im Bereich der Kinderarbeit, wo einige Kantone schon ab 1815 maximale Arbeitszeiten festgelegt hatten, dann umfassender. Der Kanton Glarus schuf 1864 ein wegweisendes Fabrikgesetz, das auch für Erwachsene einen 12-Stunden-Tag vorsah.

Die Totalrevision der Bundesverfassung 1874 verlieh dem Bund die Kompetenz zur landesweiten Regulierung der Arbeitszeit und zum Schutz der Arbeitnehmenden. 1873 hatte Nationalökonom Victor Böhmert im Auftrag der Landesregierung einen Bericht über die «Arbeiterverhältnisse und Fabrikeinrichtungen in der Schweiz» vorgelegt, der schockiert hatte. 1875 präsentierte der Bundesrat einen Entwurf für ein nationales Fabrikgesetz. In seiner Botschaft ans Parlament hielt er fest, es seien «gewisse Dämme» in den «befruchtenden, unter Umständen aber auch verheerenden Strom der Fabrikindustrie» zu setzen – ohne das «Gedeihen der Industrie zu hemmen», aber um «den Nachtheilen und Gefahren» vorzubeugen.

Abstimmungsdebatte

Der Bundesrat hatte zahlreiche Stellungnahmen von Arbeitgebern, Verbänden und Ärzten eingeholt und ein umfassendes Gesetz vorgelegt. Nach mehreren Anpassungen stimmte das Parlament im März 1877 zu. Das Fabrikgesetz führte den Normalarbeitstag von 11 Stunden ein (10 Stunden am Samstag). Es verbot die Fabrikarbeit von Kindern unter 14 Jahren. Es erliess Vorschriften zu Hygiene und Sicherheit am Arbeitsplatz und machte Unternehmer für körperliche Schädigungen haftbar. Es verfügte ein Nacht- und Sonntagsarbeitsverbot für Frauen und übernahm die Glarner Bestimmungen für einen (unbezahlten) Wöchnerinnenschutz. «Das Gesetz bedeutete einen ersten Eingriff der öffentlichen Hand in die innere Ordnung der Fabrik», schreibt die Historikerin Brigitte Studer.

Entsprechend heftig wehrten sich Un-

FABRIKGESETZ

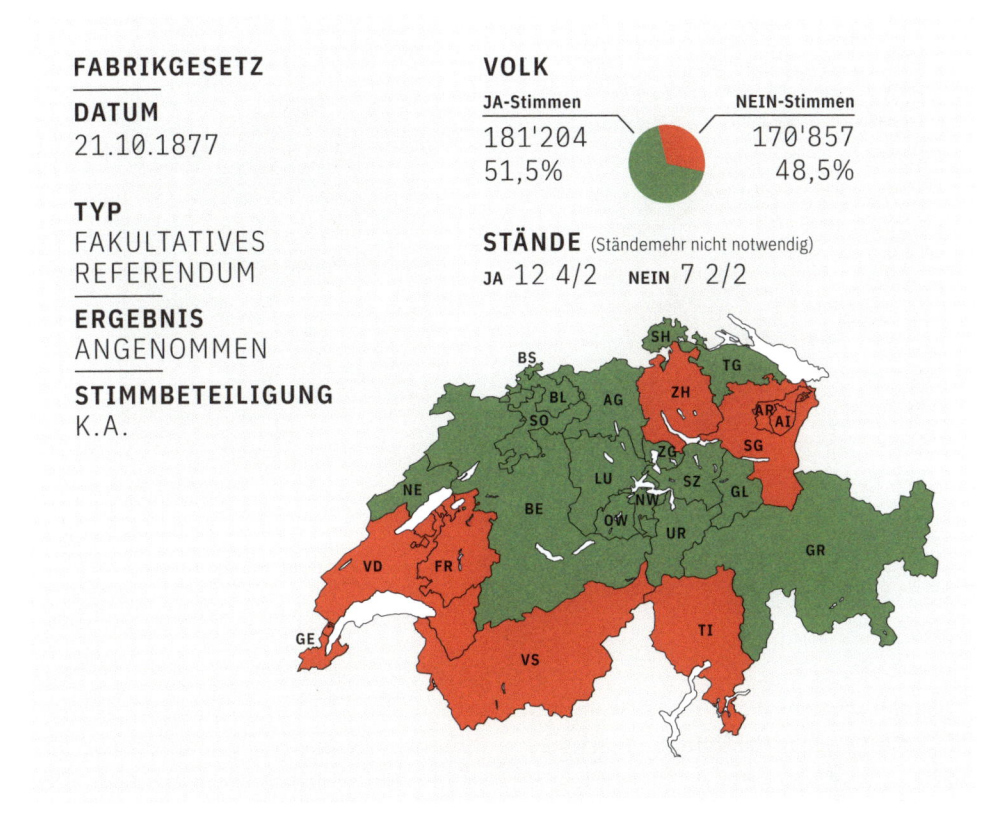

DATUM
21.10.1877

TYP
FAKULTATIVES REFERENDUM

ERGEBNIS
ANGENOMMEN

STIMMBETEILIGUNG
K.A.

VOLK
JA-Stimmen: 181'204 / 51,5%
NEIN-Stimmen: 170'857 / 48,5%

STÄNDE (Ständemehr nicht notwendig)
JA 12 4/2 NEIN 7 2/2

ternehmer, aber auch Föderalisten gegen die Regulierung. Zürcher Spinnereifabrikanten ergriffen das Referendum, unterstützt vom Schweizerischen Handels- und Industrieverein. Die Staatsintervention in die Vertragsfreiheit und vor allem die Schaffung eines eidgenössischen Fabrikinspektorats zur Durchsetzung des Gesetzes waren für sie untragbar. «Das Gesetz würde dem Zentralisierungs- und Regulierungswahn, unter dem wir so sehr gelitten haben, weiter Vorschub leisten», schrieb die «Gazette du Valais» im Juli 1877. Unternehmer argumentierten auch mit der Wettbewerbsfähigkeit des Standorts Schweiz; in Italien bleibe Kinderarbeit ja erlaubt.

Einige wenige Stimmen aus der Arbeitnehmerschaft wehrten sich gegen staatliche Bevormundung. Die frühen Arbeitervereine aber sahen das Fabrikgesetz mehrheitlich als Fortschritt «angesichts der Verheerungen, welche die Industrie in der Bevölkerung anrichtet», wie der Berner «Bund» es 1877 formulierte. Kirchenleute und Intellektuelle befürworteten die Regulierung. Mit knapper Mehrheit von 51,5 Prozent hiess das Stimmvolk das Fabrikgesetz gut. Die Westschweiz, aber auch beide Appenzell und

Das Plakat der Zürcher Grafikerin Dora Hauth-Trachsler mobilisierte gegen die Arbeitszeit-Vorlage von 1924.

Postkarte zur Abstimmung über die Arbeitszeit bei den Eisenbahnen, 1920.

St. Gallen lehnten es ab. Am höchsten war die Zustimmung in der katholischen Innerschweiz. Das Gesetz trat 1878 in Kraft.

Wirkung

Der Fokus auch auf erwachsene Arbeitnehmer sowie die Arbeitgeber-Haftpflicht waren international innovativ. Die Schweiz positionierte sich als Pionierin des Arbeitnehmerschutzes. Zwar betraf das Fabrikgesetz weder die Landwirtschaft, die Heimarbeit noch die vielen kleingewerblichen Betriebe. Doch es machte deutlich, dass der Staat sich für die Arbeitsbedingungen in der Privatwirtschaft einsetzen würde und ebnete so den Weg für zahlreiche weitere arbeitsrechtliche Bestimmungen.

1881 folgte ein Haftpflichtgesetz, das Arbeitgeber weiter in die Pflicht nahm. 1912 stimmte das Volk der Schaffung einer obligatorischen Kranken- und Unfallversicherung zu (die Mutterschaftsversicherung wurde erst 2004 Realität). → Mutterschaftsversicherung, 176

1918 entstand die Schweizerische Unfallversicherungsanstalt Suva. 1920 setzte eine Revision des Fabrikgesetzes die 48-Stunden-Woche fest und verknüpfte die Schonzeit für Frauen nach der Geburt eines Kindes mit einem Kündigungsschutz. Erst 1964 folgte das Bundesgesetz über die Arbeit in Industrie, Gewerbe und Handel, das erstmals alle Wirtschaftsbereiche (bis auf die Landwirtschaft) betraf und bezahlte Ferien einführte.

Ab den 1970er-Jahren begannen etliche Staaten Europas, die Schweiz im Bereich des Arbeitnehmerschutzes zu überflügeln, etwa, was Kündigungen anging. Die OECD zählt die Schweiz heute zu den Staaten mit dem geringsten Arbeitnehmerschutz. Und auch dieser gerät unter politischen Druck. Gewerbe- und Arbeitgeberverbände monieren angeblich veraltete Regulierungen zu Pikettdiensten, Ruhezeiten und Wochenstunden und lobbyieren für Lockerungen. Im November 1998 nahm das Volk nach mehreren zurückgewiesenen Vorlagen eine Revision des Arbeitsgesetzes an, die flexiblere Arbeitszeiten ermöglichte. Das Nachtarbeitsverbot für Frauen wurde aufgehoben, weil es mit der Gleichstellung von Mann und Frau nicht mehr vereinbar war.

Um Fabriken geht es in den heutigen Arbeitsrechtsdebatten kaum mehr. Schweizer Unternehmen und Konsumenten haben die Fabrikarbeit zu grossen Teilen ins Ausland ausgelagert, etwa nach China, Bangladesch oder Indien. In Staaten also, wo der

Das Fabrikgesetz von 1877 war fortschrittlich für seine Zeit. 100 Jahre später gedachte die PTT des Volksentscheids mit einer Briefmarke.

Arbeitnehmerschutz deutlich weniger reguliert ist als in der Schweiz nach 1877. Im November 2020 hat eine Mehrheit der Stände es gegen ein Volksmehr abgelehnt, Schweizer Unternehmen auf Konzernverantwortung bei ausländischen Zulieferern zu verpflichten. Hier wollte die Schweiz nicht Pionierin sein.

DIE ERSTE VOLKSINITIATIVE GRENZT AUS

ABSTIMMUNG VOM 20.08.1893
EIDGENÖSSISCHE VOLKSINITIATIVE «VERBOT DES SCHLACHTENS OHNE VORHERIGE BETÄUBUNG»

Antisemitische Karikatur im Satiremagazin «Nebelspalter», Juni 1893. Die Zeichnung zeigt den Schächter als Schlächter eines Bauernguts.

Vorgeschichte

Es waren Pfarrer, Lehrer, Veterinäre, die Mitte des 19. Jahrhunderts die ersten Tierschutzvereine der Schweiz gründeten. Sie setzten sich dafür ein, dass Lastpferde nicht zu Tode geschunden, Singvögel nicht zum Spass geschossen oder lebende Kälber auf der Fahrt zum Metzger nicht aufeinander gestapelt wurden. Der Umgang mit Schlachtvieh war ihnen ein besonderes Anliegen; die Städte wuchsen, Tiere wurden in ganz neuen Mengen verschoben und getötet.

An der jüdischen Praxis des Schächtens nahmen die Tierschützer von Anfang an Anstoss. Beim Schächten wird ein Tier ohne vorgängige Betäubung durch einen Halsschnitt ausgeblutet und so getötet. Für viele Tierschützer ein unnötig grausames Vorgehen. Im Aargau, in St. Gallen und in Bern wurden ab den 1850er-Jahren jüdische Metzger wegen Tierquälerei verklagt, zeitweilig kam es zu lokalen Schächtverboten.

Dagegen wehrten sich die jüdischen Gemeinden. Das Schächten ist ein von den jüdischen (und muslimischen) Religionsgesetzen verlangter Ritus. Der Verzehr von Blut ist verboten, nur geschächtetes Fleisch ist koscher. Religiöse Praktiken sollten nicht verboten werden. Die Schweizer Juden hatten erst 1866 und auf internationalen Druck hin die vollen Bürgerrechte und die Niederlassungsfreiheit erhalten. Die Totalrevision der Bundesverfassung von 1874 sicherte ihnen nun das Recht auf freie Religionsausübung. → Totalrevision, 16

Befürworter wie Gegner der Schächtpraxis gelangten an den Bund. Der Zentralvorstand der Tierschutzvereine verlangte 1886 in einer Petition ein Verbot des Schächtens. Der Bundesrat lehnte dies nach Einholung tierärztlicher Gutachten ab und verwies auf die freie Ausübung gottesdienstlicher Handlungen: Schächten sei verfassungskonform.

Das wollten die Schächtgegner nicht hinnehmen. Sie nutzten das 1891 eingeführte Instrument der Volksinitiative, um ein nationales Schächtverbot zu erwirken und die Kultusfreiheit wieder einzuschränken. Im Februar 1892 lancierte die Versammlung der deutschschweizerischen Tierschutzvereine die erste Volksinitiative in der Geschichte des Bundesstaates. Nach sechs Monaten waren deutlich mehr als die verlangten 50 000 Unterschriften beisammen, die meisten aus den Kantonen Aargau, Bern und Zürich, wo die Tierschutzvereine besonders aktiv waren. Parlament und Regierung lehnten das Begehren ab. Eine offizielle Empfehlung sprach der Bundesrat damals noch nicht aus.

Abstimmungsdebatte

In der Frage des Schächtens vermischten sich Tierschutz und Judenfeindlichkeit. Zwar betonten die Initianten im Abstimmungskampf, sie seien keinesfalls gegen «das Volk Israel», sondern allein um das Tierwohl besorgt. Die Debatte (und auch die kantonalen Streitigkeiten davor) aber waren, wie die Forschung dokumentiert hat, eindeutig antisemitisch geprägt.

Antisemitismus war Ende des 19. Jahrhunderts weit verbreitet. Im deutschen Kaiserreich nahmen nach der Wirtschaftskrise von 1873 die Vertreibungen von Juden zu,

SCHÄCHTVERBOT

DATUM
20.08.1893

TYP
VOLKSINITIATIVE

ERGEBNIS
ANGENOMMEN

STIMMBETEILIGUNG
49,18%

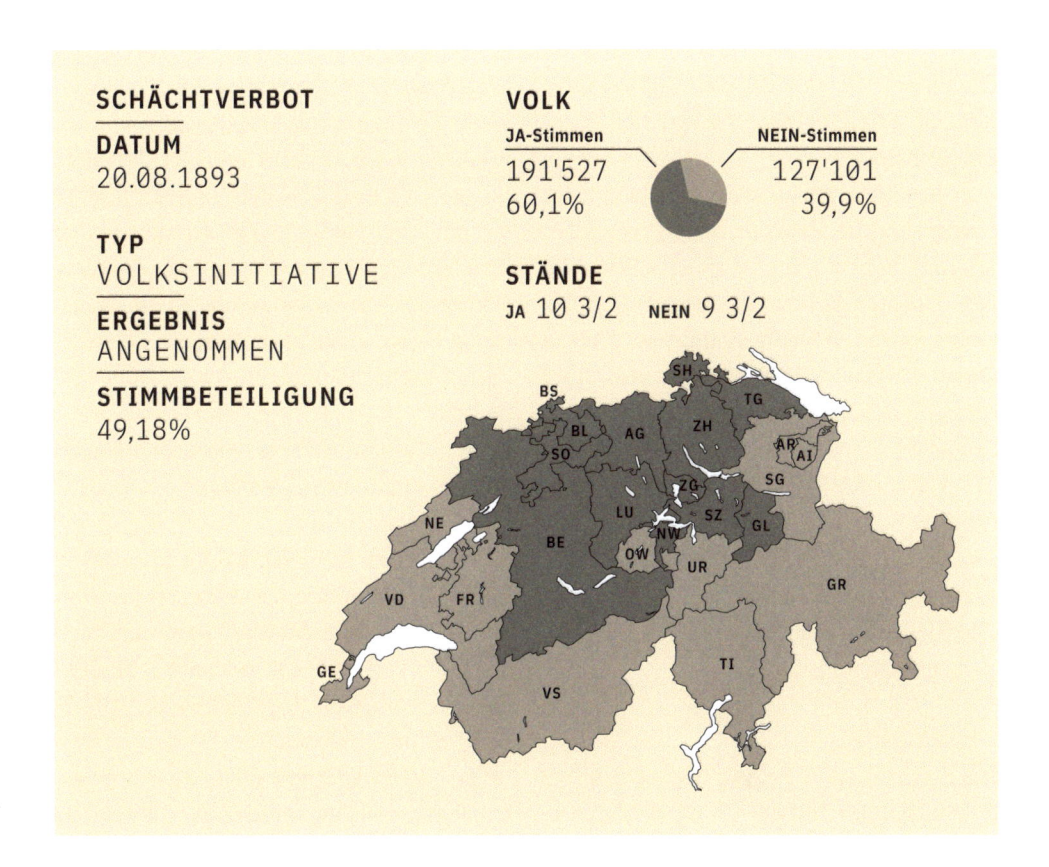

VOLK
JA-Stimmen   NEIN-Stimmen
191'527   127'101
60,1%   39,9%

STÄNDE
JA 10 3/2   NEIN 9 3/2

weshalb in der Schweiz Ängste vor jüdischer Zuwanderung geschürt wurden. Antisemiten mobilisierten für ein Schächtverbot als abschreckendes Signal.

Weiter zielten viele Schächtgegner darauf ab, die Juden der Schweiz einzuschüchtern. «Wenn wir ihm nicht Meister werden / Wird der Jude unser Meister», dichtete Ulrich Dürrenmatt, der Gründer der Bernischen Volkspartei und Grossvater des Schriftstellers, in seiner eigenen «Berner Volkszeitung». Die Karikaturen des «Nebelspalters» zeigten Juden mit langer Nase und Schächtmesser: das Judentum als Bedrohung für die Schweiz. Selbst die Tierschützer schienen mit dem Schächten auffällig mehr Probleme zu haben als mit anderen rabiaten, nichtjüdischen Schlachtpraktiken der Zeit, etwa mit dem Hammerschlag durch die «Stichmaske», bei dem dem Vieh ein Nagel durch den Schädel getrieben wurde.

Gegner des Verbots, vor allem Freisinnige, argumentierten mit Verfassung und Kultusfreiheit. Auch die katholisch-konservative Innerschweiz gab sich zurückhaltend. Sie hatte zwar wohl wenig Sympathie für das Judentum, wollte aber so kurz nach dem Kulturkampf aus Eigeninteresse nicht am

Prinzip der freien Religionsausübung rütteln. Die Stimmbeteiligung war tief in der Innerschweiz.

Die erste Volksinitiative überhaupt war erfolgreich. 60 Prozent der stimmenden Männer befürworteten das Schächtverbot. Am höchsten fiel die Zustimmung in der Grenzregion zu Deutschland aus (Aargau 90,1%, Zürich 85,9%, Schaffhausen 84,4%), ein Echo des deutschen Antisemitismus. In der lateinischen Schweiz fand das Verbot kaum Zuspruch (Wallis 3,1%, Tessin 12,2%, Genf 12,8%). Die Verfassung wurde mit Art. 25 [bis] ergänzt: «Das Schlachten der Thiere ohne vorherige Betäubung vor dem Blutentzuge ist bei jeder Schlachtart und Viehgattung ausnahmslos untersagt.»

Wirkung

Das Schächtverbot besteht bis heute. Zwar steht es seit der Volksabstimmung über den Tierschutzartikel 1973 nicht mehr explizit in der Verfassung. Als Verordnung im Tierschutzgesetz aber lebt es fort. Das Parlament hatte eine Streichung intensiv diskutiert, sie zuletzt jedoch als chancenlos beim Volk erachtet. In der Schweiz bleibt die Betäubung aller Säugetiere vor der Schlachtung zwingend. Das Schächten von Geflügel ist erlaubt, wenn es sich um eine rituelle Schlachtung handelt.

Es gab Versuche, das Schächtverbot zu lockern. Der Bundesrat empfahl im Herbst 2001, das Schächten auch ohne Betäubung in Ausnahmen zuzulassen. Im Parlament, unter Veterinärmedizinern, Bauern und Tierschutzorganisationen erwuchs sofort so viel Widerstand, dass der Schweizerische Israelitische Gemeindebund SIG selber um einen Rückzug des Anliegens bat. Der damalige Bundesrat Pascal Couchepin sprach 2002 in der jüdischen Zeitung «Tachles» von einem «patriotischen Opfer» der Schweizer Juden, also von einem Zugeständnis an die Mehrheit: «Heute sieht man, dass das Schächtverbot nicht fallen kann.» Couchepin vermutete, dass die Mehrheit «der Leute» in der Schweiz es einfach nicht verstehen könne, «dass ein religiöses Gebot diese Art von Töten verlangen sollte».

Geschächtetes Fleisch muss also weiter importiert werden. 2017 wollte eine Motion von SP-Nationalrat Matthias Aebischer auch den Import «tierquälerisch erzeugter Produkte» verbieten. Co-Motionärin und Animal-Trust-Gründerin Katharina Büttiker erklärte im «Tages-Anzeiger», dass nicht nur gestopfte Gänseleber, sondern auch koscheres Fleisch betroffen sein würde. Die Motion scheiterte im Ständerat.

Tiermediziner sind sich uneins, wie grausam das Schächten ohne Betäubung tatsächlich ist. «Nach dem heutigen Stand der Wissenschaft ist klar, dass das Schächten einen zusätzlichen Schmerz für das Tier bedeutet», sagte der Tierarzt Stephan Häsler 2023 gegenüber Radio SRF. Andere Stimmen argumentieren, der Fokus auf das jüdische (und muslimische) Schächten habe etwas Zufälliges und deshalb Diskriminierendes. «Wenn das Leiden der Kreatur sich beschränken würde auf die Leiden, die beim Schächtschnitt entstehen, dann wären wir auf diesem Gebiet sehr weit», sagte der damalige

Bundesrat Ernst Brugger (FDP) schon in einer Parlamentsberatung im März 1973. Das Leid der Tiere liegt vielleicht eher in industriellen Tierfabriken, im billigen Importpoulet und in der gedankenlos verzehrten Wurst denn im Schächtritual einer Minderheit.

Zu Beginn des 21. Jahrhunderts, als die Schweiz an der Urne über die Verbote von muslimischen Minaretten zu befinden hatte, riefen mehrere Kommentatoren das Schächtverbot von 1893 in Erinnerung. Die direkte Demokratie trage das Potenzial der Minderheitendiskriminierung in sich und habe die «aktive Beschneidung religiöser Freiheitsrechte» auch in der Vergangenheit schon realisiert, schrieb etwa der Politologe Adrian Vatter. Toleranz für Minderheiten und die Zügelung der eigenen Macht bleibt auch im 21. Jahrhundert eine Herausforderung für den Souverän, das Volk.

DIE GEBURT DER SBB

ABSTIMMUNG VOM 20.02.1898
BUNDESGESETZ BETREFFEND DIE ERWERBUNG
UND DEN BETRIEB VON EISENBAHNEN FÜR
RECHNUNG DES BUNDES UND DIE ORGANISATION
DER VERWALTUNG DER SCHWEIZERISCHEN
BUNDESBAHNEN

Das Plakat von Henry Meylan sieht die geplante Staatsbahn hochverschuldet unterwegs nach Bern. Die Waadt, eigenstaatlich seit 1798, soll der Zentralisierung Einhalt gebieten.

Vorgeschichte

Als die Schweiz 1848 zusammenfand, war sie ein Land der Postkutschen. Erst eine einzige kurze Eisenbahnstrecke war seit 1847 in Betrieb, die Spanisch-Brötli-Bahn von Baden nach Zürich. Aus dem französischen Strasbourg führte seit 1844 ein Zug bis nach Basel. Im Vergleich zu den Nachbarländern war die Schweiz im Schienen-Rückstand, auch wegen des Sonderbundskrieges.

Die junge Eidgenossenschaft war freiheitlich orientiert. Deshalb legte das Eisenbahngesetz von 1852 fest, dass Bau und Betrieb von Bahnen nicht Sache des Bundes sei, sondern von Privaten. Die Vergabe von Konzessionen oblag den Kantonen, einheitliche Vorgaben zu Streckenführung, Tarifen oder Fahrplänen gab es nicht. Die Unternehmer nahmen das Gesetz freudig auf, es begann ein fieberhaftes Verlegen von Geleisen und Durchstossen von Bergen. Industrielle und Bankiers gründeten Eisenbahngesellschaften, Alfred Escher in Zürich die Nordostbahn (1853), Johann Jakob Sulzer in Winterthur die Schweizer Nationalbahn (1875).

Die ersten 40 Jahre Schweizer Bahnverkehr waren wild. Die Unternehmer wirtschafteten in harter Konkurrenz, es kam zu Übernahmen und Konkursen, Anleger verloren viel Geld. Bald blieben fünf grosse Eisenbahngesellschaften übrig, die das Land unter sich aufteilten: die Westschweizer Jura-Simplon-Bahn, die Centralbahn, die Nordostbahn, die Vereinigten Schweizerbahnen in der Ostschweiz und die Gotthardbahn. Auf regionalen Strecken blieb eine Vielzahl kleinerer Privatbahnen aktiv.

Der Wettbewerb sorgte für Unmut in der Bevölkerung. Bahnkunden waren mit Wartezeiten und fehlenden Anschlüssen konfrontiert. Ausländisches Kapital floss massiv in Schweizer Bahnunternehmen, was als politisches Risiko gewertet wurde. Unfälle – etwa 1891 bei Münchenstein mit 73 Toten – liessen Fragen der Sicherheit laut werden. Das Personal streikte wegen schlechter Arbeitsbedingungen. Das System der Privatbahnen funktionierte nicht gut. Ein funktionierendes Bahnwesen aber wurde zunehmend als systemrelevant erkannt, sodass das Parlament ab den 1870er-Jahren über eine Verstaatlichung der Bahnen zu diskutieren begann.

Staatsbahnen gab es bereits in Frankreich oder Belgien. Warum nicht auch in der Schweiz? Der katholisch-konservative Bundesrat Josef Zemp trieb die Übernahme durch den Bund voran. 1891 scheiterte eine erste Volksabstimmung, bei der nur die Centralbahn im Fokus gestanden hatte. Doch der Bund lobbyierte weiter. 1897 wurde das Bundesgesetz zum staatlichen Rückkauf der fünf wichtigsten Privatbahnen vom Parlament verabschiedet. Westschweizer Liberale und Berner Konservative ergriffen das Referendum.

Abstimmungsdebatte

Die Eisenbahn-Abstimmung bewegte die Schweiz. 50 Jahre nach der Staatsgründung schien es erneut um das Wesen der Nation zu gehen: Zentralstaat oder Föderalismus, Bund oder Markt?

Zu den Befürwortern der Bundesbahnen zählten der Freisinn, die Sozialdemokratie

EISENBAHNGESETZ

DATUM
20.02.1898

TYP
FAKULTATIVES REFERENDUM

ERGEBNIS
ANGENOMMEN

STIMMBETEILIGUNG
78,06%

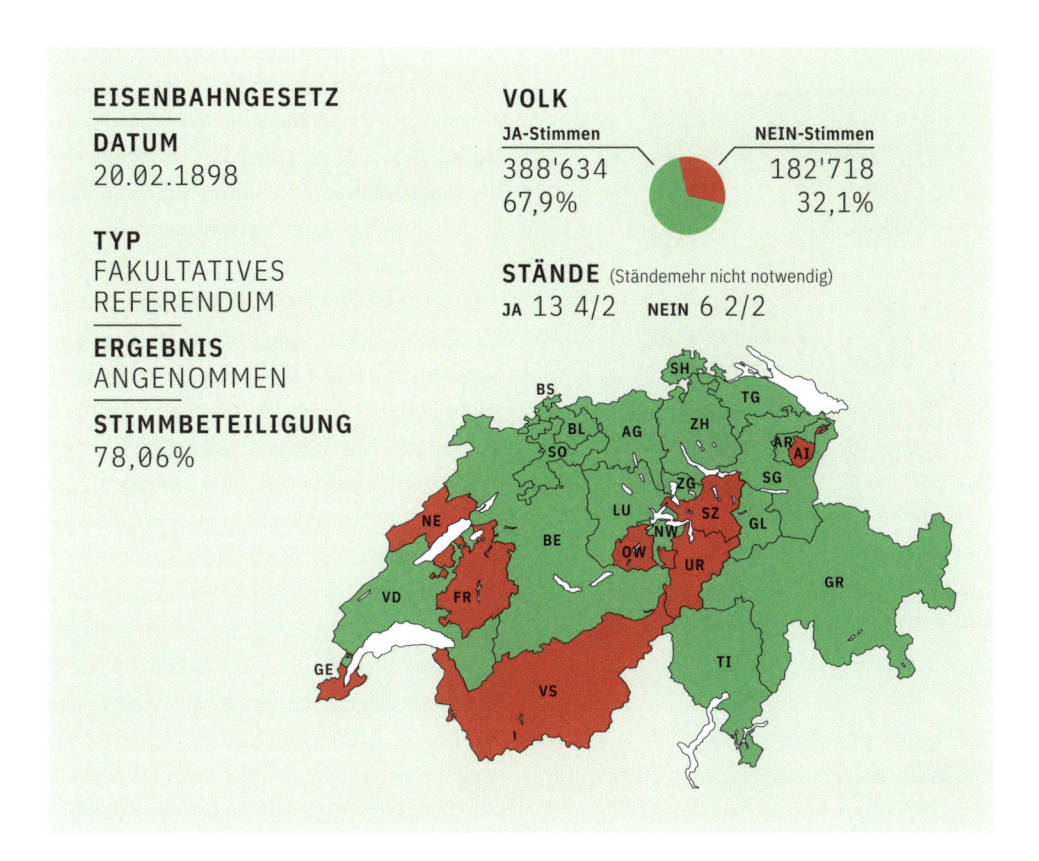

VOLK
JA-Stimmen   NEIN-Stimmen
388'634   182'718
67,9%   32,1%

STÄNDE (Ständemehr nicht notwendig)
JA 13 4/2 NEIN 6 2/2

und die frühen Gewerkschaften. Sie forderten «Schweizerbahnen dem Schweizervolk», ja einen «Volks-Betrieb» des Schienenverkehrs. Unter den Gegnern waren die Bahnunternehmer selbst, aber auch protestantische Konservative, Teile der Zentralschweiz und vor allem die Kantone der Romandie.

Die Westschweiz fürchtete geografische Benachteiligung. Der Bundesrat musste versprechen, dass die SBB die Jura-Simplon-Verbindung pflegen und auch «Nebenstrecken» bewirtschaften würden. Das Parlament hatte bereits entsprechende Korrekturen im Gesetz angebracht und die Mitsprache der Kantone gestärkt. Die Romandie war aber auch grundsätzlich gegen eine weitere Ermächtigung des Bundes. Ein Abstimmungsplakat aus der Waadt zeigte die mit Schulden beladene Staatsbahn auf dem Gleis nach Bern, und im «Journal de Genève» wurde vor einem Heer der 40 000 Eisenbahner gewarnt, einer loyalen Beamtenleibgarde des Bundesrates.

Das amüsierte die NZZ in Zürich. Ein «Mamelukenheer der Eisenbahner» sei nicht zu fürchten, Schweizer Beamte seien der Regierung sicher nicht willenlos ergeben. Die Zeitung befürwortete ein staatliches

DIE GEBURT DER SBB   39

Gedenkblatt nach gewonnener Abstimmung 1898, gestaltet von Johann Friedrich Boscovits, Mitbegründer des «Nebelspalters».

Bahnmonopol, da der Bund mit Post und Telegrafie gezeigt habe, dass er Infrastrukturbetriebe führen könne. Der Bund selber achtete darauf, stets von Rückkauf und nie von Enteignung zu sprechen.

Das Volk hiess die Schaffung der SBB mit einer Zweidrittelmehrheit gut. Die Stimmbeteiligung war mit 78 Prozent hoch wie nie zuvor. Am tiefsten war die Zustimmung in den früheren Sonderbundskantonen, am höchsten in Zürich und in der Ostschweiz.

Wirkung

Der Volksentscheid schuf das Unternehmen SBB. Am 1. Januar 1902 nahmen die Generaldirektion in Bern und die fünf Kreisdirektionen in Lausanne, Basel, Zürich, St. Gallen und Luzern den Betrieb auf. Sie integrierten das zersplitterte Bahnsystem und etablierten eine Marke, die für die Schweiz bis heute identitätsstiftend ist. «Der Schweizerische Nationalstaat erfuhr mit der Schaffung der Bundesbahnen seine Vollendung», urteilten die SBB hundert Jahre nach der Abstimmung über sich selbst.

Als die damalige Bundespräsidentin Simonetta Sommaruga 2022 die Festrede zum 175-Jahr-Jubiläum des Eisenbahnbetriebs in der Schweiz hielt, betonte sie Emotionen, ihre «Freude am Bahnfahren» – und wusste: «Das geht auch vielen anderen so.» Die SBB, ihre Taktfahrpläne, Halbtaxabonnemente und Speisewagen gehören zur Schweiz. Wo sie fahren, ist daheim. Im 20. Jahrhundert wurde die Schweiz zum Bahnland, und Globi und Papa Moll waren genauso mit den SBB unterwegs wie Mani Matter und Roger Moore. In den SBB manifestierten sich nationale Tugenden wie Pünktlichkeit, Sicherheit und Sauberkeit. «Die SBB wurden zum Love-Brand», sagt Benedikt Weibel, SBB-Chef von 1993 bis 2006.

Das geschah aber nicht sofort. Der Start der Bundesbahnen war befrachtet mit hohen Rückkaufsschulden. Im Ersten Weltkrieg wurde der Betrieb zum Problem, weil Kohle aus dem Ausland fehlte. 1918 beschloss der Bund angesichts der steigenden Kohlenpreise die Elektrifizierung der SBB. Strom sollte als «Weisse Kohle» den Bahnbetrieb sichern und das Vaterland unabhängiger machen. Entsprechend wurde die Wasserkraft ausgebaut und die Schweiz zu einer Pionierin des elektrischen Bahnverkehrs. Die Erschliessung der Wasserkraft prägt die Schweiz bis heute.

Mit dem Autoboom der Nachkriegszeit gerieten die SBB ab 1971 in finanzielle Schwierigkeiten. Das SBB-Logo, das geflügelte Rad, wurde im Volk der «Pleitegeier» genannt. Erst Innovationen wie der Taktfahrplan (1982), das Halbtax-Abonnement (1987) und das vom Volk im Dezember 1987 gutgeheissene, Milliarden teure Verdichtungsprojekt «Bahn 2000» setzten den Kurs für eine Renaissance. Die Debatte um Stau, Smog und Waldsterben gaben der Bahn zusätzlichen Schub.

Mit der Verstaatlichung der Eisenbahn 1898 begann die Liebe der Schweiz zu staatsnahen Betrieben. Ob Post, Telekommunikation, Energie oder eben Verkehr: Wirtschaftlich geführte Unternehmen, die den Bund oder einen Kanton als Eigner haben, geniessen in der Schweiz bis heute mehr Wohlwollen als in anderen Ländern Europas. Diese Unternehmen sollen im Dienste des Gemeinwohls stehen, auch in Randgebieten ein Grundangebot sichern, wo es sich rein wirtschaftlich nicht lohnt. Sie sollen aber dennoch richtige Firmen sein, keine Behörden.

Natürlich wird in der Schweiz auch geschimpft über staatsnahe Betriebe. Für Liberale verzerren sie den Markt, für die Linke gefährden sie den Service Public mit Management-Gerede von Effizienz und Synergien. Dennoch: Harte Privatisierungswellen wie in Grossbritannien hat die Schweiz nicht erlebt. Die SBB wurden 1999 in eine spezialgesetzliche Aktiengesellschaft umgewandelt, um sie agiler zu machen und zu entschulden. Der Bund hält aber weiterhin 100 Prozent der Aktien. So, wie das Volk das wollte, 1898.

DIE ERSTE BUNDESSTEUER

ABSTIMMUNG VOM 06.06.1915
BUNDESBESCHLUSS BETREFFEND ERLASS EINES
ARTIKELS DER BUNDESVERFASSUNG ZUR
ERHEBUNG EINER EINMALIGEN KRIEGSSTEUER

Drei Jahre nach dem Volks-Ja zur einmaligen Kriegssteuer soll 1918 eine Bundessteuer etabliert werden. Auf dem Plakat von Hugo Laubi wird der Reiche ausgequetscht, sein Geld fliesst in die Bundeskasse. Die Vorlage scheiterte.

Vorgeschichte

«Werte Eidgenossen!», so beginnt der «Aufruf an das Schweizervolk». Inhalt: die Faszination der modernen Aviatik. Die neu erfundenen Flieger hätten in den ersten Jahren des 20. Jahrhunderts allgemeine Begeisterung hervorgerufen, stand im Brief der Schweizerischen Offiziersgesellschaft von 1913. Der Mensch habe die Herrschaft über den Luftraum erobert und könne das Flugzeug nun im «praktischen Leben» einsetzen.

Zu diesem «praktischen Leben» gehört – es wird deutlich, wenn man im Brief weiterliest – auch das Militär. «Heute ist das Flugzeug zu einer unentbehrlichen Waffe geworden; es ist nicht mehr zu bestreiten, dass das Heer, welches ohne Flugzeuge den Kampf gegen ein anderes, mit Flugzeugen ausgerüstetes aufnehmen wollte, sich in ausgesprochenem Nachteile befinden würde.»

Doch Flugzeuge sind teuer! Weil der Bund bereits sehr viel für das Militär ausgebe, fehlten ihm jetzt die Mittel, um weitere Flugzeuge zu erwerben (eine Klage, die bis heute zu hören ist). Aus diesem Grund startete die Offiziersgesellschaft ihren Aufruf und eine «Nationalsammlung für die Aviatik». «Das Schweizervolk steht allgemein im Rufe, frohen Herzens Militärlasten zu tragen, welche es für die Verteidigung des Vaterlands für notwendig erachtet.»

Unterzeichnet war der «Aufruf» von Verteidigungsminister Arthur Hoffmann (FDP), den wichtigsten Militärfunktionären und vielen Parlamentariern. Der Brief ans Volk überzeugte. Am Vorabend des Ersten Weltkrieges sahen zahlreiche Bewohner des Landes ein, dass der Bund mehr Mittel brauchte, um die heraufziehende Krise zu meistern und die Schweiz zu verteidigen.

Mit Flugtagen, Veranstaltungen und Spenden konnten über 1,7 Millionen Franken gesammelt werden, was heute rund 52 Millionen Franken entsprechen würde. Das Militärdepartement kaufte 1916 mit dem Geld 17 Flugzeuge.

Beim Bund führte die erfolgreiche Sammlung zu einem Nachdenken. Könnte das Volk nicht generell helfen, den Staat zu finanzieren? Bis zum Ausbruch des Ersten Weltkriegs hatte sich der Bund mehrheitlich durch Zolleinnahmen finanziert. Steuern waren den Kantonen vorbehalten – wo allerdings damals auch die meisten staatlichen Aufgaben angesiedelt waren. Zu den wenigen Verantwortlichkeiten des Bundes gehörte – neben dem Münz- und Postwesen und seit 1898 auch der Eisenbahn →Eisenbahngesetz, 36 – das Militär.

Als dann der Weltkrieg begann, fielen der internationale Handel und damit die Zolleinnahmen in sich zusammen. Statt 80 Prozent der Staatseinkünfte machten sie plötzlich nur noch 13 Prozent aus – und gleichzeitig stiegen die Ausgaben für die Landesverteidigung massiv. Die Lösung: Bundessteuern!

Abstimmungsdebatte

Es war die allererste direkte Steuer, die der Bund beim Volk erheben wollte. Beschlossen wurde die Kriegssteuer im April 1915 von der Bundesversammlung, die Volksabstimmung

KRIEGSSTEUER

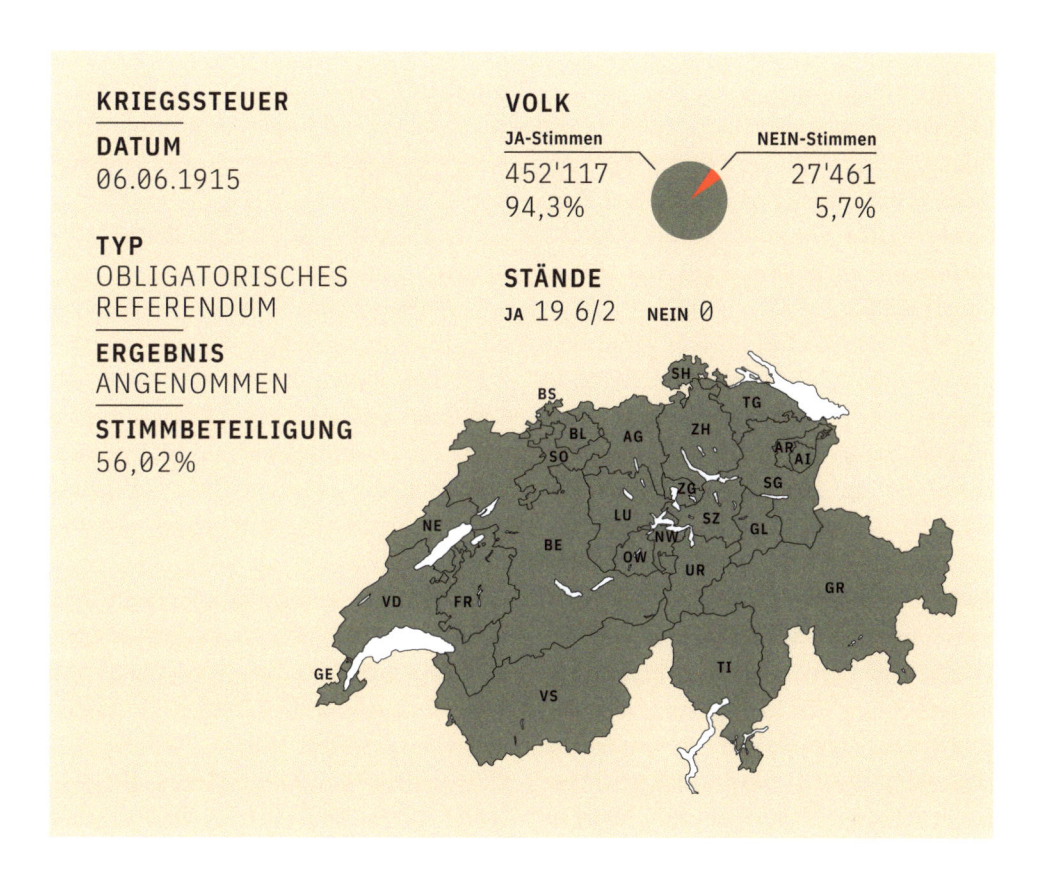

DATUM
06.06.1915

TYP
OBLIGATORISCHES REFERENDUM

ERGEBNIS
ANGENOMMEN

STIMMBETEILIGUNG
56,02%

VOLK

JA-Stimmen	NEIN-Stimmen
452'117	27'461
94,3%	5,7%

STÄNDE
JA 19 6/2   NEIN 0

fand zwei Monate später statt. Besteuert werden sollte das Erwerbseinkommen, nicht aber das Einkommen aus Vermögen oder das Vermögen selbst.

Eine eigentliche Debatte fand nicht statt. Sämtliche Parteien waren sich einig, dass eine direkte Steuer für den Bund unabdingbar sei. Die Linke hatte schon vor dem Krieg versucht, progressive Bundessteuern einzuführen, und war damit gescheitert. Nun aber, im Krieg und nach der eindrücklichen Erfahrung der Geldsammlung für Flugzeuge, waren auch die bürgerlichen Kräfte dafür, «unter der Bedingung, dass die Steuer eine temporäre Massnahme bliebe», schreibt die Historikerin und Steuerexpertin Gisela Hürlimann.

Das war der Kniff der Bundesbehörden: Die Bevölkerung stimmte über eine zeitlich begrenzte Steuer ab, eine «einmalige Kriegssteuer», wie es offiziell hiess. Diese Kombination – die Notlage gepaart mit der Einmaligkeit der Steuer – führten zu einem Rekordergebnis, das bis heute nie mehr in einer Abstimmung erreicht wurde. Über 94 Prozent der stimmberechtigten Männer sagten Ja zur neuen Steuer.

Wirkung

Die Abstimmung über die Kriegssteuer im Jahr 1915 hat die innere Verfasstheit der Schweiz dauerhaft und bis heute verändert. Sie ebnete den Weg für die regelmässige Besteuerung der Bürgerinnen und Bürger durch den Bund.

Denn bekanntlich blieb es keine «einmalige» Steuer. Noch im Ersten Weltkrieg wurde sie zwei weitere Male auf Einkommen und zusätzlich auch auf Vermögen erhoben. Und als der Krieg dann vorbei war, blieb die Gesamtlage prekär. Der Bevölkerung ging es schlecht. Anders als später im Zweiten Weltkrieg existierte noch kein Erwerbsersatz, der die Zeit der Männer im Militär finanziell abgegolten hätte. Viele Schweizerinnen und Schweizer lebten nach dem Kriegsdienst in Armut. Die Versorgungslage war schwierig, die sozialen Spannungen wuchsen und führten unter anderem 1918 zum Landesstreik.

Auch die Finanzlage des Bundes war schwierig. Die Kriegsjahre waren teuer gewesen, die Eidgenossenschaft war hoch verschuldet – und darum auf neue Einkommensquellen angewiesen. Diskutiert wurden kurz nach dem Krieg eine Erbschaftssteuer, die Einführung einer neuen Umsatzsteuer, eine Luxussteuer oder eine Ausweitung der Alkoholsteuer. Auch eine ordentliche Bundessteuer war ein Thema – über eine entsprechende Volksinitiative befand das Volk im Juni 1918. Der Bundesrat selber aber hatte sich gegen die Initiative ausgesprochen, weil sich der Bund nur direkter Steuern bedienen dürfe, «wenn er zur Wiederherstellung seiner Finanzen über keine anderen der Zweckmässigkeit und Billigkeit besseren Finanzmittel verfügt». Als allerletzte Möglichkeit also.

Das sahen auch die Stimmbürger so – und lehnten die Initiative ab.

Umgesetzt wurde eine andere Steuer, eine vermeintlich weniger definitive: Im Mai 1919 ermächtigte die Stimmbevölkerung den Bund, die «einmalige» Kriegssteuer in eine neue «ausserordentliche» Kriegssteuer umzuwandeln – die dem Bund bis spätestens 1932 das Recht gab, Abgaben einzuziehen.

Die Steuer wurde danach regelmässig verlängert und um weitere Steuern auf Bundesebene ergänzt – beispielsweise mit einer Warenumsatzsteuer (der späteren Mehrwertsteuer) im Jahr 1941. In der Verfassung richtig verankert wurde die direkte Bundessteuer erst im Jahr 1958 – und selbst dann immer noch als Provisorium. Dieser provisorische Charakter ist ein Echo auf die Einführung der allerersten Bundessteuer 1915. Bis heute stimmen wir alle 15 Jahre neu darüber ab, ob der Bund die direkte Bundessteuer weiter von uns einziehen darf. Die direkte Bundessteuer ist gemeinsam mit der Mehrwertsteuer die wichtigste Einkommensquelle des Bundes. Je rund ein Drittel aller Einnahmen stammen aus diesen beiden Steuern – alleine bei der Bundessteuer sind es jährlich um die 28 Milliarden Franken (Stand 2024).

Die Einführung einer Bundessteuer hat das Verhältnis zwischen Bund und Kantonen für immer verändert. Der Bund übernahm mit den neuen Mitteln immer mehr Aufgaben (Strassenbau, Landwirtschaft, Unterstützung strukturschwacher Regionen), gleichzeitig wurden die Kantone immer abhängiger vom Bund, nicht zuletzt durch den interkantonalen Finanzausgleich, der zu zwei Dritteln mit Bundesgeldern finanziert wird.

Bis zu Beginn des 20. Jahrhunderts und zur Einführung der Kriegssteuer war der Bundesstaat mehr eine Idee als ein wirksames Ganzes. Die tatsächliche Macht lag in den Kantonen. Der Föderalismus ist bis heute ein leitendes Prinzip in der Schweiz – damals war er die gelebte Realität.

Erst die indirekte Einführung der direkten Bundessteuer hat die Eidgenossenschaft zu einem handlungsfähigen Gebilde gemacht. Zu einem richtigen Staat.

DAS JA
ZUR REVOLUTION

ABSTIMMUNG VOM 13.10.1918
EIDGENÖSSISCHE VOLKSINITIATIVE «FÜR DIE
PROPORZWAHL DES NATIONALRATES»

Mutter Helvetia verteilt die eidgenössische Wurst gerechter – dank Proporzwahl. Plakat des Schwyzer Künstlers Melchior Annen.

Vorgeschichte

Auch 50 Jahre nach seiner Gründung im Jahr 1848 war der Schweizerische Bundesstaat vom Freisinn geprägt – in Bern und in vielen Kantonen. Begünstigt wurde diese Dominanz durch das Majorz- oder Mehrheitswahlrecht.

Bis ins Jahr 1919 gelangten immer jene Kandidaten in den Nationalrat, die in ihrem jeweiligen Einerwahlkreis die Mehrheit der Stimmen erhalten hatten. Dieses System benachteiligte Minderheiten, kleinere Parteien und die weniger begüterten Schichten der Gesellschaft (nicht zu reden von jenen, die gar nicht abstimmen durften). Vor allem die 1888 gegründete Sozialdemokratische Partei setzte sich dafür ein, das Majorzsystem für die Wahlen in die grosse Parlamentskammer abzuschaffen und durch das Proporzsystem zu ersetzen – danach werden die Sitze anteilsmässig verteilt. Man wählt nicht mehr Köpfe, sondern Parteien. Bei der Zählung ist das Stimmenverhältnis entscheidend und nicht, wer absolut die meisten Stimmen erhält.

Zweimal (1900 und 1910) waren Volksinitiativen für die Einführung des Proporzes erfolglos, beim dritten Anlauf im Jahr 1918 klappte es. Bei den Anläufen zwei und drei wurden die Sozialdemokraten von den Konservativen unterstützt, die ebenfalls vom Wahlsystem benachteiligt wurden. Die beiden Parteien bildeten ein gemeinsames Initiativkomitee. Die kleine Kammer – der Ständerat – wird bis heute mehrheitlich nach dem Majorzsystem gewählt, Ausnahmen sind die Kantone Jura und Neuenburg, die ihre Deputationen in den Ständerat ebenfalls per Proporz wählen.

Abstimmungsdebatte

Der Entscheid über die Einführung des Proporz-Systems fiel in unruhiger Zeit. Die Abstimmung fand am 13. Oktober 1918 statt – wenige Wochen vor Beginn des Schweizer Generalstreiks und einen Monat, bevor der Erste Weltkrieg nach vier harten Jahren endete. Der Krieg hatte viele Menschen in der Schweiz in die Armut gestürzt, wegen der prekären Versorgungslage, der Verteuerung der Lebensmittel und der steigenden Arbeitslosigkeit litten Teile der Bevölkerung Hunger. Die Spanische Grippe wütete, die soziale und politische Situation in der Schweiz hatte sich verschlechtert. Politik und Gesellschaft erlebten eine schnelle und zunehmend explosive Polarisierung. Sozialisten und Gewerkschafter standen auf der einen Seite – die freisinnigen Patrons und Unternehmer auf der anderen. Die Wahlen des Jahres 1917 hatten die bestehende Ordnung noch einmal bestätigt – sehr zum Missfallen der Sozialisten, die darum mit einem Generalstreik drohten. Die herrschenden bürgerlichen Kräfte fürchteten sich vor einem Umsturz wie 1917 in Russland und mobilisierten die Armee. In dieser angespannten Atmosphäre sagten Volk und Stände mit 66,8 Prozent der Stimmen deutlich Ja zur Proporzwahl. Wie wegweisend dieser Entscheid sein würde, liess sich erst ein Jahr später erkennen.

PROPORZWAHL

DATUM
13.10.1918

TYP
VOLKSINITIATIVE

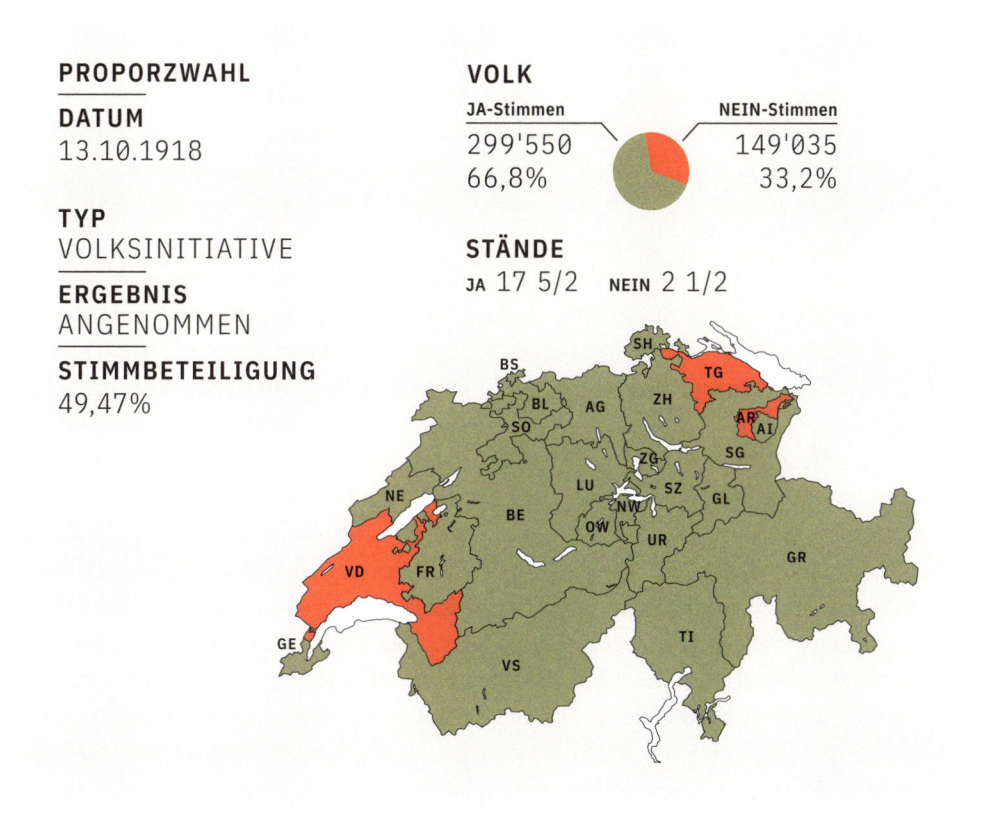

ERGEBNIS
ANGENOMMEN

STIMMBETEILIGUNG
49,47%

VOLK
JA-Stimmen NEIN-Stimmen
299'550   149'035
66,8%   33,2%

STÄNDE
JA 17 5/2   NEIN 2 1/2

Wirkung

Einen knappen Monat nach der Abstimmung über das Proporzsystem eskalierte die Lage in der Schweiz. Die Sozialdemokratische Partei lud zu einer Feier der russischen Oktoberrevolution in Zürich. Der Bundesrat reagierte mit dem Aufgebot von Truppen. Am 7. November 1918 marschierte das Militär in der Stadt Zürich ein, woraufhin das Oltener Aktionskomitee zum landesweiten Generalstreik aufrief und in aller Schärfe gegen das Verhalten des Bundesrats protestierte: «In der grossen Zeit da im Auslande der demokratische und freiheitliche Gedanke triumphiert, in dem geschichtlichen Augenblicke, da in den bisher monarchistischen Staaten Throne wanken und Kronen über die Strassen rollen, in dem feierlichen Moment, da die Völker Europas aus einer Nacht des Grauens und des Schreckens erwachen und selbsttätig ihr eigen Geschick schmieden, beeilt sich der Bundesrat der ‹ältesten Demokratie Europas› die wenigen Freiheiten des Landes zu erwürgen», hiess es im Aufruf des Komitees gross und pathetisch und ernst. Der Aufruf endete mit der Ankündigung des allgemeinen Landesstreiks.

Der Streik gilt als grösster innenpolitischer Konflikt der Schweiz des 20. Jahrhunderts. Er begann am Montag, 11. November, und dauerte bis zum 14. November. Seit dem Sonderbundskrieg rund siebzig Jahre zuvor hatte die Schweiz keine so angespannte und gewaltgeladene Situation mehr erlebt. Die Armee stand der eigenen Bevölkerung gegenüber, 250 000 Frauen und Männer streikten, die Wirtschaft war zu grossen Teilen lahmgelegt, der öffentliche Verkehr funktionierte nicht mehr, drei Personen wurden von der Armee getötet, das Land befand sich am Rand eines Bürgerkriegs.

Während des Generalstreiks stellte die Streikleitung mehrere Forderungen auf: Sie wollte unter anderem eine Alters- und Invalidenversicherung, das Frauenstimmrecht, die 48-Stunden-Woche, die Sicherung der Lebensmittelversorgung – und die sofortige Neuwahl des Nationalrats unter Berücksichtigung des eben vom Volk beschlossenen Proporzsystems.

Am Ende des Landesstreiks wurden zwei Forderungen erfüllt: die Einführung der 48-Stunden-Woche und die Neuwahl des Nationalrats. Die Wahlen fanden ein Jahr später statt, im Oktober 1919, und beendeten die freisinnige Vorherrschaft in der Schweiz für immer. «Nie hat es in der Geschichte des schweizerischen Bundesstaates im politischen Machtgefüge so gekracht wie bei der epochalen Wahl von 1919», formuliert der Politologe Claude Longchamp. Und Alfred Kölz urteilt in seinem Standardwerk zur Schweizerischen Verfassungsgeschichte: «Die Annahme der Proporzinitiative war der wichtigste Entscheid, der je durch eine Volksinitiative ausgelöst wurde.»

Die Verschiebung der Kräfteverhältnisse bei der ersten Proporzwahl war fundamental. Die Freisinnigen verloren fast die Hälfte ihrer Sitze, die Sozialdemokraten und die Bauern-, Gewerbe- und Bürgerpartei BGB, später SVP, verdoppelten ihre Anteile. Das Parlament wurde von einem Tag auf den anderen diverser (unter den Männern), farbiger und breiter abgestützt – dank dem Proporzsystem.

Das neue System entwickelte sich zu einem identitätsstiftenden Element für die Schweizer Politik – ja für die Schweiz überhaupt. Zusammen mit dem Referendumsrecht des Volkes, das gut austarierte Kompromisse beförderte, war der Proporz entscheidend für die Entstehung der Konkordanz – für die Einbindung aller relevanten Kräfte in die Regierungsverantwortung. Um eine Option auf den Bundesrat zu haben, musste eine Partei zuerst relevant ins Parlament gewählt werden. Und das war jetzt möglich!

Zwar war der Bundesrat bereits seit Ende des 19. Jahrhunderts nicht mehr ausschliesslich durch Freisinnige besetzt (1891 war mit Josef Zemp der erste Katholisch-Konservative in den Bundesrat gewählt worden), aber die eigentliche Öffnung geschah erst nach der Einführung des Proporzsystems. 1919 schaffte es der zweite Vertreter der Katholisch-Konservativen in die Regierung, 1929 das erste Mitglied der Bauern-, Gewerbe- und Bürgerpartei. Während des Zweiten Weltkriegs schliesslich wurde auch die Sozialdemokratie eingebunden.

Die Einführung des neuen Wahlsystems brachte auch eine grundlegende Veränderung in der politischen Kultur. Die politische Debatte wurde lebhafter und intensiver, jetzt, da alle vier Jahre eine Neuordnung der Verhältnisse möglich war. Das Zeitalter der Alleinherrschaft der FDP war vorüber. Mit dem Proporz begann das lange Zeitalter des permanenten Wahlkampfs.

Heute wird das System Proporz nicht mehr hinterfragt – aber es gibt Bestrebungen, es noch gerechter zu machen. Die Diskussion über das Verbot von Listenverbindungen ist so ein Beispiel oder das Herumstudieren an alternativen Berechnungsmodellen. «Die Einführung des Proporz war ein Meilenstein in der Schweizer Geschichte», sagt die Politologin Rahel Freiburghaus. «Aber im internationalen Vergleich ist der Schweizer Proporz immer noch recht unproportional.» Das hat mit den Wahlkreisen zu tun, die sehr unterschiedlich gross sind und beispielsweise einer Zürcher Wählerin viel mehr Einfluss geben als einem Wähler aus dem Baselbiet.

Potenzial für Verbesserungen also – auch beim «wichtigsten Entscheid» in der Geschichte der Schweizer Volksinitiativen.

DIE VIER-SPRACHIGE SCHWEIZ ENTSTEHT

ABSTIMMUNG VOM 20.02.1938
BUNDESBESCHLUSS ÜBER DIE REVISION DER
ART. 107 UND 116 DER BUNDESVERFASSUNG
(«ANERKENNUNG DES RÄTOROMANISCHEN ALS
NATIONALSPRACHE»)

Titelseite der «Zürcher Illustrierten» vor der Abstimmung im Februar 1938, mit der die Schweiz offiziell viersprachig wurde. Das Titelfoto stammt von Albert Steiner, im Heft fotografierte Hans Staub.

Vorgeschichte

Noch bis zur Mitte des 19. Jahrhunderts war eine Mehrheit der Bewohnerinnen und Bewohner Graubündens rätoromanischer Muttersprache. Danach ging der Gebrauch der Sprache zurück. Der Anschluss des Kantons an die Eidgenossenschaft und seine Öffnung für Industrialisierung und Alpentourismus gaben dem Deutschen Auftrieb. Manche Einheimische sahen die alte Sprache als Nachteil, als Zeichen der Provinz.

Doch was selten wird, wird wertvoll. Ab der zweiten Hälfte des 19. Jahrhunderts setzten sich Bündner Lehrer und Dichter in Vereinen wie der Societad Retorumantscha für den Erhalt von Sprache und Kultur ein. Sie erwirkten, dass der Kanton das Rätoromanische 1892 zu einer von drei offiziellen Sprachen machte. Die «chara lingua da la mamma», wie sie ein Engadiner Gedicht von 1908 besingt, war als schützenswert erkannt.

Nach dem Aufstieg der italienischen Faschisten beschloss der Grosse Rat Graubündens 1935, dem Bundesrat in Bern «das Verlangen und den Wunsch des romanischen Volkes vorzulegen, dass [...] auch das Romanische als Nationalsprache anerkannt werde», wie es im Brief heisst. Explizit ist von einer Bedrohung der Sprache durch italienische Irredentisten die Rede, für die das Rätoromanische nur ein italienischer Dialekt sei.

Das Begehren stösst auf Zuspruch. Es ist die Zeit der geistigen Landesverteidigung. Alles, was die Heimat eigenständiger macht, ist richtig. Die Schweiz gefällt sich schon damals (und besonders im Flachland) als eine Nation der wilden Berge. Eine alte Sprache, die im Hochland ihre Urtümlichkeit bewahrt hat und die nun gegen Feinde verteidigt werden soll, ist willkommen. Bundesrat Philipp Etter und beide Räte des Parlaments bringen das Vorhaben schnell voran. Die Willensnation Schweiz soll um eine Sprachdimension erweitert werden.

Der Beschluss verlangt eine Änderung der Bundesverfassung und muss deshalb vors Volk. Damit bei einer Annahme nicht sämtliche Bundesdokumente aufwändig übersetzt werden müssen, wird neu zwischen Amts- und Nationalsprache unterschieden. So kann das Romanische kostengünstig aufgewertet werden.

Abstimmungsdebatte

Die Diskussion verläuft ohne grosse Kontroversen. Einige wenige Stimmen stören sich am Pathos, mit dem der Bundesrat und viele Medien die geistige Einheit der vielsprachigen Schweiz bejubeln. Der Schriftsteller Charles Ferdinand Ramuz aus der Waadt stellt die Zusammengehörigkeit infrage und findet, die Nation existiere primär «sur le plan politique et militaire», in Politikerköpfen und auf Armeelandkarten, nicht gefühlt von Tal zu Tal.

Der grossen Mehrheit der Stimmbürger aber gefällt die Aussicht, auf noch vielfältigere Weise ein einig Volk zu werden. Die Bündner werden in der Vorkriegszeit als «Volksstamm» von alpiner Widerständigkeit gefeiert, mit dem sich das ganze Land identifiziert. Der bekannte Fotograf Hans Staub

RÄTOROMANISCH

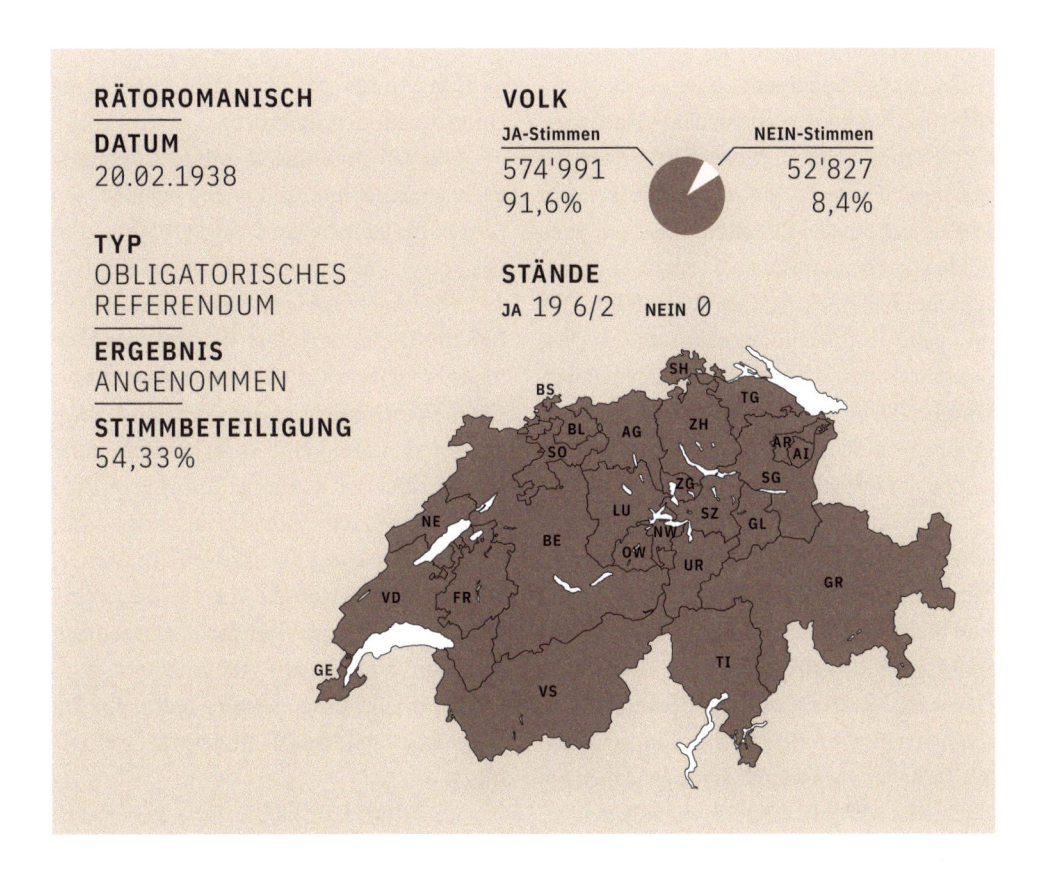

DATUM
20.02.1938

TYP
OBLIGATORISCHES
REFERENDUM

ERGEBNIS
ANGENOMMEN

STIMMBETEILIGUNG
54,33 %

VOLK

JA-Stimmen — NEIN-Stimmen
574'991 — 52'827
91,6 % — 8,4 %

STÄNDE
JA 19 6/2   NEIN 0

veröffentlicht 1938 aus Anlass der Volksabstimmung eine Fotoreportage in der «Züricher Illustrierten», die ehrliche, zähe, genügsame Bündner Bäuerinnen und Hirten zeigt. Dass «ein kleines Volk in den Bündner Bergen» seine Sprache durch die Jahrhunderte und ganz allein verteidigt und bewahrt, so der Bundesrat in seiner Botschaft 1937, das soll der Vorkriegsschweiz Exempel sein. Die Schweiz, ein Land der Widerständigen. Das Stimmvolk kann das nachvollziehen und heisst den Bundesbeschluss mit überwältigenden 91,6 Prozent Ja-Stimmen gut.

Wirkung

Die Viersprachigkeit der Schweiz ist heute etabliert und vielen Landesbewohnern Grund zum Stolz. Wir lernen es in der Schule, und wir erzählen es gern im Ausland weiter: Nicht zwei, nicht drei – vier Sprachen hat die kleine Schweiz. Wir geniessen den Widerspruch, der konservative Kleinstaat mit den kosmopolitisch vielen Sprachen zu sein. Lange vor dem EU-Pass hat der rote Schweizer Pass alle Angaben mehrsprachig aufgeführt.

Die vierte Landessprache hat ihren besonderen Platz im Herzen der Nation. Das

Glück des Geröllhaldenlateins, des Urwüchsigen und Renitenten, ist mit der Volksabstimmung von 1938 ins Bewusstsein der Schweiz gepflanzt worden. Das Romanische ist unser Bretonisch, unser Baskisch, unsere eigene wilde Sprache – und auch die einzige Landessprache, die wirklich «uns» allein gehört, die wir nicht mit Nachbarstaaten teilen. Dass das Rätoromanische in fünf Idiomen daherkommt, die sich selbst untereinander nicht immer verstehen, verstärkt nur das Asterixische der Sprache.

Das Unterland kann sich am Romanischen erfreuen, ohne die Sprache erlernen zu müssen. Dass die Rätoromanen alle Deutsch und meist auch Italienisch sprechen, macht ihre Exotik bewältigbar. Dabei haben viele Deutschschweizer den Klang des Rumantsch durchaus im Ohr. Mal tönt es ruppig, wenn ein Tschapatalpas wieder keine Mädchen am Chalandamarz mitlaufen lassen will, mal geschmeidig-brasilianisch, wenn der Bab den Kindern dorma bain sagt.

Die Restschweiz kennt den Sound der vierten Landessprache nicht nur aus Ski- und Wanderferien, sondern auch aus Radio und Fernsehen. Schon während der Abstimmungsdebatte 1938 wurden rätoromanische Beiträge im Radio ausgestrahlt, und nach der gewonnenen Volksabstimmung wurde die Sprache ab 1954 in den öffentlich-rechtlichen Rundfunk integriert. 1963 wurde die erste Fernsehsendung auf Rätoromanisch ausgestrahlt. Bis heute mischt sich die vierte Sprache in den Normalbetrieb der deutschsprachigen Sender; zwischen 1973 und 2009 wuchs eine Generation mit der «Istorgina da Buna Notg» auf, dem rätoromanischen Gute-Nacht-Geschichtli.

Die rätoromanische Literatur erfährt nach der Erhebung zur Landessprache einen Schub. Im ganzen Land erfolgreich ist der 1945 erschienene Uorsin, der Schellen-Ursli von Selina Chönz und Alois Carigiet. Die Belletristik emanzipiert sich von der Heimatbewegung, entdeckt neue und kritische Töne. Sprachpolitisch folgt auf den Kampf um Anerkennung eine «pragmatische Phase», schreibt der Romanistikprofessor Rico Valär: Die Sprachorganisationen setzen sich für die «Festigung der Sprache in Schule, Politik und Wirtschaft» ein. Die Schaffung des überregionalen Standards Rumantsch Grischun erfolgt in den 1980er-Jahren, 1996 wurde es auf Bundesebene und 2001 im Kanton Graubünden als Amtssprache eingeführt.

Im Alltag aber bleibt das Rätoromanische unter Druck. 2022 sind es noch rund 60 000 Menschen, die ein rätoromanisches Idiom verstehen und reden, knapp 40 000 davon verwenden es als Hauptsprache – das sind nur 0,5 Prozent der Schweizer Bevölkerung. Der Status der Bedrohtheit bleibt – und mit ihm viel Anziehungskraft.

Der staatliche Aufwand für den Erhalt der vierten Landessprache gefällt nicht allen. Die «Weltwoche» in Zürich veröffentlichte 2006 einen rabiaten Artikel über eine vermeintlich rätoromanische Gier nach «Subvenziuns». Die Titelseite warnte unter der Überschrift «Jäger, Räuber, Rätoromane» vor der «frechsten Minderheit der Schweiz».

Das Echo auf den Text blieb überschaubar. Die meisten Schweizerinnen und Schweizer zweifeln nicht am Wert der vierten Landessprache, nicht 1938, nicht heute. Eine wachsende Zahl von Sprechern des Rätoromanischen wohnt im 21. Jahrhundert ausserhalb Graubündens. Im Raum Zürich etwa lebt heute mit etwa 2000 Sprecherinnen und Sprechern die grösste rätoromanische Gemeinde jenseits Graubündens, komplett mit rätoromanischen Kindertagesstätten und Gesangsvereinen. Es sind Exilbündnerinnen und -bündner, aber auch Eingeheiratete und Zugewandte: Enthusiasten der vierten Landessprache.

EIN HUMANES STRAFRECHT IN EINER ZEIT DER GEWALT

ABSTIMMUNG VOM 03.07.1938
SCHWEIZERISCHES STRAFGESETZBUCH

«Für die Souveränität der Kantone, gegen das Schweizer Strafgesetz.» Auf dem Plakat von Noël Fontanet zerbeisst der Berner Bär den Genfer Adler. Gegner des Strafgesetzes befürchteten den Verlust der kantonalen Souveränität.

Vorgeschichte

Ab 1848 konnten sich alle Schweizer Bürger auf die in der Bundesverfassung festgeschriebenen Rechte berufen. Zivil- und Strafgesetz aber unterschieden sich weiter von Kanton zu Kanton. Die Ungleichheit der Gesetze und Strafen war angesichts steigender Mobilität zwischen den Kantonen zunehmend unpraktisch. Im November 1898 stimmte das Volk der Vereinheitlichung von Zivil- und Strafrecht im Grundsatz zu.

Das nationale Zivilgesetzbuch war 1907 fertig und trat 1912 in Kraft, beim Strafgesetz dauerte es länger. Zwar hatte der Berner Rechtsprofessor Carl Stooss (1849–1934) schon zu Beginn der 1890er-Jahre einen Vorentwurf für ein Strafgesetzbuch (StGB) vorgelegt, der mit seinem Fokus auf Besserung und Resozialisierung ausgesprochen progressiv ausgestaltet war. Der Entwurf und die Debatte darüber wurden international beachtet: «Die Schweiz wurde zu einem innovativen Denkplatz für Strafrecht», sagt Lukas Gschwend, Rechtshistoriker an der Universität St. Gallen. Der Erste Weltkrieg und Bedenken aus den Kantonen aber bremsten die Umsetzung, die Differenzbereinigung im Parlament war zäh. Erst 40 Jahre nach Beschluss des Vorhabens kam das StGB im Juli 1938 vors Volk.

Abstimmungsdebatte

Das von Bundesrat und Parlament verabschiedete Strafgesetzbuch war auch 1938 noch auffallend human und fortschrittlich für seine Zeit. Am Vorabend des Zweiten Weltkriegs und trotz verstärkt repressiver Stimmung in Europa sah es die Abschaffung der Todesstrafe vor, die in der Schweiz kurz verboten, 1879 aber per Volksabstimmung wieder zugelassen worden war. Zudem sorgte das StGB für die Entkriminalisierung homosexueller Handlungen unter Erwachsenen, sah ein separates Strafrecht für Kinder und Jugendliche vor und setzte das Schutzalter für sexuelle Handlungen auf 16 Jahre fest. Es sah bedingte Strafen für Ersttäter vor und unterschied explizit zwischen Strafen und resozialisierenden Massnahmen.

Gegen diese Neuerungen wehrten sich in erster Linie katholisch-konservative Kreise. Sie argumentierten, das neue Strafgesetz sei zu weich, zeige zu viel Verständnis für Gesetzesbrecher, lasse Vergeltungscharakter vermissen und sei bestimmt von einer «weichlichen Humanitätsduselei und einer Schwäche» (Tages-Anzeiger, 13.6.1938). Die Todesstrafe, obwohl in vielen Kantonen nicht mehr praktiziert, sollte als letztes Mittel und Drohkulisse nicht leichtfertig aufgegeben werden. Westschweizer Liberale und weitere Föderalisten wehrten sich zudem gegen den Verlust von kantonaler Rechtshoheit und gegen jede weitere Ermächtigung des Bundes. Ein Plakat trug die Überschrift «Ein Volk, ein Recht, ein Führer?», setzte die Vereinheitlichung des Strafrechts mit dem Faschismus gleich.

Die Abstimmung mobilisierte 57 Prozent der Stimmberechtigten. Eine Mehrheit der Kantone lehnte das Strafgesetzbuch ab, doch 53,5 Prozent der Stimmenden waren dafür. Da das fakultative Referendum kein

STRAFGESETZBUCH

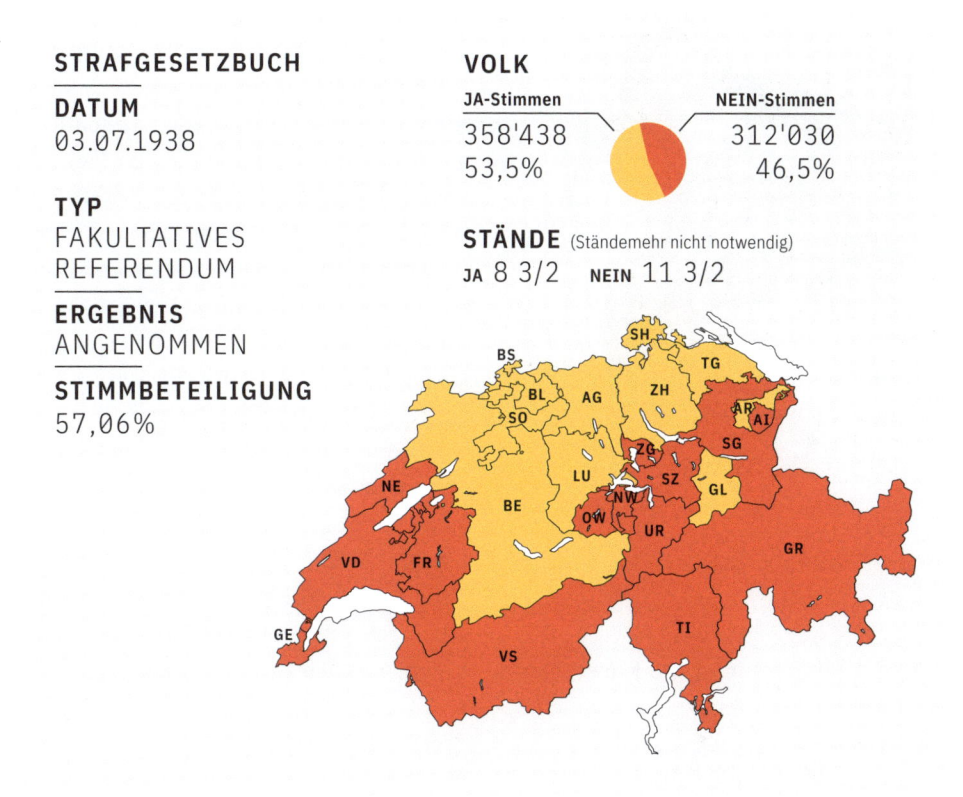

DATUM
03.07.1938

TYP
FAKULTATIVES REFERENDUM

ERGEBNIS
ANGENOMMEN

STIMMBETEILIGUNG
57,06%

VOLK

JA-Stimmen 358'438 53,5%
NEIN-Stimmen 312'030 46,5%

STÄNDE (Ständemehr nicht notwendig)
JA 8 3/2   NEIN 11 3/2

Ständemehr erfordert, konnte das neue StGB 1942 in Kraft treten, mitten im Zweiten Weltkrieg.

Wirkung

Das neue Strafgesetz beendete die Todesstrafe in der Schweiz. Die Guillotinierung des Mörders Hans Vollenweider in der Strafanstalt Sarnen OW im Oktober 1940 war das letzte vollstreckte zivile Todesurteil. Mit ihrer Abkehr setzte die Schweiz international ein Zeichen. Viele führende Staaten Europas wie Grossbritannien oder Frankreich hielten weiter an der Todesstrafe fest, Frankreich schaffte sie erst 1981 ab. Die Schweizer Militärjustiz behielt sich Hinrichtungen noch über 1942 hinaus vor, zur Abschreckung von Saboteuren und Spionen. Während des Zweiten Weltkrieges richtete sie 17 «Landesverräter» hin. 1992 verschwand die Todesstrafe auch aus dem Militärstrafrecht.

Der Schwangerschaftsabbruch, über den das Parlament vor der Abstimmung fast so intensiv gestritten hatte wie über die Todesstrafe, blieb im neuen Strafgesetz grundsätzlich verboten. →Fristenlösung, 164 Bei medizinischer Indikation allerdings war die Abtrei-

Das politisch aufgeladene Plakat eines unbekannten StGB-Gegners.

bung neu straffrei möglich. Konservative Kreise hatten diese Regelung vergeblich bekämpft.

Im Bereich der gleichgeschlechtlichen Liebe schliesslich stimmte das Schweizer StGB einen entschieden liberalen Ton an. Strafbar machte sich ab 1942 nur noch, wer «eine unmündige Person des gleichen Geschlechtes von mehr als sechzehn Jahren» verführte. Das bedeutete: Ab dem Alter von 20 Jahren waren homosexuelle Handlungen neu erlaubt – zumindest auf Papier. Diskriminierung von Schwulen und Lesben blieb in der Schweiz auch nach 1942 weit verbreitet, die städtischen Sittenpolizeien selber führten Homosexuellenregister und überwachten die Szene.

Dennoch: Auch aufgrund des neuen StGBs wurden Schweizer Städte wie Zürich in den 1950er-Jahren Orte von Bedeutung für Schwule und Lesben in ganz Europa. Die mehrsprachige Zürcher Homosexuellenzeitschrift «Der Kreis» wurde international gelesen. Zwar brachte erst die im Mai 1992 vom Volk gutgeheissene Revision des Sexualstrafrechts die vollständige Gleichbehandlung von homo- und heterosexuellen Handlungen im Strafrecht. In zahlreichen Staaten Europas aber blieb Homosexualität deutlich länger illegal als in der Schweiz – in Deutschland etwa bis 1994 (Artikel 175).

Aufgrund seiner Fortschrittlichkeit blieb das Schweizer Strafgesetzbuch während Jahrzehnten aktuell, Neuerungen waren selten. Erst in den 1970er-Jahren und mit dem Beitritt der Schweiz zur Europäischen Menschenrechtskonvention (EMRK) zeigten sich Lücken und Schwächen im Schweizer Strafrecht, und ab den 1990er-Jahren ging das Parlament dann grössere Revisionen an. In hoher Kadenz wurde das Strafgesetzbuch seither aufdatiert und erweitert, sodass der damalige Bundesrichter Niklaus Oberholzer 2016 vor «Hyperaktivismus» warnte. Allein zwischen 2007 und 2016 wurden 58 Änderungen im Strafrecht vorgenommen. Oberholzer nannte es eine «neue Lust am Strafen».

Grund für die vielen Revisionen war einerseits internationaler Druck, etwa im Bereich der Bekämpfung des Drogenhandels, die in der Schweiz die Schaffung eines neuen Straftatbestandes der Geldwäscherei erforderten. Aber auch technologische Neuerungen erforderten Anpassungen, etwa Vergehen im Bereich der Cyberkriminalität oder des Identitätsmissbrauchs.

Die Erweiterungen des Strafrechts sind aber sicher auch gesellschaftlichem Wandel geschuldet, einer erhöhten Risikoaversion und einem veränderten Sicherheitsbedürfnis. «Dies ist eine typische Begleiterscheinung jeder Wohlstandsgesellschaft», sagt der Rechtshistoriker Lukas Gschwend. Je mehr erreicht ist, desto grösser wird das Bedürfnis nach Schutz und Abwehr.

Konsequenterweise verlangen weite Teile von Politik und Bevölkerung von der Polizei und der Justiz heute Prävention statt nur Reaktion: Verbrechen sollen möglichst verhindert werden, bevor sie geschehen. Im Polizeirecht werden heute bei der Terrorismusbekämpfung deshalb Gefährderlisten geführt oder mit prädiktiver Technologie Einbruchswahrscheinlichkeiten für einzelne Strassenzüge errechnet. Die Zahl der präventiv verwahrten Personen steigt seit 30 Jahren an. →Verwahrung, 170 Die Idee der Resozialisierung, die im StGB von 1938 so bestimmend war, weicht dem Ideal der Absicherung.

SOZIALSTAAT STATT SOZIALISMUS

ABSTIMMUNG VOM 06.07.1947
BUNDESGESETZ ÜBER DIE ALTERS- UND
HINTERLASSENENVERSICHERUNG

Das von Hans Erni für den Gewerkschaftsbund gestaltete Sujet kommt ohne das Schlagwort «AHV» aus.
Es ist eines der berühmtesten Schweizer Abstimmungsplakate.

Vorgeschichte

Als Bundespräsident Alain Berset im Dezember 2023 seinen letzten Auftritt im Parlament hatte, erinnerte er an seine Vorgänger zu Beginn des Bundesstaats. Der erste Bundespräsident, Jonas Furrer? Im Amt verstorben. Der zweite Bundespräsident, Henry Druey? Im Amt verstorben. Der dritte Bundespräsident, Josef Munzinger? Im Amt verstorben. «Zu Lebzeiten abtreten zu können, ist eine ziemlich erfreuliche Sache», sagte Berset, und das Ratsprotokoll vermerkte: Heiterkeit.

Dabei hat Bersets Abschiedspointe einen ernsten Hintergrund. Die ersten Bundespräsidenten verstarben auch darum im Amt, weil sie sich einen Rücktritt kaum leisten konnten. Eine Rente für Bundesräte gab es erst ab 1919. Noch viel härter hatten es die gewöhnlichen Bürger: Es gab keine allgemeine Lösung für die Zeit nach dem Erwerbsleben. Die Menschen arbeiteten einfach so lange, wie es irgendwie ging (und die wenigsten hatten eine so komfortable Ausgangslage wie die Bundespräsidenten der Schweiz). Danach kümmerten sich die Familie, gemeinnützige Organisationen oder die Kirche. Im besten Fall.

Noch 1920 waren in der Schweiz 83 Prozent der Männer zwischen 65 und 70 Jahren und 60 Prozent der über 70-jährigen Männer erwerbstätig. Zu diesem Zeitpunkt benötigte über ein Drittel der betagten Menschen Unterstützung. Die Lage wurde verschärft durch den Ersten Weltkrieg, durch die Wirtschaftskrise in den 1930er-Jahren und dann durch den Zweiten Weltkrieg. Viele Menschen waren arm, hatten Hunger.

Dabei wären die Grundlagen für eine staatliche Schweizer Sozialversicherung schon früh vorhanden gewesen. Bereits 1890 gab es einen Verfassungsartikel für eine allgemeine Unfall- und Krankenversicherung. Vom Volk gutgeheissen wurde dieser aber erst kurz vor dem Ersten Weltkrieg, im Jahr 1912. Dann kam der Krieg, und alles wurde verzögert. Beim Landesstreik 1918 wurde der Wunsch (die Forderung) nach der Einführung einer staatlichen Alters- und Hinterlassenen-Versicherung von den Gewerkschaften in aller Deutlichkeit deponiert. Sieben Jahre später, 1925, stimmte der Souverän der Schaffung einer nationalen AHV im Grundsatz zu. Es war auch ein Zugeständnis, um eine weitere Radikalisierung der Arbeiterschaft zu verhindern (und, Gott bewahre!, den Sozialismus). Eine erste konkrete Umsetzung der AHV lehnte die Bevölkerung dann allerdings schon im Jahr 1931 an der Urne ab.

Das Hin und Her kontrastierte mit der Realität vieler Schweizerinnen und Schweizer. Als 1939 der Zweite Weltkrieg ausbrach, führte der Bundesrat relativ rasch und per Notrecht die «Lohnersatzordnung für Wehrmänner» ein – die spätere Grundlage für die Erwerbsersatzordnung. Linke Kreise und Gewerkschaften lancierten noch während des Krieges eine (später zurückgezogene) Initiative, um diese Ersatzordnung in eine ordentliche Altersversicherung umzuwandeln – und danach ging es plötzlich rasch.

Bundespräsident Walter Stampfli (FDP) versprach in seiner Neujahrsansprache 1944 die schnelle Einführung einer AHV. Schon

AHV

DATUM
06.07.1947

TYP
FAKULTATIVES
REFERENDUM

ERGEBNIS
ANGENOMMEN

STIMMBETEILIGUNG
79,66%

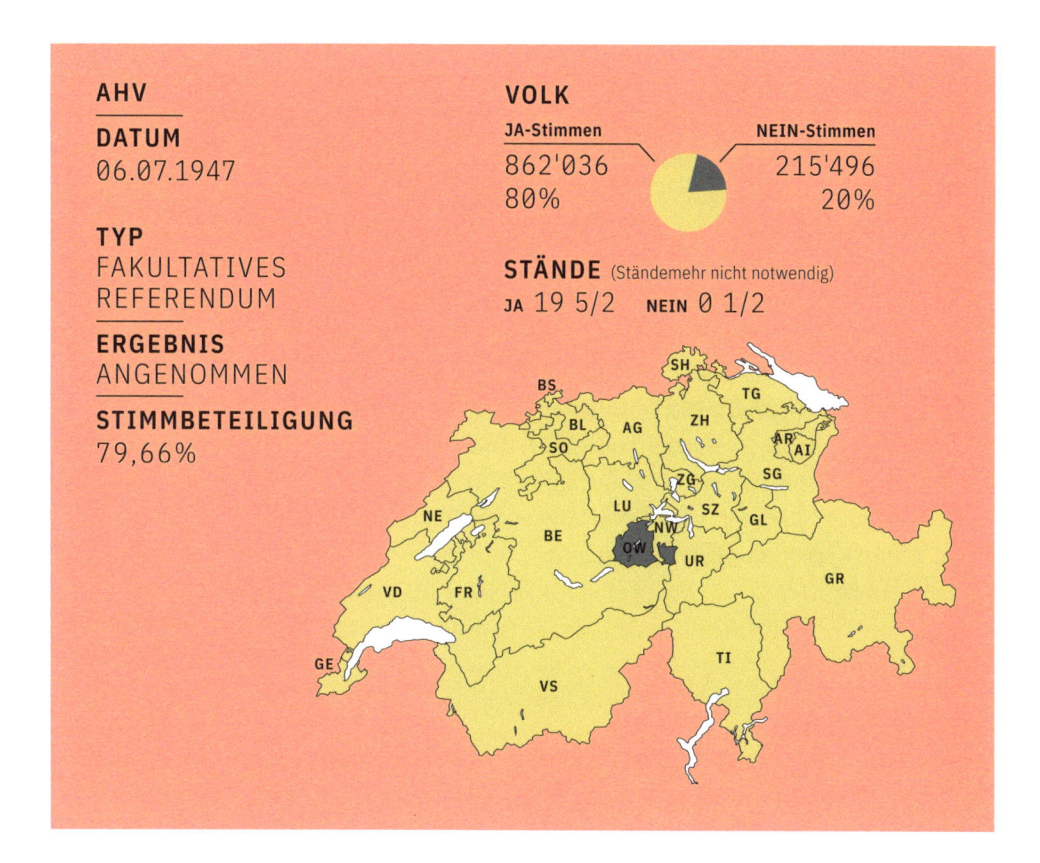

VOLK
JA-Stimmen   NEIN-Stimmen
862'036   215'496
80%   20%

STÄNDE (Ständemehr nicht notwendig)
JA 19 5/2   NEIN 0 1/2

im März des gleichen Jahres nahm eine Expertenkommission die Arbeit auf. Im Sommer 1946 gab es eine Vorlage, im Winter des gleichen Jahres debattierte das Parlament über die Details. Ein Wahnsinns-Tempo! Das Vollmachtenregime von 1939 bis 1952 →Vollmachten, 72 hatte das Parlament geschwächt und das Tempo in der Bundespolitik ganz grundsätzlich erhöht.

Walter Stampfli, ursprünglich vom rechten Flügel des Freisinns, war fest entschlossen, die AHV möglichst rasch durchs Parlament zu bringen. Kritiker kanzelte er ab. Er habe darin nichts gefunden als den «blühen-

den Dilettantismus eines Mannes, der sich vielleicht erst seit einigen Monaten mit der AHV beschäftigt», sagte er im Parlament über die Vorschläge eines Nationalrats, wie die NZZ festhielt.

Der harsche Ton schadete Stampfli nicht, im Gegenteil: Bereits ein halbes Jahr später, im Juli 1947, konnte die Schweiz über die fixfertig ausgehandelte AHV abstimmen.

Abstimmungsdebatte

Das Referendum wurde wie schon bei der Abstimmung von 1931 von einer Koalition aus Westschweizer Liberalen, Katholisch-

SOZIALSTAAT STATT SOZIALISMUS 69

Konservativen und Exponenten aus der Wirtschaft ergriffen. Die Kritiker hielten das neue Sozialwerk für zu teuer und waren grundsätzlich gegen eine Verstaatlichung der Vorsorge.

Doch die Befürworter waren in der Überzahl. Das Parlament stand praktisch geschlossen hinter der Vorlage, alle grossen Parteien waren dafür, Bauern, Gewerbe und Gewerkschaften ebenfalls. Das Resultat an der Urne war entsprechend deutlich – bei einer überdurchschnittlichen Stimmbeteiligung von fast 80 Prozent. Unter dem Eindruck der Schrecken des Krieges beschloss die Schweiz die AHV.

Wirkung

Für grosse Teile der Bevölkerung war der Entscheid für das neue Sozialwerk überfällig gewesen – unabhängig von den eigenen politischen Vorlieben. Exemplarisch sah man das an der Berichterstattung der NZZ. «Ein guter Tag der Demokratie» lautete der Titel nach der Abstimmung auf der Frontseite. Der 6. Juli sei ein Test gewesen, «ob das Schweizervolk die Kraft zur Bejahung eines zeitgemässen Fortschrittes aufbringe», schrieb der Korrespondent aus Bern. Und stellte fest: Ja, offenbar habe es diese Kraft. «Trotz allen kniffligen Bedenken und Einwänden, die gegen die komplizierte und für den einzelnen Bürger schwer überschaubare Vorlage in der Abstimmungskampagne erhoben worden sind, hat das Schweizervolk sich in einem prächtigen Elan zu der von ihm geforderten Tat des tapfern Beginnens aufgerafft.» Zudem beweise die rekordhafte Stimmbeteiligung, welchen starken Rückhalt der Solidaritäts- und Sozialgedanke in allen Bevölkerungsschichten besitze.

Das war der Kommentar in der bürgerlichen NZZ – die AHV wurde also weit über die Sozialdemokratie hinaus begrüsst. Das Sozialwerk gehört bis heute zu den wenigen politischen Projekten, auf die sich die gesamte Schweiz einigen kann. Sie sei «sehr verliebt» in die AHV, sagte Innenministerin Ruth Dreifuss (SP) viele Jahre später. «Die AHV, das sind wir», schrieb die Volkswirtschaftsprofessorin Monika Bütler in einem Aufsatz. Und der ehemalige Gewerkschaftsboss Paul Rechsteiner stellte noch 2024 einen allgemeinen «AHV-Patriotismus» in der Schweiz fest.

Die AHV, das sind drei magische Buchstaben. Die AHV, das ist die gute Sozialversicherung, die faire und solidarische. Bis heute hat die Alters- und Hinterlassenenversicherung eine identitätsstiftende Wirkung für die Schweiz.

Entscheidend ist dabei die simple Funktionsweise der AHV. Wer arbeitet, zahlt ein. Wer nicht mehr arbeitet, erhält eine Rente. Die arbeitende Bevölkerung sorgt für die alte Bevölkerung. Dabei sind die Lohnbeiträge nicht gedeckt – die Renten hingegen schon. Dieses Konzept wurde schon ganz früh eingeführt und galt bei späteren Ausbauschritten als grosses Plus. «Die Reichen brauchen keine AHV, aber die AHV braucht die Reichen», sagte Bundesrat Hans-Peter Tschudi einmal. Der Sozialdemokrat aus Basel übernahm 1960 das Innendepartement und baute dort das Sozialwerk massgeblich aus. Er gilt bis heute als eigentlicher Vater der AHV. Der linke Tschudi stellte fertig, was der rechte Stampfli begonnen hatte.

Unter Tschudi wurden die monatlichen AHV-Bezüge, die zu Beginn ziemlich bescheiden waren, deutlich erhöht. Auch das geschah unter Beifall grosser Bevölkerungsschichten. Bis in die 1990er-Jahre, die Zeit von Innenministerin Ruth Dreifuss, waren grosse und kleinere Veränderungen an der AHV, Reformen gar, immer möglich gewesen. Ende der 1960er-Jahre wurden die Renten auf 220 Franken angehoben, in den 1970er-Jahren wurden die Bezüge noch zweimal erhöht, zum Ende der 1970er-Jahre sagte die Bevölkerung Ja zur regelmässigen Angleichung der AHV an die Teuerung und später ebenfalls Ja zum Individualrentensystem, zum Einkommenssplitting und zur Erhöhung des Frauenrentenalters von 62 auf 64 Jahre (die Verbesserungen wogen diesen Abbau auf). Das war die 10. AHV-Revision, jene von Ruth Dreifuss (und wohl mit ein Grund für ihre starke Verliebtheit).

Danach dauerte es fast dreissig Jahre, bis eine Reform wieder eine Mehrheit fand, ein etwas verknorzter Kompromiss, bei dem das Rentenalter der Frauen nach oben angeglichen wurde. Umbauten an der AHV, ganz egal in welche Richtung (Ausbau oder Abbau oder die Veränderung des Rentenalters), wurden immer schwieriger. Fast unmöglich. Immer mehr Menschen verteidigten die Privilegien der AHV. Immer komplexer wurden die Probleme mit der Finanzierung, immer grösser der Graben zwischen jenen, die Rente erhalten, und jenen, die Rente einzahlen (Demografie!). Eine Chance hatten Vorlagen nur dann, wenn sie alle betraf und für alle Vorteile brachte – wie beispielsweise bei der erfolgreichen Abstimmung über eine 13. AHV-Rente im Frühling 2024.

Der Umgang mit der AHV zeigt, wie die Schweizer Politik funktioniert. Grosse Würfe – wirklich grosse Ideen und Projekte – entstehen nur unter grösstem Druck. Das kann Druck aus dem Ausland sein oder, wie im Fall der AHV, Druck von innen. Angesichts der prekären Situation der eigenen Bevölkerung zu Beginn des 20. Jahrhunderts war der Bundesrat gezwungen, etwas zu unternehmen.

Gleichzeitig führen die AHV-Reformen ab den 1980er-Jahren vor Augen, wie veränderungsresistent und schwerfällig die Schweizer Demokratie sein kann. Negativ ausgedrückt. Positiv ausgedrückt könnte man auch sagen, dass die AHV zeigt, wie vernarrt die Schweizerinnen und Schweizer in die eigenen Institutionen sein können – und wie sehr sie ihnen darum Sorge tragen.

DAS STIMMVOLK WILL ZURÜCK ZUR DEMOKRATIE

ABSTIMMUNG VOM 11.09.1949
VOLKSINITIATIVE «FÜR DIE RÜCKKEHR ZUR DIREKTEN DEMOKRATIE»

Nebelspalter

Rorschach, den 16. Juni 1949 ♦ Nr. 24 ♦ 75. Jahrgang   Erscheint jeden Donnerstag ♦ Einzelnummer 60 Rp.

Im Fall des Scheiterns der Einigungsverhandlungen über die Bundesfinanzreform soll der Vollmachtenweg beschritten werden.

Allmächtigi Vollmacht, de Chrieg isch verbii, **Aber Du häsch na immer Beherrschermaniere.**
Und s'Volch hät Heiweh zur Demokratie **Chumm tuen emal eusi Verfassig schtudiere!**

«Allmächtige Vollmacht, der Krieg ist vorbei, und das Volk hat Heimweh nach der Demokratie. Aber Du hast immer noch Herrschermanieren, komm, studier mal unsere Verfassung!» Das Volk bringt in der «Nebelspalter»-Karikatur von Carl «Bö» Böckli dem arroganten Regierungbüttel die Verfassung.

Vorgeschichte

Der Krieg stand vor der Tür. Am 30. August 1939, dem Tag vor Hitlers Überfall auf Polen, verlieh das Parlament in Bern dem Bundesrat uneingeschränkte Kompetenz zur Rechtsetzung und unbegrenzten Kredit. Der Bundesbeschluss zum «Schutze des Landes und zur Aufrechterhaltung der Neutralität» setzte die Mitbestimmung von Parlament und Volk zu grossen Teilen aus; der Krieg schien eine Regierung zu erfordern, die schnell und ohne Diskussionen handeln konnte. Der Bundesrat war nun auch nicht länger an die Verfassung gebunden, sondern konnte nach Belieben Recht setzen, auch in den Kompetenzbereichen der Kantone.

Der Parlamentsbeschluss von 1939 hatte keine Grundlage in der Verfassung, Juristen sprechen von extrakonstitutionellem Notrecht. Punktuell hatte der Bundesrat schon in früheren Krisen so regiert, etwa 1870 im Deutsch-Französischen Krieg, 1914 im Ersten Weltkrieg oder 1936 während der Weltwirtschaftskrise.

Die Vollmachten ab 1939 waren zeitlich unbefristet. Zweimal im Jahr, im Juni und im Dezember, erbat sich die Bundesversammlung einen Bericht vom Bundesrat – und behielt sich zu diesen Terminen die Wiederaufhebung des Notrechts vor.

Die Landesregierung nutzte ihre neuen Freiheiten ausgiebig. Im Krieg erliess sie hunderte Gesetze und Massnahmen, etliche mit weitreichenden Folgen für die Bevölkerung. So ordnete der Bundesrat den Ackerbau auf allen Landflächen an (die «Anbauschlacht») und verbot das Beheizen von privaten Wohnungen auf mehr als 18 Grad. Er führte eine Wehr- und eine Warenumsatzsteuer ein; erstere wurde zur Direkten Bundessteuer, → Kriegssteuer, 42 letztere zur Mehrwertsteuer. Er rationierte die Lebensmittel. Er führte 1940 entgegen der vom Volk beschlossenen Abschaffung → Strafgesetzbuch, 60 die Todesstrafe in der Militärjustiz per Verordnung wieder ein; 17 Hinrichtungen wurden vollstreckt. Und er schuf 1941 ein Gesetz, das Schweizerinnen das Bürgerrecht verlieren liess, wenn sie einen Ausländer heirateten. Für Schweizer Männer galt das nicht.

Nach Kriegsende 1945 sah der Bundesrat keinen Anlass, seine Kompetenzen wieder abzugeben. Er hatte sich an die Macht gewöhnt. Das Parlament liess die Regierung gewähren: «Die grossen Parteien waren korrumpiert und wollten am Vollmachtenregime festhalten», sagt der Zürcher Staatsrechtsprofessor Andreas Kley. National- und Ständerat hatten das effiziente Zusammenspiel mit der Regierung liebgewonnen. Beide Räte hatten Vollmachtenkommissionen gebildet, die alles Wichtige direkt mit dem bevollmächtigten Bundesrat aushandelten. Der grosse Rest der Volksvertreter und das Volk waren ausgehebelt. So sollte es bleiben.

Es war die kleine, rechtskonservative Ligue Vaudoise, die 1946 zwei Volksinitiativen «für die Rückkehr zur direkten Demokratie» lancierte. Die erste wollte Dringlichkeitsbeschlüsse dem nachträglichen Referendum unterwerfen und zeitlich befristen sowie für alle nicht auf die Verfassung ge-

VOLLMACHTEN

DATUM
11.09.1949

TYP
VOLKSINITIATIVE

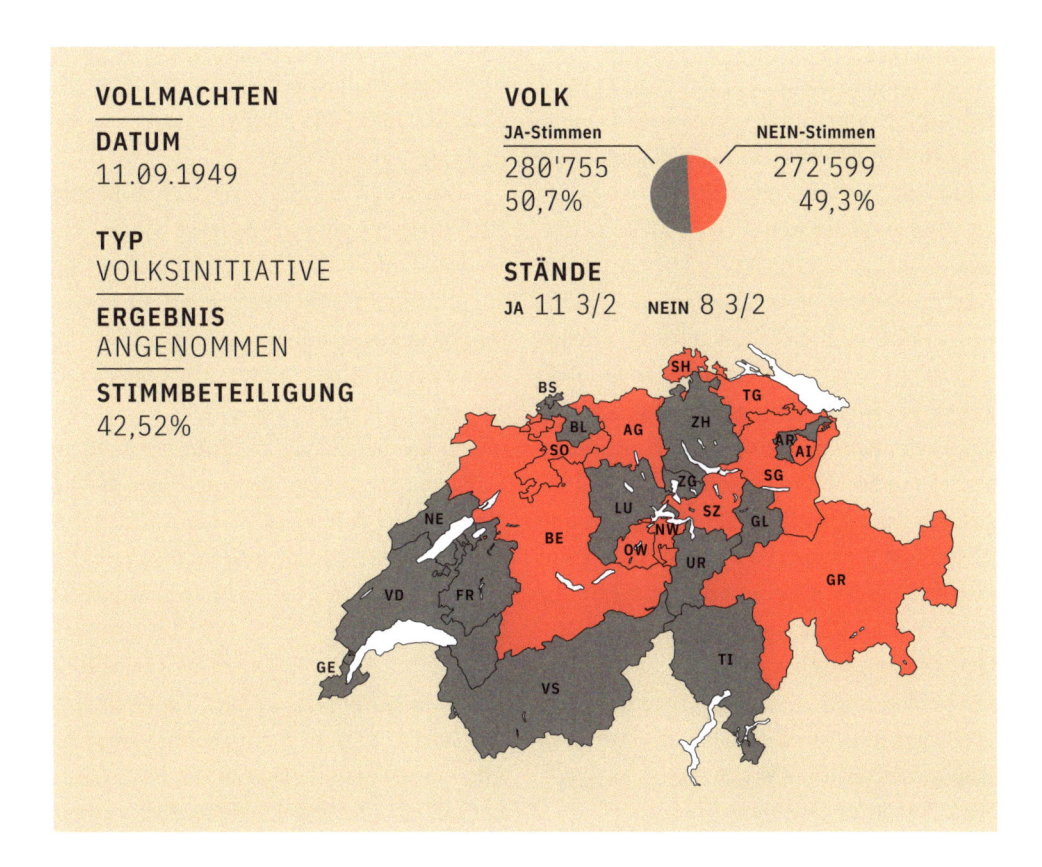

ERGEBNIS
ANGENOMMEN

STIMMBETEILIGUNG
42,52%

VOLK
JA-Stimmen   NEIN-Stimmen
280'755   272'599
50,7%   49,3%

STÄNDE
JA 11 3/2   NEIN 8 3/2

stützten Beschlüsse eine Genehmigung durch Volk und Stände vorschreiben. Das Parlament hatte den Weg für das Vollmachten-Regime vorbereitet, indem es in den 1930er-Jahren selber vermehrt mit Dringlichkeitsbeschlüssen zu operieren begonnen hatte, die nicht referendumsfähig waren. Die zweite Volksinitiative forderte das Ende des Vollmachtenregimes und die Aufhebung aller Dringlichkeitsbeschlüsse. Im Sommer 1946 wurden die notwendigen Unterschriften in Bern eingereicht.

Abstimmungsdebatte

Der Bundesrat schubladisierte die Begehren. Er argumentierte, schon frühere Vorstösse gegen die Dringlichkeitsbeschlüsse seien erfolglos geblieben. Erst im Februar 1948 verfasste er eine Botschaft zur ersten Initiative. Gemeinsam mit National- und Ständerat, allen grossen Parteien, dem Gewerkschaftsbund und dem Bauernverband empfahl er die Vorlage ohne Gegenvorschlag zur Ablehnung. In einem Ton, den der zeitgenössische Staatsrechtler Zaccaria Giacometti «stark landesväterlich polizeistaatlich» nannte, deutete der Bundesrat das Begehren als Misstrauen gegenüber dem Staat. Ja, er behauptete, ohne Vollmachten nicht mehr regieren zu können. Mit dieser Botschaft schien die Initiative chancenlos.

Anfangs sprachen sich nur kleinere Parteien wie der LdU für das Begehren aus. Im Laufe des Abstimmungskampfes aber kippte die Stimmung. Etliche kantonale Sektionen der grossen Parteien begannen, ein Ja zur Vorlage zu empfehlen. Der «Tages-Anzeiger» bemerkte kurz vor der Abstimmung eine «Grundwelle des Unmutes im Volke» angesichts der «Dringlichkeits- und Notrechtspraxis der ‹Messieurs de Berne›». Auch wenn nur die erste der zwei Initiativen zur Abstimmung vorlag, jene zu den Dringlichkeitsbeschlüssen, so ging es in der Sache stets um beides, auch um die Vollmachten. Der «Nebelspalter» veröffentlichte im Juni 1949 eine Karikatur mit der Unterzeile: «s'Volch hät Heiweh zur Demokratie».

Als die Initiative zur Befristung der Dringlichkeitsbeschlüsse von Volk und Ständen knapp angenommen wurde, war das ein Schock für den Bundesrat. 50,7 Prozent der Stimmenden und die Mehrheit der Stände hatten ein Ja eingelegt. Neben der Westschweiz hatten auch Zürich, Baselland, Appenzell Ausserrhoden und das Tessin zugestimmt. Es war die siebte Volksinitiative seit der Einführung des Instruments 1891, die angenommen wurde.

Wirkung

Der Bundesrat beugte sich dem Volksentscheid – langsam. Die Initianten zogen ihre zweite Volksinitiative 1951 zurück, nachdem die Regierung in einem Gegenvorschlag zugesichert hatte, das Vollmachtenregime bis Ende 1952 aufzuheben.

Das Ende des Staatsnotrechts machte das Stimmvolk am 1. Januar 1953 wieder zum Souverän und befreite das Parlament aus seiner selbstgewählten Position der Schwäche. Heute scheint es immer so gewesen, doch der Ausgang der Abstimmung war knapp; nur rund 8000 Stimmen machten den Unterschied. Beinahe wäre die Schweiz auch zu Friedenszeiten ohne Recht auf Einsprache durchregiert geblieben, «als ein autoritärer Staat mit totalitären Tendenzen», wie der Jurist Zaccaria Giacometti 1942 bemerkt hatte.

Die Zeit der Vollmachten habe «eine echte Gefahr für die Demokratie» der Schweiz dargestellt, sagt der Staatsrechtler Andreas Kley. Zwar lasse sie sich in der Rückschau auch als ein «gesetzgeberisches Labor» deuten, in dem der Bundesrat Ideen getestet habe, die später auf demokratischem Wege wieder aufgenommen wurden – von der Wiederverwertung von Abfall im Krieg bis hin zu Neuerungen im Bereich von Mieter- und Konsumentenschutz. Im Kern aber habe der Vollmachtenbeschluss doch Verfassung und Freiheitsrechte ausgeschaltet und dadurch «den Rechtsstaat fast zum Zusammenbruch» gebracht.

Nach 1952 operierte der Bund noch weitere Male mit Notrecht, etwa bei der dubiosen Schredderung der Akten im Atomschmuggelfall Tinner 2007, bei der Rettung der UBS 2008 oder bei der Übernahme der Credit Suisse 2023 durch eben jene UBS.

Anders als im Zweiten Weltkrieg berief sich die Regierung in diesen Fällen allerdings auf die Verfassung: Seit dem Jahr 2000 ermächtigt Artikel 185 der Bundesverfassung die Regierung, bei «schweren Störungen der öffentlichen Ordnung oder der inneren wie äusseren Sicherheit» Verordnungen und Verfügungen zu erlassen. Seit 2010 sind solche Verordnungen zu befristen.

Auch die Covid-Pandemie war eine Krise, die schnelles Handeln zu erfordern schien. Im Frühjahr 2020 schränkten zahlreiche Demokratien der Welt im Kampf gegen das Virus die Grundrechte ihrer Bürgerinnen und Bürger ein, etwa die Versammlungsfreiheit, die Reisefreiheit oder auch die demokratischen Rechte. In der Schweiz erklärte der Bundesrat am 16. März 2020 die «ausserordentliche Lage» und regierte dann mit Massnahmen durch. Dies auf Basis der Bundesverfassung sowie des 2013 vom Volk angenommenen Epidemiegesetzes, also mit demokratischer Legitimation.

Dennoch war der «power grab» in der Schweiz während der Pandemie recht umfangreich, wie eine Studie des Zentrums für Demokratie festhielt. Andere etablierte Demokratien (etwa in Skandinavien) hätten die Grundrechte ihrer Bürger weniger eingeschränkt als die Schweiz. Volksabstimmungen wurden verschoben, Massnahmen im Nachhinein pro forma vom Parlament bestätigt, die Macht lief an einer Stelle zusammen.

Bemerkenswert war, dass dies im Volk mehrheitlich gut ankam. Leserbriefschreiber und Parteikader forderten während der Pandemie lautstark noch weiterreichende Massnahmen, etwa Ausgangssperren wie in Frankreich oder Spanien. Die Angst vor der Seuche nährte die Sehnsucht nach dem starken Staat.

Dass Notrecht eine Art Fluchtpunkt im Moment der Krise sein kann, zeigt sich auch in den anhaltenden Diskussionen um den Klimawandel (Klima-Notstand!) und die Zuwanderung (Asyl-Notstand!). Notrecht soll es richten – schnell und ohne mühselige Debatte.

Das Vollmachtenregime des Zweiten Weltkriegs ruft in Erinnerung, dass schwere Krisen manchmal tatsächlich ein beherztes Handeln erfordern, das schneller sein muss als der demokratische Vernehmlassungsprozess – doch auch, dass unbefristetes Notrecht schnell zu Gewöhnung führen und den Rechtsstaat gefährden kann. In der Schweiz hat 1949 das Instrument der Volksinitiative verhindert, dass das Land noch länger im Griff einer wohlmeinenden Diktatur blieb.

DIE FÜNFTE SCHWEIZ WIRD OFFIZIELL

ABSTIMMUNG VOM 16.10.1966
BUNDESBESCHLUSS ÜBER DIE ERGÄNZUNG
DER BUNDESVERFASSSUNG DURCH EINEN
ARTIKEL 45[BIS] ÜBER DIE AUSLANDSCHWEIZER
(AUSLANDSCHWEIZER-ARTIKEL)

**Die Fünfte Schweiz
verdient
unsere Stimme**

**La Cinquième Suisse
mérite
notre voix**

**La Quinta Svizzera
merita
il nostro voto**

Der Auslandschweizer-Artikel wurde 1966 deutlich angenommen.

Vorgeschichte

Über Jahrhunderte war die Schweiz ein Auswanderungsland. Männer, Frauen, Kinder verliessen ihre Täler und suchten das Glück im Ausland – als Reisläufer und Zuckerbäcker, Architekten und Kindermädchen, Händler, Melker und Kaminfegerkinder. Erst Ende des 19. Jahrhunderts begann die ausländische Zuwanderung höher zu werden als die Schweizer Abwanderung. 1914 vermuteten die Behörden 380 000 Schweizer Bürger im Ausland – eine stolze Zahl bei damals weniger als 4 Millionen inländischer Einwohnerinnen und Einwohner.

Bund und Kantone hatten wenig Interesse an den Ausgewanderten oder waren gar interessiert am Export von Armut. «Man war froh, dass sie weg waren», sagt der Historiker Patrick Kury. Wer das Land verlassen hatte, verlor Anspruch auf Schutz und Fürsorge. Immerhin, ab 1874 beaufsichtigte der Bund die privaten Agenturen, die die Auswanderung organisierten und bei denen es immer wieder zu Betrügereien kam. Und im Jahr 1900 nahm ein staatliches Auswanderungsamt den Betrieb auf, das präventive Beratung leistete und «leichtsinnige Auswanderung» zu verhindern suchte.

Im Ersten Weltkrieg veränderte sich der Blick auf die Diaspora. Ein nationales Sammeln setzte ein, ein Bemühen um Zusammenhalt. Die Abwanderung wurde neu und kritisch als ein Verlust von nationaler Kraft diskutiert. Die 1914 gegründete Neue Helvetische Gesellschaft (NHG) trat an, «das nationale Erbgut wahren» zu wollen – und bemühte sich um Anbindung der Auslandschweizervereine und Schweizerschulen. 1916 schuf sie eine Ablegergruppe in London und 1920 das Auslandschweizerwerk, das sich bis heute als Auslandschweizer-Organisation (ASO) für die Beziehungspflege zwischen Heimat und Ausgewanderten einsetzt.

Die Emigranten hatten den neuen Bundesstaat ab 1848 wiederholt um Schutz und Stimmrecht gebeten. Doch erst zu Beginn der 1960er-Jahre nahm der Bund ihr Begehren auf. Er sah die Ausgewanderten nun vermehrt als Potenzial, das es zum Wohle der Nation zu erschliessen galt. In seiner Botschaft an die Bundesversammlung vom 2. Juli 1965 schrieb der Bundesrat: «Die Schweiz als kleines und rohstoffarmes Binnenland mit einer hoch entwickelten und weltweiten Wirtschaft ist auf starke und lebenskräftige Niederlassungen, die durch tüchtige Auswanderer immer wieder aufgefrischt werden, angewiesen.» Diaspora-Netzwerke wurden wirtschaftlich interessant.

Entsprechend wollte der Bundesrat seine Zuständigkeit für die Auslandschweizerinnen und Auslandschweizer in der Verfassung festhalten. Der neue Artikel sollte den Bund ermächtigen, die «Rechte und Pflichten» der Auslandschweizer zu regeln. Explizit im Text genannt waren «die Ausübung politischer Rechte, die Erfüllung der Wehrpflicht und die Unterstützung». Das Referendum für die Verfassungsänderung war obligatorisch.

AUSLANDSCHWEIZER

DATUM
16.10.1966

TYP
OBLIGATORISCHES REFERENDUM

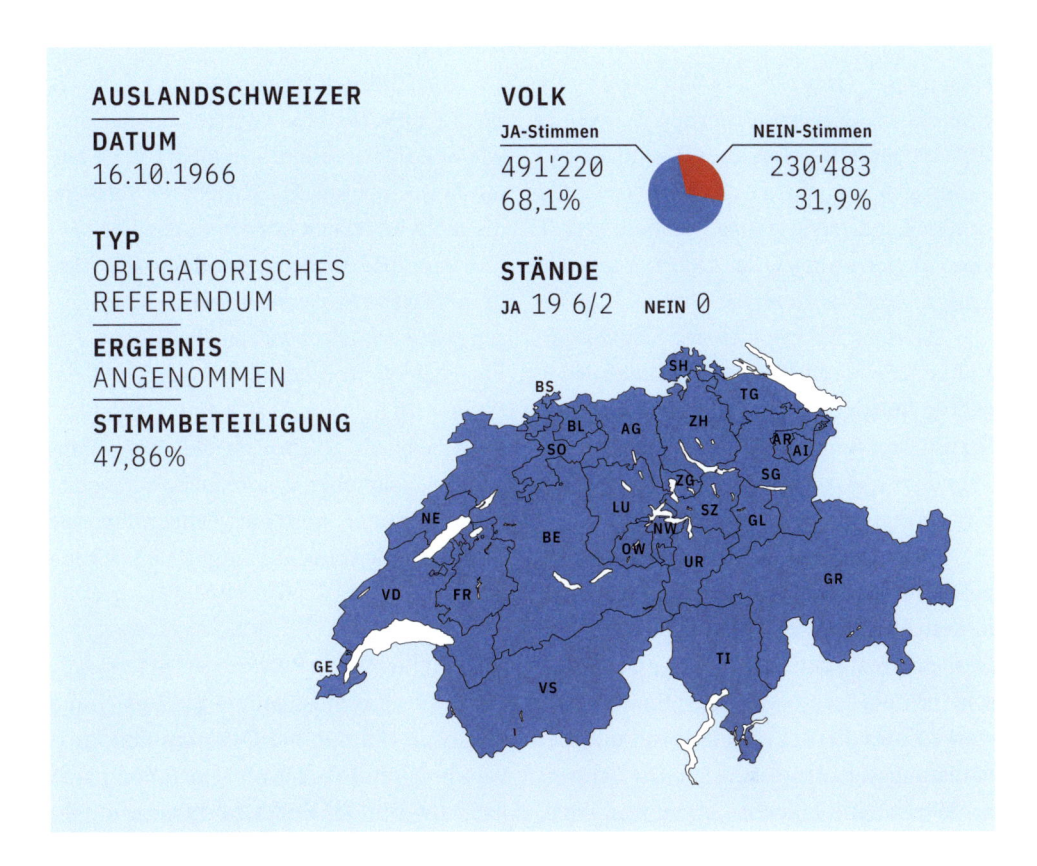

ERGEBNIS
ANGENOMMEN

STIMMBETEILIGUNG
47,86%

VOLK
JA-Stimmen: 491'220 / 68,1%
NEIN-Stimmen: 230'483 / 31,9%

STÄNDE
JA 19 6/2   NEIN 0

Abstimmungsdebatte

Das Abstimmungsjahr 1966 wurde zum Jahr der Auslandschweizer. Drei Altbundesräte – Traugott Wahlen, Max Petitpierre und Giuseppe Lepori – stellten sich dem Patronatskomitee der Auslandschweizer-Organisation zur Verfügung, die 1966 ihr 50-Jahr-Jubiläum ausrichtete. Die Post gab eine Auslandschweizer-Marke aus, die Landesbibliothek in Bern lancierte eine Ausstellung («Die fünfte Schweiz im Wandel der Zeit»). Plötzlich schienen sich alle einig: Emigranten sind ein Gewinn für die alte Heimat.

Kritische Stimmen gab es kaum, die NZZ nannte die Vorlage kurz vor dem Abstimmungstermin «völlig unbestritten». Es gehe, so die Zeitung, um viel mehr als um einen technischen Verfassungsartikel: «Vielmehr will die Schweiz damit ihren Landsleuten im Ausland eine Dankesschuld abstatten, ihre wirtschaftlichen, politischen und kulturellen Leistungen anerkennen und das Zusammengehörigkeitsgefühl verankern.» Im Nationalrat hiess es, der Artikel werde die Auslandschweizer zu «vollwertigen Mitbürgern» machen.

Das neue Bemühen um die Schweizer

jenseits der Grenzen geschah erstens im Kontext der Dekolonialisierung. Schweizer Auswanderer in Algerien oder im Kongo hatten sich vermehrt an den Bund gewandt, weil sie Land und Vermögen verloren hatten. Das gab Bern Anlass, den Umgang mit den Emigranten klar zu regeln.

Zweitens besann sich die Schweiz im Kalten Krieg der 1960er-Jahre auch zurück auf die Geistige Landesverteidigung, postulierte die schweizerische «Eigenart» und den «Sonderweg». Alles Schweizerische war gut und gefragt, auch jenseits der Grenzen.

Drittens erlebte die Schweiz einen Globalisierungsschub. Die Nation setzte gerade deshalb so sehr auf Unverwechselbarkeit, weil sich real so vieles änderte. Der Wirtschaftsboom der 1950er und 1960er brachte starke Zuwanderung, Bautätigkeit und Bevölkerungswachstum mit sich. Die Schweizer Wirtschaft verflocht sich international, der Bankenplatz wuchs, und 1966 trat die Schweiz der Welthandelsorganisation Gatt (heute WTO) bei. Mit diesem Wandel gingen Ängste einher: 1961 wurde die rechtskonservative Nationale Aktion gegründet, die gegen Zuwanderung Stimmung machte. →Überfremdung, 84

Die doppelte Entwicklung von wirtschaftlicher Öffnung und Rückkehr ins mentale Réduit prägte die Schweiz der 1960er-Jahre. An der Landesausstellung von 1964 standen Appelle an die nationale Wachsamkeit neben Offenheit und Zukunftsoptimismus. Intellektuelle wie der Zürcher Germanist Karl Schmid beschrieben ein breit debattiertes «Unbehagen im Kleinstaat» (1963).

Die Einbindung der Fünften Schweiz passte 1966 für beide Seiten, für national wie weltoffen gesinnte Stimmbürger. Sie sagten Ja zu einer unverwechselbaren Schweiz, die nicht an ihren Grenzen endet. Die Vorlage wurde deutlich angenommen, alle Stände und fast 70 Prozent der Stimmenden hiessen den Auslandschweizer-Artikel gut. Am höchsten war die Zustimmung in Genf, am tiefsten in Schwyz, Wallis und Obwalden. Dass mehr als 30 Prozent den Artikel ablehnten, zeigt aber, dass manche Schweizer die Emigranten weiter als Fahnenflüchtige sahen, für die kein Geld ausgegeben werden sollte.

Wirkung

Der Volksentscheid prägte die Beziehung zwischen Heimat und Diaspora neu. Auswanderer und ihre Familien fanden sich nach 1966 in der Bundesverfassung aufgeführt und fühlten sich wertgeschätzt. Von einem «Aufbruch in die Zukunft» schrieb die Auslandschweizer-Organisation im Rückblick auf 1966.

Der Bund ging auf Basis des neuen Artikels nacheinander mehrere Pendenzen an. Er regelte den Zugang der Ausgewanderten zu Fürsorgeleistungen (ab 1974 ist der Bund zuständig, nicht mehr die Heimatkantone), ihre Dienstpflicht zu Friedenszeiten – und schliesslich ihr Recht auf politische Teilhabe. Ein Bundesgesetz, seit 1977 in Kraft, verleiht Schweizerinnen und Schweizern im Ausland das aktive wie passive Stimm- und Wahlrecht. Es erlischt nicht, wird durch die Generationen mit dem Pass vererbt. Eine

Beschränkung des Stimmrechts auf einige Jahre ab Wegzug (wie es Kanada kennt) wurde nicht erwogen.

Stark genutzt wurde das Stimmrecht ab 1977 vorerst nicht, denn man hatte sich als Auswanderer noch leibhaftig in die Schweiz zu begeben, um seine Stimme abzugeben. Das änderte sich erst 1992, als die briefliche Stimmabgabe möglich wurde. Auslandschweizer dürfen heute am Heimatort oder am letzten Wohnort stimmen. Seit 2008 lassen einzelne Kantone Auslandschweizer testhalber elektronisch wählen und stimmen. Mit dem in Berlin wohnhaften Ex-Botschafter Tim Guldimann wurde 2015 der erste «Internationalrat» ins Parlament gewählt. Seine Anreisespesen übernahm der Bund.

Heute sind die Auslandschweizer ein politischer Faktor. 813 400 Schweizerinnen und Schweizer leben im Ausland, sie wären der viertgrösste Kanton des Landes. Rund 220 000 sind in die Wahlregister eingetragen, nehmen an Wahlen und Abstimmungen teil. Oft sind das Auslandschweizer, die nicht für immer ausgewandert, sondern vorübergehend im Ausland sind. Der Charakter der Emigration hat sich mit Billigflügen und Internet sehr verändert. «Statt von Auswanderung sollte man heute besser von internationaler Mobilität sprechen», sagt Rudolf Wyder, langjähriger Direktor der Auslandschweizer-Organisation.

Der Auslandschweizer-Artikel von 1966 stellte die Beziehung der Schweiz zu der sich wandelnden Diaspora auf ein dauerhaftes Fundament. 2015 trat das neue Auslandschweizergesetz in Kraft, das die bisherigen Etappen in einem Gesetz sammelt. Nicht mehr Misstrauen und Ablehnung prägen heute den Umgang mit der fünften Schweiz, sondern Wertschätzung. Der Bund beteiligt sich an Schweizerschulen, betreibt einen Online-Schalter für Auslandschweizer, die Plattform swissinfo, eine Auslandschweizer-Statistik sowie weitere Dienstleistungen zur Aus- und Rückreise.

Noch liesse sich mehr tun: «Eine kohärente Auslandschweizerpolitik des Bundes, die wirklich auf das Potenzial der Diaspora abzielt, fehlt noch immer», sagt Rudolf Wyder. Andere Länder (Irland, Singapur) haben eigene Diaspora-Ministerien. Eine Verfassungsgrundlage für solche Neuerungen gäbe es seit 1966 auch in der Schweiz.

JAMES SCHWARZENBACH LANCIERT DIE PERMANENTE AUSLÄNDER-DEBATTE

ABSTIMMUNG VOM 07.06.1970
VOLKSBEGEHREN GEGEN DIE UEBERFREMDUNG

Zur Initiative gegen die Überfremdung ein klares NEIN am 6./7. Juni.

Jungradikale Basel

Der Grafiker Linard Biert macht aus dem Schweizerkreuz ein Hakenkreuz und wirbt so gegen die Schwarzenbach-Initiative.

Vorgeschichte

Es sind die Bahnhöfe, immer wieder die Bahnhöfe. Bilder von Koffern, die am Boden stehen. Junge Männer, die rauchen, warten. Winkende Menschen in einfahrenden Zügen (meist ernst), winkende Menschen in ausfahrenden Zügen (meist lächelnd).

Es ist 1970, und in der Schweiz wird diskutiert, ob es zu viele Ausländer im Land gebe. Es gibt eine berühmte Filmaufnahme des Schweizer Fernsehens aus diesem Jahr, auf der sich eine Gruppe Leute im Zürcher Hauptbahnhof so heftig streitet, dass es für einen Moment so scheint, als ob sie gleich mit den Fäusten aufeinander losgehen würden. «Die sind doch alle z'fuul zum schaffe!», ruft einer. «Dann macht die Grenzen doch zu!», entgegnet ein anderer.

Für die Anhänger von James Schwarzenbach, der treibenden Kraft hinter dem «Volksbegehren gegen die Überfremdung», sind Bahnhöfe dunkle Orte. Hier würden die Fremden sich zusammenrotten, erzählen sie während des Abstimmungskampfs, und dann den heimischen Frauen auflauern. In der von der Migros herausgegebenen Zeitung «Tat» wird vor den «Rittern vom öligen Scheitel» gewarnt, «die sich mit Vorliebe auf Bahnhöfen treffen, um hinter den Schweizer Frauen herzupfeifen und sie en passant mit mediterran sensibler Hand in den Po zu kneifen.»

Die Bahnhöfe waren tatsächlich wichtig, nicht nur in Schauer-Erzählungen. Hier kamen die «Fremdarbeiter» aus dem Süden an. Und es kamen viele. Nach dem Zweiten Weltkrieg setzte ein wirtschaftlicher Boom ein in der Schweiz, wie ihn das Land bis dahin noch kaum erlebt hatte. Vollbeschäftigung, brummende Konjunktur, Aufbruch. Die Schweiz wurde in den Jahren nach dem Krieg neu gebaut, Strassen, Tunnels, Brücken. Und weil es zu wenige Schweizer Arbeiter für diese Aufgaben gab, war das Land auf Ausländer angewiesen.

Zwischen 1960 und 1969 verdoppelte sich die Zahl der anwesenden Ausländer (es waren vor allem Männer) in der Schweiz von 500 000 auf eine Million. Die Fremdarbeiter stammten zum grössten Teil aus Italien und stiessen hier oft auf Ablehnung, manchmal auf Hass. «Sobald in der Nachkriegsschweiz die ersten Fremdarbeiter eintrafen, kam auch die Ansicht auf, dass ‹die Fremden uns die Arbeit, den Platz und die Frauen wegnehmen›», formulierte es einmal Marc Bühlmann, Professor für Politikwissenschaften an der Universität Bern. Es gab einen ganzen Kanon von Beschimpfungen, den sich die Gastarbeiter anhören mussten, von «Tschinggen» bis «Marroni-Fresser».

Die Schweiz erlebte in den 1960er-Jahren nicht zum ersten Mal eine Überfremdungs-Angst. Bereits der Begriff «Überfremdung» war eine Schweizer Erfindung, geprägt im Jahr 1900 vom Zürcher Armensekretär Carl Alfred Schmid. Damals lag der Ausländeranteil in der Schweiz bei 10 Prozent (vor allem Deutsche und Italiener), bis zum Ersten Weltkrieg stieg er auf 15,4 Prozent, wobei er in den Städten schon damals viel höher lag. Während des Ersten Weltkriegs und danach zeigten sich fremdenfeindliche Tendenzen immer deutlicher, bis

ÜBERFREMDUNG

DATUM
07.06.1970

TYP
VOLKSINITIATIVE

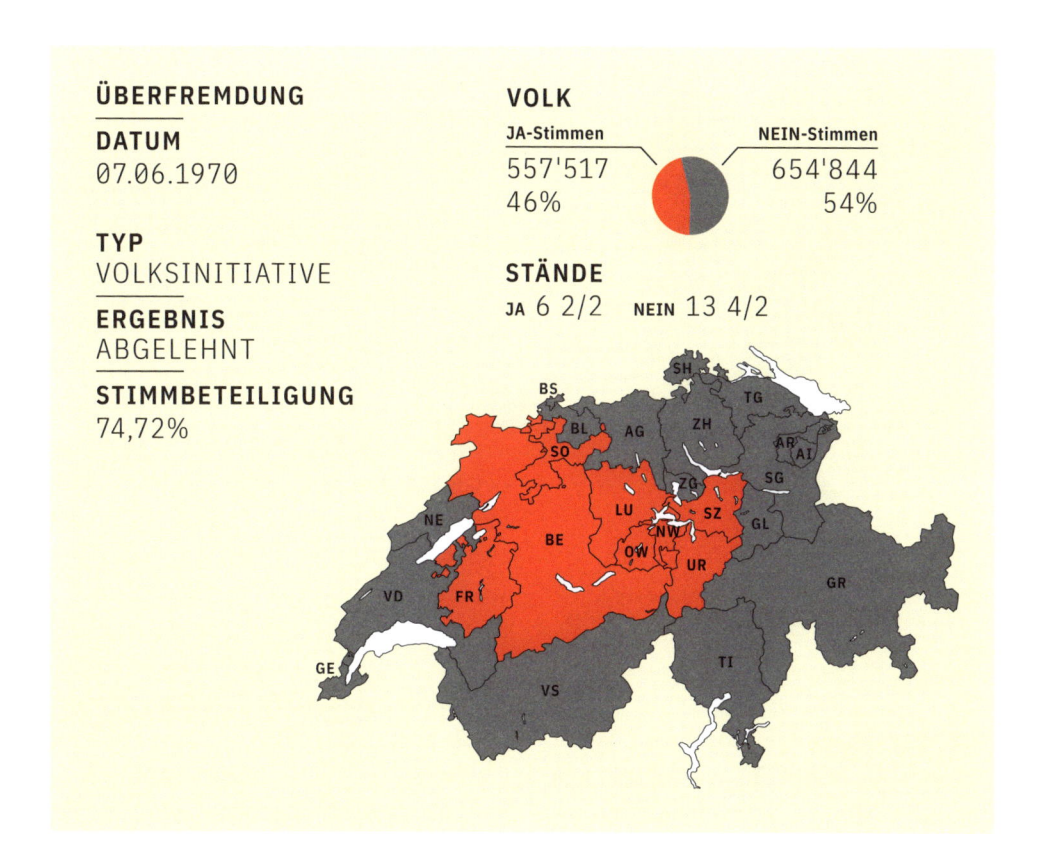

ERGEBNIS
ABGELEHNT

STIMMBETEILIGUNG
74,72%

VOLK
JA-Stimmen: 557'517 — 46%
NEIN-Stimmen: 654'844 — 54%

STÄNDE
JA 6 2/2   NEIN 13 4/2

in die obersten Staatsebenen. So sagte Ernst Delaquis, der Leiter der Polizeiabteilung im Justizdepartement, im Oktober 1921 während eines Vortrags in St. Gallen: «Wir müssen den fremden Ankömmling auf Herz und Nieren prüfen können. Reiht er sich in unser politisches, wirtschaftliches, soziales Gefüge? Ist er hygienisch akzeptabel?»

Die Arbeitsmigration ging nach dem Ersten Weltkrieg wegen zahlreicher protektionistischer Massnahmen zurück, und die neu geschaffene Eidgenössische Fremdenpolizei achtete darauf, die Zahl der Ausländer kleinzuhalten. Entsprechend ging der Ausländeranteil zurück – während die Ablehnung der Fremden konstant hoch blieb. «Die Angst vor ‹Überfremdung› war dann am grössten, als die Schweiz in den 1940er-Jahren den mit fünf Prozent tiefsten Ausländeranteil des vergangenen Jahrhunderts aufwies», sagte Geschichtsprofessor Patrick Kury in einem Interview. «Es gibt also keinen direkten Zusammenhang zwischen Ausländeranteil und Überfremdungsangst.»

Mit dem Wirtschaftsboom nach dem Zweiten Weltkrieg kam die Ausländer-Debatte zurück in die Politik. Der Gewerkschaftsbund verlangte zu Beginn der 1960er-

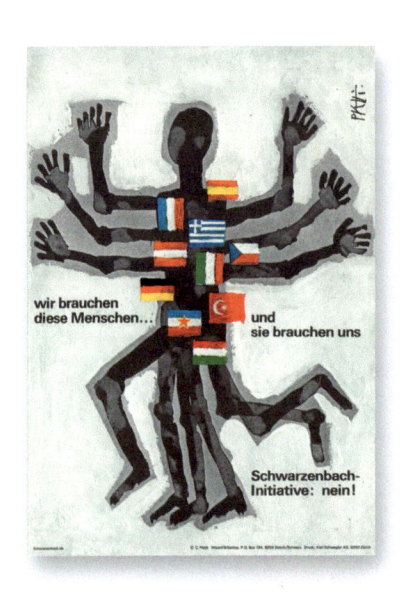

Celestino Piatti, einer der berühmtesten Grafiker seiner Zeit, malte zwei Plakate gegen die Schwarzenbach-Initiative.

Jahre vom Bund eine Kontrolle über den Zuzug von ausländischen Arbeitskräften, um die «kulturelle und sprachliche Eigenart» der Schweizer zu erhalten. Das war auch eine Reaktion auf das «Italienerabkommen» des Bundes. Nach jahrelangen Verhandlungen hatte das Abkommen 1964 mit Italien unterschrieben werden können. Es erleichterte den Familiennachzug der italienischen Arbeiter, harmonisierte die Aufenthaltsbewilligungen und Sozialleistungen. In der Öffentlichkeit kam das Abkommen schlecht an. Es sei «nach Strich und Faden» runtergemacht worden, wie Bundesrat Hans Schaffner (FDP) später sagte. Die öffentliche Stimmung gegen Ausländer wurde immer aufgeheizter.

1965 reichte die linksliberale Demokratische Partei in Zürich eine erste Überfremdungsinitiative ein, zog sie aber wieder zurück (wegen Druck aus der Wirtschaft). Der Schriftsteller Max Frisch schrieb 1965 den Satz: «Man hat Arbeitskräfte gerufen, und es kommen Menschen». Zwei neue Parteien entstanden, die ihre Energie aus dem Unbehagen gegenüber den Ausländern zogen: die «Nationale Aktion» (später wurden daraus die «Schweizer Demokraten») und die «Republikanische Bewegung».

1967 schaffte es bei den eidgenössischen Wahlen ein Mann der Nationalen Aktion in den Nationalrat, der Zürcher James Schwarzenbach (1911–1994). Sein Name sollte bald in der ganzen Schweiz bekannt werden, bewundert ausgesprochen von den einen, verächtlich gezischt von den anderen.

Schwarzenbach stammte aus einer wohlhabenden Familie von Textilindustriellen. Er studierte Geschichte und betätigte sich als Journalist und Verleger. Als junger Mann war er Mitglied der Nationalen Front, später im Leben bekundete er öffentlich seine Faszination für Diktaturen und den Faschismus.

Schwarzenbach war wohl der erste Politiker in der Schweiz, der seine Karriere ausschliesslich auf Migrationsthemen aufbaute. Schon kurz nach seiner Wahl in den Nationalrat begann er mit der Arbeit an seinem «Volksbegehren gegen die Überfremdung», das in der Öffentlichkeit bald nur noch die «Schwarzenbach-Initiative» genannt wurde. Mit der Initiative wollte Schwarzenbach die ausländische Bevölkerung permanent auf 10 Prozent begrenzen (mit der Ausnahme des Kantons Genf). Bei einem Ja zur Initiative hätten mehr als 300 000 Menschen die Schweiz verlassen müssen.

Abstimmungsdebatte

Die öffentliche Diskussion über die Schwarzenbach-Initiative war stilbildend für alle Ausländer-Debatten, die noch kommen sollten: Sie war gehässig, aufgeladen und emotional. Von der Szene am Zürcher Hauptbahnhof war bereits die Rede – solche und ähnliche wütende Dialoge wurden an vielen Orten der Schweiz geführt. Um die Lage zu beruhigen, hatte der Bundesrat drei Monate vor der Abstimmung die «Globalplafonierung» eingeführt, ein Kontingentsystem, mit dem die Zahl der Ausländer in der Schweiz bei einer Million stabilisiert werden sollte.

Trotz dieser Massnahme, trotz der Ablehnung der Schwarzenbach-Initiative von sämtlichen Wirtschaftsverbänden und Parteien (im Parlament hatte nur ein einziger Nationalrat für die Initiative gestimmt – ihr Namensgeber, und auch die Bauern-, Gewerbe- und Bürgerpartei, Vorläuferin der SVP, hatte das Ausländerthema noch nicht für sich entdeckt) war die Zustimmung zum «Volksbegehrens gegen die Überfremdung» erstaunlich gross – und das bei einer rekordhohen Stimmbeteiligung von fast 75 Prozent.

Wirkung

Der knappe Ausgang der Abstimmung war ein Schock. Fast die Hälfte des Stimmvolks hatte dafür gestimmt, hunderttausende Menschen aus dem Land zu schicken. Mit Fremdenfeindlichkeit allein war der hohe Ja-Stimmenanteil allerdings nicht zu erklären. Die Schwarzenbach-Initiative war auch der hilflose Versuch, ein Zeichen gegen den sozialen Wandel zu setzen, den die Schweiz zwischen 1950 und 1970 durchlebte. Die Schweiz veränderte sich rasend schnell, die Einkommen verdoppelten sich, zahlreiche traditionelle Strukturen kamen unter Druck. Die Städte und ihr Umland veränderten sich. Dieser Wandel sorgte nicht nur für vollere Portemonnaies, sondern weckte auch Ängste.

Doch handfeste Fremdenfeindlichkeit gab es natürlich auch. Viel. Und der Beinahe-Sieg an der Urne liess die Fremdenfeinde offener und schamloser auftreten als zuvor. Im Frühling 1971 trank der Italiener Alfredo Zardini im Zürcher Stadtkreis 4 einen Kaffee. Er wurde von einem Schweizer angegriffen, mit Fäusten traktiert, auf die Strasse geschleift, wo ihn jemand anders weiter schlug. Niemand half, im Spital konnten die Ärzte

Im Parlament stimmte nur ein einziger Politiker für die Initiative: James Schwarzenbach selber. In der Bevölkerung war das Resultat weniger eindeutig.

nur noch den Tod des Dachdeckers aus Belluno feststellen. Seine Angehörigen verzichteten auf eine öffentliche Trauerveranstaltung – sie wollten keine weiteren Angriffe provozieren.

Der Angriff auf Zardini hatte ausländerfeindliche Motive, und er war ein Zeichen dafür, wie feindselig die Stimmung gegenüber Ausländern in der Schweiz geblieben war. In grossen Teilen der Bevölkerung, rechts und links. «Wir zahlten einen hohen Preis für unsere anständige Haltung», sagte der damalige SP-Präsident Helmut Hubacher im Rückblick. Viele Linke und Gewerkschafter hatten Ja zur Schwarzenbach-Initiative gesagt, weil sie Angst um ihren Arbeitsplatz hatten oder weil sie der Meinung waren, es gebe schon zu viele Ausländer in der Schweiz. Das Ja dieser Arbeiterschaft markierte die Abkehr von der Sozialdemokratie, die SP verlor damals einen wichtigen Teil ihrer ursprünglichen Wählerschaft.

James Schwarzenbach versuchte, von der weiter angespannten Stimmung zu profitieren und lancierte weitere Überfremdungs-Initiativen, die aber allesamt deutlich abgelehnt wurden. Auch weil die stabilisierenden Massnahmen des Bundesrats erfolgreich waren – bis 1988 überstieg die Zahl von Ausländern in der Schweiz die Million nicht mehr. Allerdings spielte dabei die wirtschaftliche Entwicklung eine entscheidende Rolle. Nach dem Erdölschock und der folgenden Rezession wurden viele ausländische Arbeiter wieder nach Hause geschickt.

Schwarzenbach hat die Schweizer Politik- und Parteienlandschaft trotz seines Misserfolgs an der Urne nachhaltig verändert. «Der Ausländer» war nun permanent ein Thema. Und: Bis zur Einführung der Personenfreizügigkeit mit der EU im Jahr 2002 blieb die Zahl der in der Schweiz anwesenden Ausländer durch Kontingente geregelt.

Die «Überfremdung» blieb während dieser ganzen Zeit ein bestimmendes Motiv in der Schweizer Politik. Schwarzenbach, der in seinem späteren politischen Leben nicht nur gegen Ausländer, sondern auch oft gegen die «Eliten» hetzte, wirkte wie eine Folie für spätere Rechtspopulisten, innerhalb und ausserhalb der Schweiz. Insbesondere für Christoph Blocher, der mit genau dieser Mischung – Fremdenfeindlichkeit und Kritik an der «Classe Politique» – die SVP in den 1990er-Jahren zur grössten Partei der Schweiz machte.

Für Migrationsforscher Kijan Espahangizi ist die Schwarzenbach-Abstimmung ein wichtiger Wendepunkt in der Geschichte «ausländerpolitischer Aushandlungsprozesse» in der Schweiz. Weil ab diesem Zeitpunkt einerseits jene Kräfte Auftrieb erhielten, die auf «Integration» der Ausländerinnen und Ausländer setzten. Und weil die Initiative andererseits die erste in einer langen Reihe von rechtspopulistischen Initiativen war, die das Thema Einwanderung bis heute politisch bewirtschaften.

Die Schweiz stimmte nach Schwarzenbach noch viele Male über Vorlagen ab, die die Zuwanderung mit unterschiedlichen Methoden begrenzen wollten. Darunter die «18-Prozent-Initiative» des späteren

FDP-Präsidenten Philipp Müller oder die «Masseneinwanderungsinitiative» der SVP, die 2014 überraschend angenommen wurde. →Masseneinwanderung, 204

Die Geschichte von James Schwarzenbach und die Geschichte seiner Nachfolger zeigt, wie die direkte Demokratie dazu gebraucht werden kann, Ängste in der Bevölkerung anzusprechen und zu schüren. Der Umgang mit Minderheiten und dem vermeintlich Fremden ist ein schwieriges Thema für die direkte Demokratie. Ob Schächtverbot, Fremdarbeiter oder Minarette: Das Volk hat immer wieder zu entscheiden, ob es als Mehrheit Minderheiten ausgrenzen oder sogar ausschaffen will. Dabei ist die Wirkung dieser Initiativen und Vorlagen nicht ausschliesslich davon abhängig, ob sie angenommen werden oder nicht. Fremdenfeindliche Politik in der Schweiz lebt davon, dass der «Fremde» ein Thema bleibt, eine drohende Gefahr. Für den eigenen Job, die Gesundheit, die Wohnung oder auch nur den eigenen Sitzplatz im Zug.

HUNDERT JAHRE KAMPF

ABSTIMMUNG VOM 07.02.1971
BUNDESBESCHLUSS ÜBER DIE EINFÜHRUNG
DES FRAUENSTIMM- UND WAHLRECHTS
IN EIDGENÖSSISCHEN ANGELEGENHEITEN

Das «Nuggizapfen-Plakat» von Donald Brun warnt vor dem Fehlen der Frauen im Haushalt. Es hing vor der kantonalen Abstimmung im Juni 1946 in Basel. Die Männer sagten Nein.

Vorgeschichte

Der Bundesstaat von 1848 war ein Staat von Männern, ein Staat für Männer. Die Verfassung garantierte nur männlichen Schweizern das Stimm- und Wahlrecht, Frauen waren im politischen Leben (überhaupt im öffentlichen Leben) nicht vorgesehen. Schon in den ersten Jahrzehnten des Bundesstaats empfanden das einige Menschen im Land, Frauen wie Männer, als stossend. Die Schweizer Demokratie: unvollendet.

Zum ersten Mal öffentlich angesprochen wurde diese Ungerechtigkeit 1868, als im Kanton Zürich die Verfassung neu geschrieben wurde. →Totalrevision, 16 Eine Gruppe Frauen forderte in einer Bittschrift die «Wahlberechtigung und Wahlfähigkeit für das weibliche Geschlecht». Sie taten es anonym, weil sie sich nicht der «Spottlust böser Zungen» preisgeben wollten. Ihr Anliegen blieb unerhört.

Es sollte noch mehr als hundert Jahre dauern, bis die Frauen der Schweiz politisch mitbestimmen durften, viel länger als in den meisten anderen Staaten. Die Schweiz war punkto Frauenstimmrecht eines der letzten 23 Länder auf der ganzen Welt; in Europa war nur Liechtenstein später. 2021, als die Schweiz 50 Jahre Frauenstimmrecht feierte, nannte es Bundesrätin Karin Keller-Sutter eine Ironie der Geschichte, dass ausgerechnet die im internationalen Vergleich so weitreichenden Mitbestimmungsrechte des Volkes schuld am überlangen Ausschluss der Frauen in der Schweiz waren. «In keinem anderen Land – ausser in Liechtenstein – lag der Entscheid darüber, auch den Frauen dieses fundamentale Bürgerrecht zu gewähren, in der Hand jedes einzelnen stimmberechtigten Mannes und nicht bei der Regierung oder dem Parlament.»

Die Männer befassten sich an der Urne viele Male mit den Frauen. Über 50 kantonale und zwei eidgenössische Abstimmungen sowie ein Bundesgerichtsurteil waren nötig, bis wirklich alle erwachsenen Frauen in der Schweiz zum politischen Prozess zugelassen wurden. Erst dann galt, was die Historikerin Meta von Salis im Jahr 1887 pionierhaft gefordert hatte: «Entweder gleiche Gesetze, gleiche Rechte, gleiche Pflichten und Strafen, gleiche unparteiische Richter, oder der moralische und physische Niedergang der Menschheit nimmt unerbittlich seinen Fortgang.» Diese scharfen Zeilen schrieb sie in einem Aufsatz für die Zeitung «Züricher Post» und wurde dafür angefeindet. Ihre Vorträge, in denen sie die politische Gleichberechtigung der Frauen als bürgerliches Grundrecht einforderte, waren schlecht besucht, sie wurde regelmässig ausgepfiffen.

Nur sechs Jahre später, 1883, führte Neuseeland als erstes Land der Welt das aktive Wahlrecht für Frauen ein. 1912 bekannte sich die SP als erste Partei der Schweiz offiziell zum Stimm- und Wahlrecht der Frauen.

Während des Ersten Weltkriegs lancierten die Sozialdemokraten in verschiedenen Kantonen Vorstösse zur Einführung des Frauenstimmrechts. Sie blieben alle chancenlos, deutlich chancenlos, die Argumentation dagegen war ein Vorgeschmack auf die späteren nationalen Debatten: Das Frauenstimmrecht sei gegen die Natur, die Frau

FRAUENSTIMMRECHT

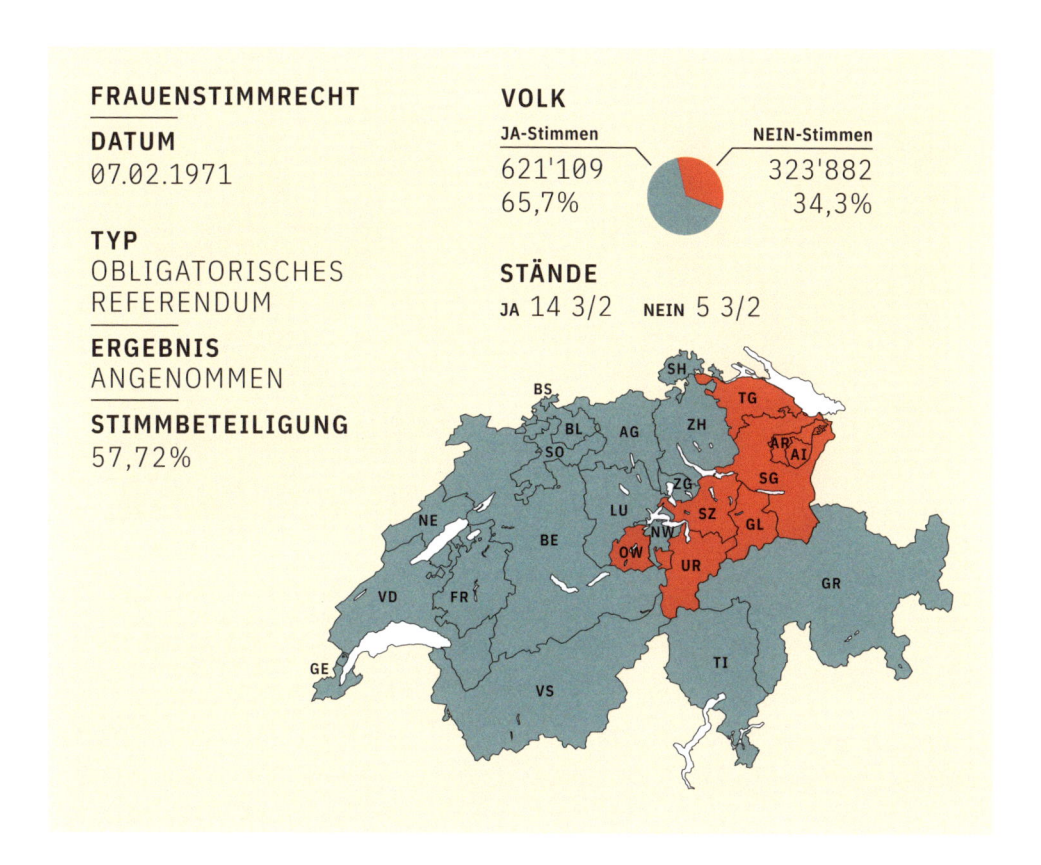

DATUM
07.02.1971

TYP
OBLIGATORISCHES REFERENDUM

ERGEBNIS
ANGENOMMEN

STIMMBETEILIGUNG
57,72%

VOLK
JA-Stimmen: 621'109 — 65,7%
NEIN-Stimmen: 323'882 — 34,3%

STÄNDE
JA 14 3/2   NEIN 5 3/2

vermännliche bei einer Teilnahme an Abstimmungen, die Familie werde zerstört.

Nach dem Ersten Weltkrieg erhielt das Anliegen Schub durch das Oltener Komitee, das den Landesstreik 1918 organisierte, und die politische Gleichstellung der Frau als eine seiner wichtigsten Forderungen formulierte.

Der Bundesrat zeigte wenig Lust, sich des Themas anzunehmen. Zwar wurden in National- und Ständerat 1919 eine bürgerliche und eine sozialdemokratische Motion erfolgreich an den Bundesrat überwiesen – aber diese wurden schlicht nicht behandelt.

Daran änderte auch eine Petition des Schweizerischen Verbands für das Frauenstimmrecht nichts, die 1929 mit einer Viertelmillion Unterschriften eingereicht wurde. Den verbindlichen Auftrag, zum Frauenstimmrecht Stellung zu beziehen, erfüllte die Regierung erst in den 1950er-Jahren.

Die männliche Mehrheit in Parlament und Regierung sah keinen Handlungsbedarf – und befürchtete negative Auswirkungen aller Art. Exemplarisch lässt sich dies an einer Debatte im Dezember 1945 zeigen, als es wieder einmal um ein Postulat zur Einführung des Frauenstimmrechts ging.

Wer Ja stimmt, wird geküsst. Der Ostschweizer Karikaturist Jürg Spahr wirbt für ein männliches Ja in der ersten nationalen Abstimmung über das Frauenstimmrecht von 1959 – erfolglos.

Das Schmähplakat von Otto Baumberger karikiert Suffragetten und sozialistische «Petroleusen» wie die 1918 ermordete Rosa Luxemburg. Es hing in Zürich vor der kantonalen Abstimmung im Februar 1920.

Gottlieb Duttweiler, Nationalrat für den Landesring der Unabhängigen und Gründer der Migros, argumentierte dafür. «Was mich sehr berührt hat, ist die traditionelle Heiterkeit, die sich so gelegentlich spürbar macht, wenn man vom Frauenstimmrecht spricht», sagte Duttweiler. «Aber es ist schweizerische Tradition. Es ist wahrscheinlich einer unserer berühmten Fehler, wie die Heiligkeit des Schnapshafens, das Bankgeheimnis (...) und ähnliche Eigentümlichkeiten unserer Eidgenossenschaft. Es ist irgendwie etwas Schlimmes hinter dieser Heiterkeit.»

Was Duttweiler damit meinte, lässt sich im selben Ratsprotokoll nachlesen. Nationalrat Josef Schuler aus Schwyz (fraktionslos) berief sich auf die Gründungsmythen der Schweiz. Die Stauffacherin habe auch ohne Stimmrecht eine wichtige Rolle gespielt.

Und ob nicht auch beim Rütlischwur nur Männer dabei gewesen seien? Das Protokoll hielt zu Schulers Votum fünfmal «Heiterkeit» und zweimal «grosse Heiterkeit» fest. Karl Wick von den Katholisch-Konservativen warnte vor der «Verabsolutierung» der Demokratie. «Eine politische Gleichschaltung von Mann und Frau in Form einer alles nivellierenden Demokratie wäre eine innere Verarmung unseres Staatslebens.» Und dann gab es noch Männer wie Eugen Bircher von der BGB, der SVP-Vorläuferpartei, die sich nicht mit feinsinnigen Argumenten aufhielten. Bircher nannte die Frau einen «Knalleffekt der Natur», in ihrer anatomisch-geschichtlichen Entwicklung dem Kind näher als dem Mann.

Die erste nationale Abstimmung über die Einführung des Frauenstimmrechts wurde

1959 zugelassen, als die meisten Länder der Welt das Stimmrecht für die Frauen bereits eingeführt hatten. Die Männer verwarfen die Einführung mit 33,1 Prozent Ja-Stimmen deutlich. Nur die Kantone Genf, Neuenburg und Waadt unterstützten das Frauenstimmrecht. Drei Tage nach der Abstimmung schickte eine Gruppe von Basler Lehrerinnen dem Rektor des Mädchengymnasiums einen Brief: «Sehr geehrter Herr Rektor, ich teile Ihnen mit, dass die Lehrerinnen des Mädchengymnasiums am Dienstag, den 3. Februar 1959, aus Protest gegen die neuerlich dokumentierte Missachtung unseres staatsbürgerlichen Rechtsanspruchs streiken werden.» Der Streik dauerte nur einen Tag, beschäftigte die Politik aber für Wochen. Der Regierungsrat verurteilte die Aktion «aufs Schärfste».

Der Streik und überhaupt die Reaktionen aus dem Aus- und Inland machten deutlich: Lange würden sich die Frauen in der Schweiz nicht mehr entrechten lassen. Das zeigte auch die Entwicklung auf kantonaler Ebene: Am gleichen Tag, an dem das Frauenstimmrecht auf Bundesebene abgelehnt wurde, führte die Waadt das kantonale und kommunale Frauenstimmrecht ein. Neuenburg folgte im selben Jahr, Genf 1960, Basel-Stadt als erster Deutschschweizer Kanton 1966. Als der Bundesrat dann im Jahr 1968 die Unterzeichnung der Europäischen Menschenrechtskonvention unter Vorbehalt des Frauenstimmrechts plante, war dies der Tropfen zu viel. Frauenorganisationen protestierten massiv. Nun versprach der Bundesrat: Ja, wir stimmen noch einmal ab.

Abstimmungsdebatte

Männer auf dem Land warnten davor, dass sie von den städtischen Frauen überstimmt würden und äusserten ihre Sorge um den Fortbestand der Landsgemeinde. Konservative fürchteten das Auseinanderbrechen der klassischen Familie – die Ängste vieler Männer waren so grotesk wie zahlreich. Politisch aber gab es keine nennenswerte Gegenwehr mehr. Einer Mehrheit in der Schweiz war klar, dass sich das Stimmrecht für die Frauen nicht mehr aufhalten lassen würde, und niemand wollte es sich mit den neuen potenziellen Wählerinnen verscherzen.

Am 7. Februar 1971 war es dann so weit: Die Stimmbürger (zum letzten Mal nur die Männer) nahmen das eidgenössische Stimm- und Wahlrecht für die Frauen an. 53 Jahre nach Deutschland, 53 Jahre nach Österreich, 27 Jahre nach Frankreich und 26 Jahre nach Italien. Das Ja war deutlich, aber es war nicht umfassend. Die Kantone Uri, Schwyz, Obwalden, Glarus, die beiden Appenzell, St. Gallen und Thurgau lehnten die Einführung des Frauenstimmrechts ab.

Wirkung

Nach dem Ja des Volkes führten die meisten Kantone das Frauenstimmrecht auch lokal per sofort ein – aber nicht alle. In Appenzell Ausserrhoden sagte die Landsgemeinde erst 1989 Ja zur Teilnahme der Frauen am politischen Prozess. In Innerrhoden brauchte es einen Bundesgerichtsentscheid, der den Halbkanton zwang, den Frauen 1991 das kantonale und kommunale Stimmrecht zu geben. Die Frau, die vor Gericht gegangen

Der vieldeutige Teppichklopfer ist ein Klassiker des politischen Plakats. Es fand in Zürich vor der kantonalen Abstimmung im November 1947 Verwendung.

war, bezahlte einen hohen Preis für ihr Engagement. Sie wurde belästigt, bedroht, musste Polizeischutz beantragen, zog sich danach aus der Öffentlichkeit zurück – und zügelte weg aus dem Kanton.

Die Frauen nutzten ihr neues Wahlrecht noch im gleichen Jahr – und gingen in die Politik. Nach den Wahlen im Herbst 1971 nahmen 11 Nationalrätinnen und eine Ständerätin im Bundeshaus ihre Arbeit auf. In den folgenden 50 Jahren entwickelte sich der Frauenanteil im Nationalrat nach oben, bis zum bisherigen Höchststand von 42 Prozent im Jahr 2019. Vier Jahre später ging der Frauenanteil wieder leicht zurück, auf 38,5 Prozent.

Ähnlich hoch ist die Vertretung im Ständerat. 2023 wurden 16 Frauen in den Ständerat gewählt – so viele wie noch nie. Schwerer haben es die Frauen im Bundesrat. Elisabeth Kopp, die 1984 die erste Bundesrätin der Schweiz wurde, musste zurücktreten (wegen ihres Mannes). Nach ihr wurden bis jetzt neun weitere Frauen in die Regierung gewählt – im Vergleich zu den 112 Männern, die seit 1848 im Bundesrat sassen (und den 30, die seit 1971 gewählt wurden).

Alle Befürchtungen oder auch Hoffnungen der Männer, dass sich die politische Seele der Schweiz nach dem Einbezug der Frauen fundamental verändern könnte, erwiesen sich als grundlos. Es gab seit 1971 weder eine deutliche Verschiebung nach rechts noch eine deutliche Bewegung nach links. In fast allen politischen Fragen stimmen Frauen und Männer anteilsmässig vergleichbar ab. Ausnahmen sind gewisse Bereiche der Gesellschafts- und Umweltpolitik. Von den über 450 nationalen Volksabstimmungen, die seit der Einführung des Frauenstimmrechts abgehalten wurden, sind gemäss Bundesamt für Statistik nur zwölf durch eine Frauenmehrheit entschieden worden. Beispielsweise stimmten viel mehr Frauen für ein progressives Eherecht als Männer, →Neues Eherecht, 112 und auch bei der Anti-Rassismus-Strafnorm 1994 →Anti-Rassismus-Strafnorm, 144 war es eine Frauenmehrheit, die entscheidend zum Ja beitrug (die Männer stimmten mehrheitlich Nein).

Den umgekehrten Fall gab es auch nach 1971 noch mehrere Male – am deutlichsten bei der Abstimmung über die Einführung des Rentenalters 65 für die Frau im Jahr 2022. Zwei Drittel aller stimmenden Frauen lehnten das höhere Rentenalter ab, zwei

Drittel aller Männer waren dafür. Doch solche Differenzen sind die Ausnahme.

Dass die Schweiz sich politisch auch nach der Einführung des Frauenstimmrechts kaum verändert hat, ist eines der stärksten Argumente all jener, die die demokratische Teilhabe in der Schweiz heute noch weiter ausdehnen möchten – auf niedergelassene Ausländerinnen und Ausländer zum Beispiel, oder auf Jugendliche ab 16 Jahren.

Der hundert Jahre andauernde Kampf vieler Frauen (und einiger Männer) um mehr politische Teilhabe sagt einiges über die innere Verfasstheit der Schweizer aus (und auch der Schweizerinnen). Die nationale Grundhaltung ist eine konservative, Veränderungen brauchen Zeit, Geduld und Ausdauer.

Junge Männer und Frauen lernen es in der Schule: Erst 1971 durften Frauen mitbestimmen. Unglaublich!

Dass sich die Schweiz schwertut mit der Gleichberechtigung, das zeigt sich bis heute. Im Global Gender Gap Report des WEF von 2023 rangiert die Schweiz auf Platz 21 im Bereich der Gleichstellung der Geschlechter. Im Vergleich zu früheren Jahren büsste die Schweiz sogar Plätze ein.

Wegen der Lohnungleichheit und der schwierigen Vereinbarkeit von Beruf und Familie streikten 1991 eine halbe Million Frauen. 2019 wurde der Frauenstreik wieder aufgegriffen und lebt weiter. Der Streit um gleiche Rechte und Anerkennung: Er ist noch nicht vorüber.

DER 26. KANTON ENTSTEHT

ABSTIMMUNG VOM 24.09.1978
BUNDESBESCHLUSS ÜBER DIE GRÜNDUNG DES
KANTONS JURA

Das jüngste Kind der Schweiz kommt auf die Welt.

Vorgeschichte

War das Terrorismus oder Aktionskunst? Im März 1972 füllten Mitglieder der jurassischen Béliers (auf Deutsch «Widder» oder «Rammböcke») am hellen Tag die Tramschienen in der Berner Spitalgasse mit Teer. Der Verkehr lag flach, Ordnungskräfte mussten mit Hacken und Schaufeln anrücken. Die Forderung der Widder? Ein eigener Kanton. In dem die Strassen besser gepflegt würden, als Bern das im Jura mache.

Der Jura, also das Gebiet des heutigen Kantons Jura an der französisch-schweizerischen Grenze, die Gemeinden des Berner Jura plus das heute basellandschaftliche Laufental, war am Wiener Kongress 1815 an Bern gegangen. Davor war der Jura ein Herrschaftsbereich des Fürstbistums Basel gewesen, kurze Zeit auch ein Teil Frankreichs.

Die Beziehung mit Bern war von Anfang an unglücklich: Die Jurassier, mehrheitlich katholisch, frankofon, fühlten sich von den Bernern fremdbestimmt. Die Berner liessen in den 1870er-Jahren Truppen aufmarschieren, um die aufmüpfigen Jurassier in Schach zu halten. Die Verschiedenheiten – sprachlich, konfessionell – gingen tief.

Als im Ersten Weltkrieg international das Selbstbestimmungsrecht der Völker diskutiert wurde, entstand im Berner Jura 1917 die erste organisierte Unabhängigkeitsbewegung. Sie blieb wenig breitenwirksam; es brauchte einen Eklat, damit sie Zulauf erhielt. 1947 verweigerte der Berner Grosse Rat dem bewährten, aus dem Jura stammenden Regierungsrat Georges Moeckli (SP) den Wechsel ins Baudepartement mit der Begründung, Moeckli spreche zu wenig gut Deutsch. Diese Berner Arroganz machte in Moecklis Heimat viele Wähler zornig. Innert Wochen wurde ein Mouvement Séparatiste Jurassien formiert, Mitbegründer war der Publizist Roland Béguelin aus Tramelan, der als Politiker entscheidend auf die Unabhängigkeit des Jura hinwirken sollte. 1951 wurde aus dem Mouvement das Rassemblement Jurassien, und seine Forderung war klar: Los von Bern! Die Bewegung erzwang 1959 eine erste lokale Abstimmung darüber, ob es eine Volksbefragung zur Trennung von Jura und Bern geben sollte. Das Ergebnis enttäuschte die Initianten. Nur die drei nördlichsten Jura-Bezirke stimmten Ja, der Gesamtkanton Bern lehnte das Vorhaben ab.

Doch die Separatisten machten weiter. Und wurden rabiat: Anfang der 1960er-Jahre entstanden der Front de Libération Jurassien und die Jugendorganisation Groupe Bélier. Es war die Zeit der Unabhängigkeitsbewegungen, von der Bretagne bis ins Baskenland. Die Separatisten argumentierten, die Dekolonisierung müsse auch daheim in Europa umgesetzt werden. Die Grenze zwischen Volksmusikfesten und paramilitärischem Kampf war fliessend.

Mit dem Jura hatte auch die Schweiz ihre Rebellenzone, und die Nation beobachtete halb erschreckt, halb fasziniert, wie der kleine Front de Libération Jurassien Brand- und Sprengstoffanschläge gegen Bahngeleise oder eine Filiale der Berner Kantonalbank verübte. Die Aktionen der

KANTON JURA

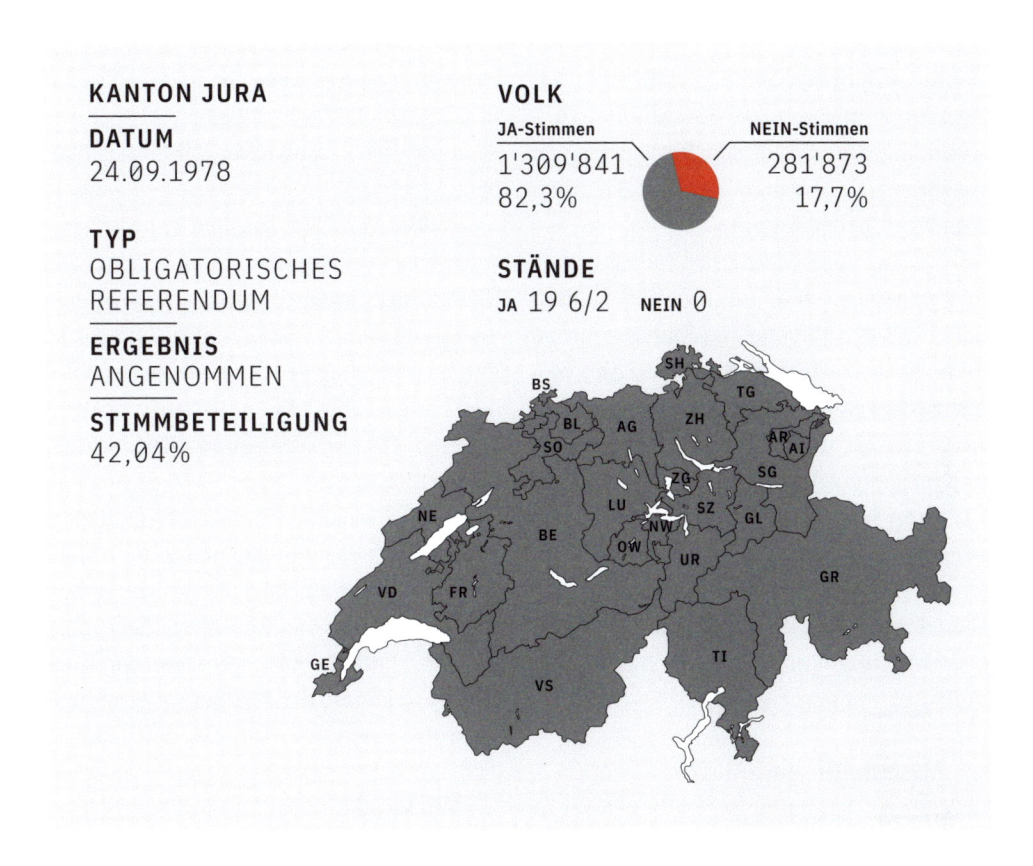

DATUM
24.09.1978

TYP
OBLIGATORISCHES REFERENDUM

ERGEBNIS
ANGENOMMEN

STIMMBETEILIGUNG
42,04%

VOLK
JA-Stimmen: 1'309'841 / 82,3%
NEIN-Stimmen: 281'873 / 17,7%

STÄNDE
JA 19 6/2   NEIN 0

Béliers waren verspielter: 1968 drangen sie in den Nationalratssaal ein, 1971 mauerten sie den Eingang des Berner Rathauses zu.

Wiederholt wandten sich die Separatisten auch gegen die Armee, die in den jurassischen Freibergen seit Ende der 1950er-Jahre einen Waffenplatz für Panzerfahrzeuge bauen wollte. Die Jurassier fürchteten, vor Ort stationiertes Militär könnte gegen die Separatisten zum Einsatz kommen. Sie positionierten sich aber auch grundsätzlich gegen ein «reaktionäres und borniertes Deutschschweizertum», wie der Militärhistoriker Hervé de Weck schreibt. Nach 1968 verweigerten viele junge Männer des Jura demonstrativ den Wehrdienst, Ende 1969 verbrannten die Béliers rote Zivilverteidigungsbüchlein auf dem Bundesplatz in Bern.

Immer wieder kam es zu Schlägereien mit den berntreuen «Sangliers» (Wildschweine). Das Gewaltpotenzial des Konflikts bereitete der Schweiz Sorgen, der Bund drängte die Berner Kantonsregierung dazu, eine Lösung zu finden. Im Juni 1974 durften die Bewohnerinnen und Bewohner des Jura erstmals über einen eigenen Kanton abstimmen. Die Sensation gelang: Eine Mehrheit von 51,9 Prozent wollte die Abspaltung von

Bern. «Le Jura est libre!», verkündeten Roland Béguelin und seine Mitstreiter am Abstimmungssonntag auf dem Rathausplatz in Delémont. Die Abstimmung gilt als Geburtsstunde des neuen Kantons.

Die drei Amtsbezirke des Südens (Courtelary, La Neuveville und Moutier) wollten lieber bei Bern bleiben. Es folgten weitere Plebiszite, bis das neue Kantonsgebiet vorerst geklärt war. 1976 wählten die Jurassier einen Verfassungsrat, der eine neue Kantonsverfassung formulierte; der Text wurde 1977 von National- und Ständerat gutgeheissen. Um den neuen Kanton formell zu einem Teil der Eidgenossenschaft zu machen, brauchte es eine Änderung der Bundesverfassung – und damit eine nationale Volksabstimmung.

Abstimmungsdebatte

Bundesrat, Parlament und alle grösseren Parteien sahen keinen Grund, sich einem unabhängigen Jura in den Weg zu stellen. Sie wollten den Konflikt beendet sehen. Etliche Stimmen verwiesen auf das Selbstbestimmungsrecht und den eindeutig kundgetanen Willen der jurassischen Minderheit, manche auch auf die grosse Arbeit, die bereits in die neue Verfassung gesteckt worden sei. Dass keine Auflösung des Rassemblement Jurassien vorgesehen war, wurde kritisch diskutiert.

Auch mehrere Kantone sprachen sich für die Jura-Gründung aus, am lautesten Neuenburg. Bemerkenswerterweise schien kein einziger Kanton einen Präzedenzfall und weitere abtrünnige Täler zu fürchten.

Die Kantonsgrenzen waren und sind sicher in der Schweiz. Bis heute ist die Abspaltung des Jura ein einmaliges Vorkommnis geblieben.

Opposition kam aus dem Kanton Bern. Auch wenn die Regierung sich zu einem Ja für den Jura durchgerungen hatte, beklagten einflussreiche Stimmen doch, die jurassische Führung habe sich nicht genügend von der Gewalt der Separatisten distanziert. Anarchie und Sachbeschädigung dürften nicht belohnt werden.

Die Schweizer Stimmberechtigten sprachen sich mit 82,3 Prozent und in allen Ständen für den Kanton Jura aus. Am geringsten war die Zustimmung im Kanton Bern, aber auch dort betrug sie 69,6 Prozent. Am 1. Januar 1979 konnte der Jura der Eidgenossenschaft beitreten.

Wirkung

Mit der Volksabstimmung von 1978 kam der jüngste Kanton dauerhaft auf die Schweizer Landkarte. Niemand hat ihn je wieder in Zweifel gezogen. Der Jura ist da, aufgeführt in Artikel 1 der Bundesverfassung, der alle Kantone beim Namen nennt. Die Schulkinder der Nation lernen, wie sein Kantonswappen aussieht (drei silberne Balken neben rotem Bischofsstab), wie sein Hauptort heisst (Delémont), wie viele Einwohner der Kanton hat (rund 73 500). Für Naturliebhaber ist der Jura ein Land der aufregenden Leere, ein Yosemite der Schweiz. Wirtschaftsvertreter nennen ihn eher strukturschwach. Im Bundeshaus wurde das jurassische Wappen separat an der Kuppeldecke angebracht. Die

Hymne, die «Rauracienne», droht jedem «Feind unserer Unabhängigkeit» bis heute mit Prügel, seit 2022 aber stellt der Kanton Jura mit Elisabeth Baume-Schneider seine erste Bundesrätin. Der Jura ist angekommen.

Über das Kantonsgebiet wurde nach 1978 noch länger verhandelt. Das Rassemblement Jurassien gab sich nicht zufrieden, sondern wollte den Jura als «Kampfkanton» auf die Vereinigung mit den Bezirken des Berner Jura ausrichten. Auch die Béliers machten weiter, brannten 1983 vor dem Länderspiel Schweiz–Deutschland die Parole «Jura Libre» in den Rasen des Berner Wankdorfstadions, stürzten 1984 das ungeliebte, «Le Fritz» genannte Soldatendenkmal beim Col des Rangiers vom Sockel oder stahlen den Unspunnenstein aus einem Tourismusmuseum bei Interlaken (sie gaben ihn später zurück – und stahlen ihn erneut).

Nicht immer blieben die Störaktionen harmlos. Im Januar 1993 tötete sich der junge Separatist Christophe Bader versehentlich selbst beim Versuch, einen Sprengstoffanschlag auf das Berner Rathaus zu verüben. Der Fall schockierte die Schweiz. Der Bundesrat regte die Interjurassische Versammlung (Assemblée Interjurassienne) an, einen Ort des Dialogs zur Beilegung des Konflikts. Sie erwirkte 2013 eine weitere lokale Abstimmung über die Wiedervereinigung des Jura. Während der Kanton Jura dafür war (76,6 Prozent Ja), waren die Bernjurassier klar dagegen (71,8 Prozent Nein). Damit war das Thema vorerst vom Tisch. Einzig die Stadt Moutier im Berner Jura sprach sich für den Wechsel zum Kanton Jura aus; der Schritt soll 2026 vollzogen werden. Den Übertritt der kleinen Berner Gemeinde Vellerat zum Kanton Jura hatten Volk und Stände bereits 1996 gutgeheissen – in einer nationalen Volksabstimmung.

Für die Bewohner des neuen Kantons Jura hat die Unabhängigkeit viel verändert. «Wir fühlen uns jetzt mehr zu Hause», sagten 1982 am Fest des Jurassischen Volkes mehrere Männer in die Kamera der SRF-Reporter. Die Abstimmung von 1978 wird in der Rückschau aber auch als Moment von nationaler Bedeutung gesehen: Das Volk hatte Verständnis für die Anliegen einer Minderheit und trotz der potenziell gewaltsamen Stimmung den Mut zu Nachsicht und Kompromiss. Anderswo, in Nordirland, Katalonien, Kosovo, konnten konfessionelle und sprachliche Konflikte nicht vergleichbar gelöst werden.

Der Volksentscheid ermöglichte die erste und bisher einzige Veränderung im Bestand der Kantone. Er hat der Schweiz vor Augen geführt, dass sie in dieser Frage flexibler ist als viele andere Länder, wo Staatsgebiet und Grenzziehung unantastbar sind. Die Stimmbevölkerung kann die politische Geografie der Nation verändern, wenn sie das will. Im Falle des Jura hat die Veränderung Frieden gebracht.

ANSCHNALLEN, BITTE!

ABSTIMMUNG VOM 30.11.1980
BUNDESGESETZ ÜBER DEN STRASSENVERKEHR
(GURTEN- UND SCHUTZHELMOBLIGATORIUM)

«Nein zur Gurtentragpflicht – Wachsamkeit.» Das Plakat des Westschweizer Grafikers Pierre-André Jacot warnt vor dem übergriffigen Staat.

Vorgeschichte

Mit der Dichte des Verkehrs stieg ab den 1950er-Jahren die Zahl der Toten. Im Jahr 1971 starben in der Schweiz mehr als 1700 Menschen im Strassenverkehr. Das Jahr markiert eine Spitze.

Heute (2023) sind es noch 236 Verkehrstote im Jahr, ein Rückgang von 86 Prozent, trotz mehr als doppelt so vielen Einwohnern. Einen entscheidenden Anteil an dieser Entwicklung hatte der Sicherheitsgurt. Früher schleuderten Autolenker und Beifahrer bei einem Unfall hart im Fahrzeug umher oder krachten durch die Windschutzscheibe. Der Gurt hielt sie fest und rettete viele Leben. Der Volvo-Ingenieur Nils Ivar Bohlin, der den Dreipunktgurt 1959 patentieren liess, wurde international als Wohltäter geehrt.

Als der Gurt jedoch aufkam, war die Abwehr gross. In den 1960er-Jahren sass in der Schweiz noch kaum jemand angeschnallt im Auto. Das war normal, niemand fühlte sich leichtsinnig dabei. Ab 1971 verlangte der Bund, dass in allen Autos Sicherheitsgurte verbaut werden. Eine Tragepflicht gab es noch nicht, doch im Archiv von Radio SRF finden sich genervte Reaktionen aus dem Volk: Der Gurt «engt mich ein», sagt ein Mann, er habe «keine Zeit dafür, muss immer ein- und aussteigen», sagt ein anderer. Ein dritter findet, er schnalle sich aus Prinzip nicht an: «Ich bin ein Welscher und habe gern meine Freiheit.»

Im Januar 1976 führte der Bund per Verordnung und zeitgleich mit Westdeutschland ein Gurtenobligatorium auf Vordersitzen ein. Widerstand folgte sofort. Im März 1976 parkierte der Walliser Weinbauer Jean-Pierre Favre unangegurtet neben einem Polizisten in Sitten und forderte seine Busse über 20 Franken ein. Mit dem Strafzettel in der Hand zog Favre dann bis vor Bundesgericht, um das verhasste Fesselband einzuklagen. Die «Schweizer Illustrierte» schrieb von der «grossen Gurtenschlacht». 1977 urteilte das Bundesgericht, der Verordnung des Bundes fehle die Rechtsgrundlage, das Gesetz. Damit war das Gurtenobligatorium aufgehoben. Und die Zahl der Verkehrstoten stieg rasant wieder an.

Bundesrat und Parlament beschlossen, das Trageobligatorium für Sicherheitsgurte im Auto und dazu eine Helmpflicht auf Motorrädern über eine Änderung des Strassenverkehrsgesetzes einzuführen. Doch eine Walliser Automobilisten-Vereinigung sammelte Unterschriften und ergriff das Referendum. Nun musste das Volk entscheiden.

Abstimmungsdebatte

Über die Motorradhelme wurde fast gar nicht diskutiert. Dafür war der Zorn der Gurtengegner umso lauter. Psychologen vermuten, der Gurt erinnere die Autofahrer an verdrängte Unfallängste, also eher an Gefahr und Schmerz als an Schutz. Deshalb der Widerwille. Auch Ängste vor der Fesselung des eigenen Körpers und dem Ertrinken oder Verbrennen im Auto waren wohl verbreitet – der deutsche «Spiegel» hatte im Dezember 1975 ein Horror-Titelbild mit einer verunfallten Frau veröffentlicht, Überschrift: «Gefesselt ans Auto.» Automobilis-

GURTENOBLIGATORIUM

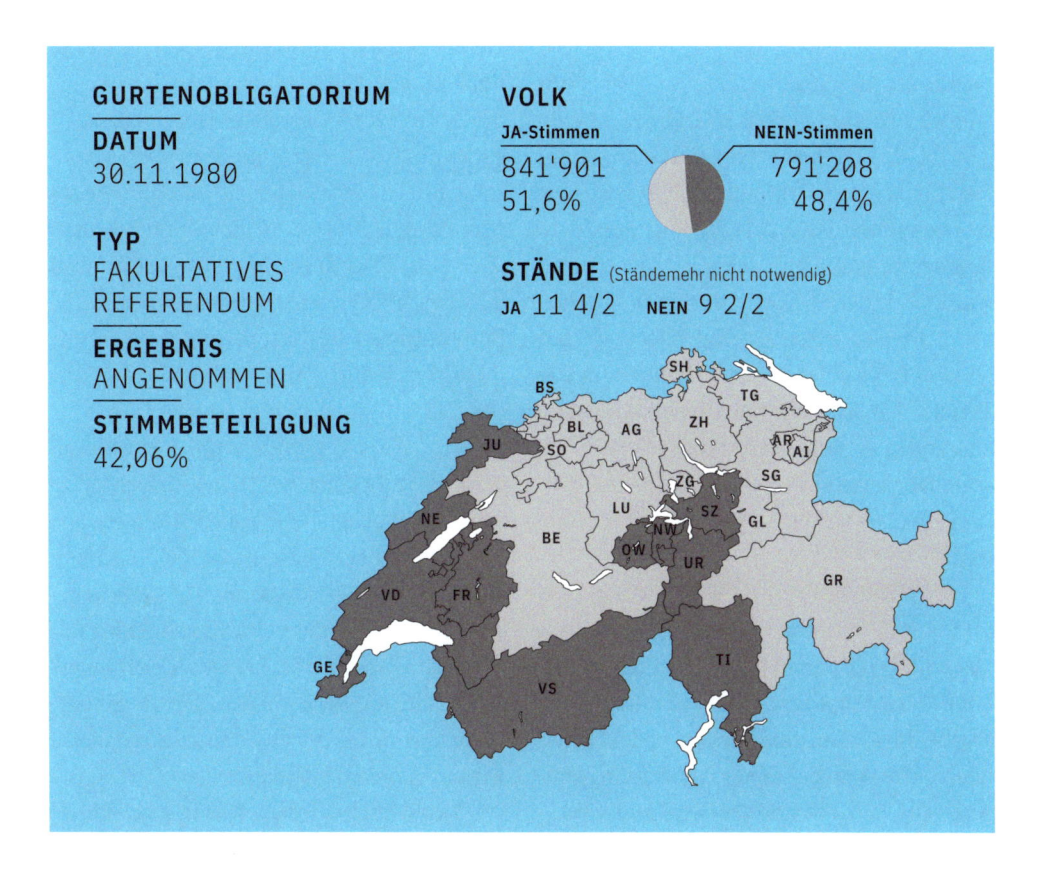

DATUM
30.11.1980

TYP
FAKULTATIVES REFERENDUM

ERGEBNIS
ANGENOMMEN

STIMMBETEILIGUNG
42,06%

VOLK

JA-Stimmen: 841'901 — 51,6%
NEIN-Stimmen: 791'208 — 48,4%

STÄNDE (Ständemehr nicht notwendig)
JA 11 4/2   NEIN 9 2/2

tinnen äusserten in den Medien die Sorge, der Gurt könne Form und Volumen des Busens schädigen.

Im Abstimmungsbüchlein von 1980 zeigten sich die Gurten-Gegner grundsätzlich. Sie wehrten sich gegen «unzulässige Eingriffe in die persönliche Freiheit», also für das Recht, sich im eigenen Privatauto so blöd zu verhalten, wie man eben will. In der Westschweiz begannen Autofahrer, sich aus Protest gegen den Zwängerstaat gar nicht mehr anzuschnallen, Sitten vermeldete zeitweise eine Gurtentragquote von nur noch 3 Prozent.

Der Staat argumentierte mit dem Geld. Unfälle verursachen nicht nur Leid, sondern auch Kosten für die Allgemeinheit. Die volkswirtschaftlichen Folgen von Verkehrsunfällen wurden im Abstimmungskampf auf an die 100 Millionen Franken beziffert. Ärzte machten sich für die Gurtenpflicht stark. Bundesrat Kurt Furgler (CVP) liess das Argument des Freiheitsverlusts nicht gelten: «Darf ich Sie fragen, ob Sie sich in Ihren Freiheitsrechten verkürzt fühlen, wenn Sie vor einer roten Ampel anhalten?», hatte er schon im Parlament ausgerufen.

Die NZZ bewertete den Eingriff in die

Rechte der Bürger als verhältnismässig. «Wir sind der Meinung, dass das leise Unbehagen, das da und dort beim Gurtentragen besteht, in keinem Verhältnis zu den positiven menschlichen Folgen steht und dass dem Gurtenobligatorium deshalb zugestimmt werden sollte.» Die Leser der Zeitung sahen das teilweise anders. Eine Zuschrift aus Gossau bemerkte: «Nach dem Prinzip der Verhältnismässigkeit müsste der Bundesrat zuerst den Genuss von Alkohol und Tabak reglementieren und laufend Kurse und Prüfungen über Ernährung durchführen lassen.»

Das Thema Freiheit bewegt. Der Entscheid im November 1980 fiel sehr knapp aus: Nur 51,6 Prozent der Stimmenden hiessen die Gurtenpflicht gut. In den Kantonen Wallis, Jura, Genf und Tessin lag der Anteil Nein-Stimmen bei mehr als 80 Prozent. Auch Uri, Schwyz und Ob- und Nidwalden lehnten die Gurtenpflicht deutlich ab. Die übrige Deutschschweiz aber verhalf dem Gesetz zur Annahme. Es trat am 1. Juli 1981 in Kraft.

Wirkung

Der Volksentscheid war knapp, doch er beendete die über Jahre so heftig geführte Debatte. Die Anschnallpflicht war nie wieder Thema in der Schweiz. Der Griff zum Gurt nach dem Einsteigen ist heute weitherum automatisiert. Als 1994 auch auf den Autorücksitzen eine Gurtenpflicht eingeführt wurde, gab es keine Diskussionen mehr.

Zwar liess die Walliser Polizei unmittelbar nach der Abstimmung noch durchblicken, sie werde niemals Bussen wegen fehlender Gurte verteilen. Und noch 2003 gaben nur 86 Prozent der Gesamtbevölkerung an, sich mit Gurten zu schützen – nicht 100 Prozent. Die Zahl der Verkehrstoten aber ging ab 1981 so markant zurück, dass die letzten Gurtengegner verstummten. Die Beratungsstelle für Unfallverhütung konnte ihre grossen Gurtenkampagnen («Ein Band fürs Leben») immer mehr zurückfahren.

Was das Fahrgefühl wohl mehr veränderte als jeder Gurt, waren die vermehrt eingebauten Warnsysteme in Privatfahrzeugen, die nicht nur bei Nichtanschnallen, sondern auch bei halb geschlossener Tür oder angelassenem Licht oder beim Anschneiden des Mittelstreifens empört piepsen. Doch anders als die Gurte lösten die akustischen Sicherheitseingriffe ins private Auto keine nennenswerten Proteste mehr aus.

Tatsächlich wird der historische Widerstand gegen die Gurtenpflicht immer wieder ins Feld geführt, wenn Proteste gegen neue Sicherheitsmassnahmen laut werden, die als verbohrt oder fortschrittsfeindlich entlarvt werden sollen. Während der Covid-Pandemie beispielsweise wurden Einwände gegen die Maskenpflicht im öffentlichen Verkehr wiederholt mit den aus heutiger Warte abstrus scheinenden Argumenten der Gurtengegner verglichen.

Der Gurtengegner wurde so zum Archetyp des veränderungsfeindlichen Wutbürgers. Der Autohersteller Volvo schaltete im Oktober 2020 ganzseitige Inserate im deutschsprachigen Raum, die wütende Tiraden gegen die Gurtenpflicht aus den 1980er-

Jahren versammelten. Etwa aus den USA, wo Gurten als «Verletzung individueller Menschenrechte» bezeichnet wurden. Darunter stand cool der Satz: «Ideen, die die Welt verändern, sind oft die umstrittensten.»

Die Kampagne sollte Akzeptanz schaffen für neue, standardmässig verbaute Innenraumkameras, die «berauschtes und abgelenktes Fahren verhindern». Sie tun dies über die Gesichtsobservation der Lenkerinnen und Lenker. Sieht ein Fahrer müde oder mitgenommen aus, empfiehlt das Auto eine Pause – manche Hersteller lassen es auch automatisch verlangsamen. Will jemand dagegen sein? Sei kein Gurtengegner.

DER ABSCHIED VOM PATERNALISMUS

ABSTIMMUNG VOM 22.09.1985
SCHWEIZERISCHES ZIVILGESETZBUCH
(WIRKUNGEN DER EHE IM ALLGEMEINEN,
EHEGÜTERRECHT UND ERBRECHT),
ÄNDERUNG VOM 05.10.1984

Und plötzlich hat man den Richter im Bett. Das Plakat stammt von der Agentur H. R. Abächerli, der Vorgängerorganisation der Goal AG, der Haus-Agentur der SVP.

Vorgeschichte

Während fast des gesamten 20. Jahrhunderts war die Ehe zwischen Mann und Frau in der Schweiz durch ein Gesetz aus dem Jahr 1907 geregelt. Der Text war Gesetz gewordenes Patriarchat. Artikel 160 des Zivilgesetzbuches: «Der Ehemann ist das Haupt der Gemeinschaft. Er bestimmt die eheliche Wohnung und hat für den Unterhalt von Weib und Kind in gebührender Weise Sorge zu tragen.» Artikel 161, Absatz 3: «Sie [die Ehefrau] führt den Haushalt.» Artikel 167: «Mit ausdrücklicher oder stillschweigender Bewilligung des Ehemannes ist die Ehefrau unter jedem ehelichen Güterstande befugt, einen Beruf oder ein Gewerbe auszuüben.»

Heisst: Der Mann ist der Chef. Er sagt, wo die Familie wohnt. Er bestimmt den Familiennamen und den Bürgerort. Er entscheidet, ob die Frau arbeiten oder ein Konto eröffnen darf. Er verwaltet das eingebrachte Vermögen der Frau und erhält im Fall einer Scheidung zwei Drittel der gesamten ehelichen Ersparnis. Die Frau hingegen hat nur die sogenannte «Schlüsselgewalt». Sie darf Dinge einkaufen, die in den häuslichen Bereich gehören (aber keine Gartenmöbel oder ein Auto – das darf nur der Mann).

Bereits in den 1960er-Jahren beauftragte der Bundesrat eine Kommission, die Revision des Familienrechts zu prüfen. Richtig vorwärts ging es allerdings erst nach der späten Einführung des Frauenstimmrechts im Jahr 1971. Vier Jahre danach wurde ein Vorentwurf zum neuen Eherecht in die Vernehmlassung geschickt, 1979 verabschiedete der Bundesrat sein fertiges Projekt. Darin wurde das patriarchale durch ein partnerschaftliches Modell ersetzt. Die Ehepartner wurden vor dem Gesetz gleichberechtigt. Im Parlament wurde das angepasste Gesetz mit grossem Mehr angenommen – doch ein rechtsbürgerliches Komitee um den Zürcher SVP-Nationalrat Christoph Blocher ergriff das Referendum.

Passenderweise war es die erste Frau im Bundesrat, FDP-Politikerin Elisabeth Kopp, die die Vorlage vor der Bevölkerung zu vertreten hatte. Bei ihrem Amtsantritt 1984 hatte Kopp gesagt: «Ich kann Ihnen aus naheliegenden Gründen nicht versprechen, im Bundesrat meinen Mann zu stehen. Ich kann Ihnen jedoch zusagen, dass ich alles tun werde, und das, was als Frau und als Mensch in mir steckt, aufbieten.» In diesem Fall war es für Kopp nicht nötig, alles aufzubieten, um die Abstimmung zu gewinnen – eine Änderung des Eherechts war überfällig.

Abstimmungsdebatte

Christoph Blocher und sein Komitee standen von Beginn an auf verlorenem Posten. Zahlreiche Organisationen lehnten einen Beitritt zum Komitee ab, der Gewerbeverband entschloss sich erst nach langem Ringen für ein Engagement. Die Zeiten hatten sich geändert. Selbst Blochers eigene Partei, die SVP, unterstützte das neue Eherecht des Bundesrats und war gegen das Referendum. SVP-Vizepräsidentin Grete Brändli, eine Bäuerin aus Richterswil ZH, wurde zur wichtigsten Gegenspielerin Blochers. Das geltende Gesetz sei über 80 Jahre alt, argu-

NEUES EHERECHT

DATUM
22.09.1985

TYP
FAKULTATIVES REFERENDUM

ERGEBNIS
ANGENOMMEN

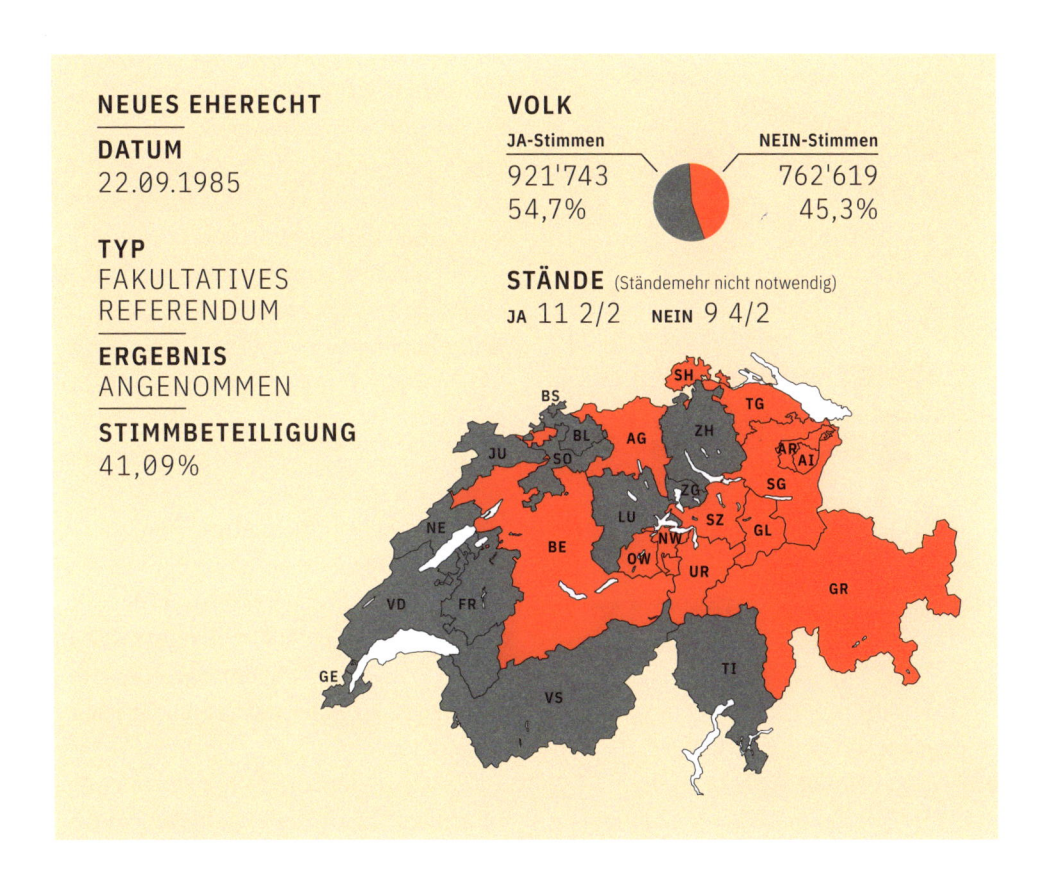

STIMMBETEILIGUNG
41,09 %

VOLK
JA-Stimmen: 921'743 — 54,7 %
NEIN-Stimmen: 762'619 — 45,3 %

STÄNDE (Ständemehr nicht notwendig)
JA 11 2/2   NEIN 9 4/2

mentierte Brändli, habe gravierende Mängel und entspreche nicht mehr dem Leben in der Schweiz. «Es ist eine unbrauchbare Grundlage, die nur verwirrt.»

Blocher argumentierte mit der Kompliziertheit der Vorlage, er argumentierte moralisch und ökonomisch. Das Gesetz bedeute eine Abkehr vom traditionellen Bild der Familie als Einheit hin zu einer unverbindlichen Partnerschaft mit individuellen Freiheiten. Das Gesetz gefährde auch den Fortbestand von Unternehmen und Bauernbetrieben, weil das gemeinsame Vermögen dann aufgeteilt werden müsse. Hier werde ein Lebensbereich verrechtlicht, der keine Verrechtlichung nötig habe. Die schweizerische Familie habe ein besseres Eherecht verdient. Ein Gesetz, das der ehelichen Gemeinschaft ein Leben ohne Richter ermögliche. Das war denn auch das berühmteste Plakatmotiv der Kampagnenführer: Ein Richter in entsprechender Robe, der es sich im Schweizer Ehebett bequem gemacht hat – was von der Ehefrau perplex zur Kenntnis genommen wird. Das Plakat stammte von der Werbeagentur H. R. Abächerli, die später zur Goal AG und zur prägenden Kampagnenagentur der SVP wurde.

Die zwei Herzen sind gleich gross. Plakat des Aktionskomitees für das neue Eherecht, 1985.

Das Motiv mit dem Richter im Bett war einprägsam. «Ich kann alle Eheleute beruhigen», sagte Bundesrätin Elisabeth Kopp nach ihrem Sieg am Abstimmungssonntag, «wenn Sie am nächsten Morgen erwachen, werden Sie immer noch Ihren Partner, Ihre Partnerin neben sich im Ehebett finden, und nicht den Richter.»

Knapp 55 Prozent der Stimmbevölkerung sagten Ja zum neuen Gesetz. Abgelehnt wurde es in der Urschweiz, in Bern und in der Ostschweiz. Die Romandie, Zürich, Basel und Luzern nahmen es an.

Wirkung

Die Abstimmung über das neue Eherecht wirkte mehrfach über 1985 hinaus. Erstens war der Abstimmungskampf ein Testfeld für den jungen Politiker Christoph Blocher (und für die Werbeagentur seines Vertrauens).

Zum ersten Mal in seiner Karriere hatte er eine nationale Rolle spielen können, und er hatte sie so gespielt, wie er es später noch oft tun sollte: einer gegen alle, beim Eherecht sogar gegen die eigene Partei.

In späteren Jahren hat Blocher diese Konstellation regelrecht gesucht. Er nutzte die Mechanik und die überhöhte Mythologie des einsamen Streiters. Sein Kampf gegen den EWR →EWR-Beitritt, 136 und überhaupt gegen Europa – er war im Abstimmungskampf zum neuen Eherecht erprobt.

Zweitens zeigt diese Abstimmung exemplarisch, wie gesellschaftliche Entwicklung in einer Demokratie verläuft, in der Einspruch immer möglich ist. Langsam. Sehr, sehr langsam. Die Abbildung gesellschaftspolitischer Veränderungen braucht länger als anderswo.

Drittens stellte die knappe Annahme des neuen Eherechtes eine entscheidende Weiche in Richtung Gleichstellung und Vielfalt im Zusammenleben in der Schweiz. War der Gleichstellungsartikel von 1981 noch ohne grosse Wirkung geblieben, so konnte die gesetzliche Gleichbehandlung von Mann und Frau nach 1985 in mehreren Volksabstimmungen weiter ausgebaut und verstetigt werden. So trat im Jahr 2000 ein neues Scheidungsrecht in Kraft, das die Frauen nicht mehr benachteiligte. 2004 wurden Gewalthandlungen in der Ehe unter Strafe gestellt, und ab 2013 galt ein neues Namensrecht, das es den Ehepartnern ermöglichte, den eigenen Namen zu behalten und sich für einen Familiennamen zu entscheiden. Dennoch sind Mann und Frau noch nicht in allen Bereichen gleichgestellt – bei den Löhnen etwa.

Gleichstellung vor dem Gesetz ist nicht das gleiche wie Gleichstellung in den Köpfen. Das Konzept des «Ernährerlohns» etwa sei kaum zu tilgen, sagte CVP-Nationalrätin und Feministin Judith Stamm 30 Jahre nach Inkrafttreten des neuen Eherechts, für das sie im Bundeshaus hart gekämpft hatte. «Man muss sich vorstellen, dass Heerscharen von jungen Männern in unserem Lande heranwuchsen mit dem Gedanken, dass sie genügend verdienen mussten, um eine Familie zu erhalten.» Ein Umdenken in der Gesellschaft lasse sich nicht so schnell vorantreiben.

Allerdings lässt sich beobachten, dass gesellschaftspolitische Veränderungen heute schneller geschehen als noch bei der Überarbeitung des Eherechts. Der Kampf um die Ehe für alle, die Ausweitung der Ehe auf Homosexuelle, dauerte vergleichsweise kurze zwei Jahrzehnte. Einen ersten Vorstoss reichte die ehemalige Grünen-Nationalrätin Ruth Genner kurz vor der Jahrtausendwende ein, 2021 sagte die Bevölkerung an der Urne Ja zur Ehe für alle. «Wir sind in den vergangenen zwanzig Jahren viel schneller vorwärtsgekommen, als ich das gedacht habe», sagte Genner später. Geschuldet ist das dem Umdenken in der bürgerlichen Mitte, wo die Einstellungen zu gesellschaftspolitischen Fragen progressiver geworden sind.

Geholfen habe die mediale Präsenz, die schwächere Rolle der Kirche und die veränderte Rechtslage in Europa. «Wenn sogar konservative Länder wie Irland oder Spanien die Ehe für alle einführen, gibt es eigentlich keine Gegenargumente für die Schweiz, nicht dasselbe zu tun», sagte Genner.

Hundert Jahre, zwanzig Jahre. Ausdauer braucht es immer noch, bis sich etwas ändert in der Schweiz. Bis eine Gesellschaft ihren Zustand auch auf Gesetzesstufe abbildet. Bis es nicht mehr der Mann ist, der über Job und Wohnung der Frau entscheiden darf. Und nicht mehr die Frau, die ausschliesslich den Haushalt besorgt.

Aber: Irgendwann passiert es fast immer.

SCHWEIZ, LAND DER MOORE

ABSTIMMUNG VOM 06.12.1987
VOLKSINITIATIVE «ZUM SCHUTZ DER MOORE –
ROTHENTHURM-INITIATIVE»

Fritz Hug, bekannt als «Maler der Tiere», schuf 1987 ein auffälliges, detailliertes Abstimmungsplakat zur Rettung des Hochmoors Rothenthurm.

Vorgeschichte

Den Werbetextern von «Schwyz Tourismus» wird es leicht ums Herz, wenn sie ans Hochmoor von Rothenthurm denken. «Im Wechsel der Jahreszeiten spielt das trogförmige Hochtal mit den Farben. Im Frühling schmückt es sich mit einem lila Schleier aus Mehlprimeln. Zitronen-, Segel- und Perlmuttfalter lassen sein Sommerkleid bunt flattern», heisst es im Beschrieb des Tourismusbüros. Und weiter: «An kühlen Herbstmorgen trägt es ein Diadem aus Tautropfen. Und im Winter streicheln oft Sonnenstrahlen über die weisse Decke, während im Unterland der Nebel drückt. Bergföhren, Fichten, Gehölz, Auen und die in Mäandern fliessende Biber verstärken den Reiz der Landschaft.»

Wundervoll! Dass die Besucherinnen und Besucher des Hochtals sich bis heute an den Mehlprimeln, Perlmuttfaltern und der frei fliessenden Biber erfreuen können, ist dem 6. Dezember 1987 geschuldet. Damals sagte die Schweizer Bevölkerung deutlich Ja zu einer Volksinitiative, die das Hochmoor auf dem Gebiet der Kantone Schwyz und Zug unter Schutz stellte – als erstes Moor überhaupt in der Schweiz.

Die Abstimmung war eine schmerzhafte Niederlage für die Schweizer Armee. Seit 1945 hatte sie den Raum Rothenthurm mehrmals als möglichen Standort für einen neuen Waffenplatz evaluiert. Seit 1965 war eine Rekrutenschule in Rothenthurm stationiert (weil es in Schwyz zu wenig Platz gab), aber das nur provisorisch. Darum beauftragte das Eidgenössische Militärdepartement (EMD) 1973 eine Planungskommission damit, einen neuen, fixen Ort für die Soldatenausbildung zu finden. Die Antwort der Kommission war eindeutig: Es braucht einen neuen Waffenplatz – und zwar im Hochmoor von Rothenthurm.

Von da an und bis zur Abstimmung über zehn Jahre später rückte die Armee keinen Millimeter mehr von ihrer Argumentation ab: Es braucht den Waffenplatz in Rothenthurm – er ist eine «Notwendigkeit». Die Schweizer Armee war damals auf einem Höhepunkt ihrer eigenen Bedeutung und Grösse. Im Kalten Krieg war die Unverzichtbarkeit einer gut ausgerüsteten, wehrhaften Armee in der Bevölkerung und der Politik unbestritten – entsprechend selbstbewusst (manche sagen: arrogant) traten die Vertreter des Militärs und des EMD gegen aussen auf.

Der Widerstand gegen das Waffenplatz-Projekt war dabei von Anfang an absehbar. Schon Ende der 1970er-Jahren formierten sich verschiedene lokale Komitees gegen die Pläne des EMD. Darunter waren viele Bauern, die das Land bewirtschafteten. Unterstützt wurden diese Gruppen von der Umweltorganisation WWF Schweiz. Entsprechend zweigleisig wurde auch argumentiert: Die Gegner des Projekts waren gegen einen Waffenplatz und für den Schutz der Hochmoorlandschaft.

Die grösste Schwierigkeit für das Militärdepartement war es, das benötigte Land für den Waffenplatz zu beschaffen. Nachdem National- und Ständerat 1978 grundsätzlich Ja zur neuen Militäranlage gesagt hatten,

ROTHENTHURM

DATUM
06.12.1987

TYP
VOLKSINITIATIVE

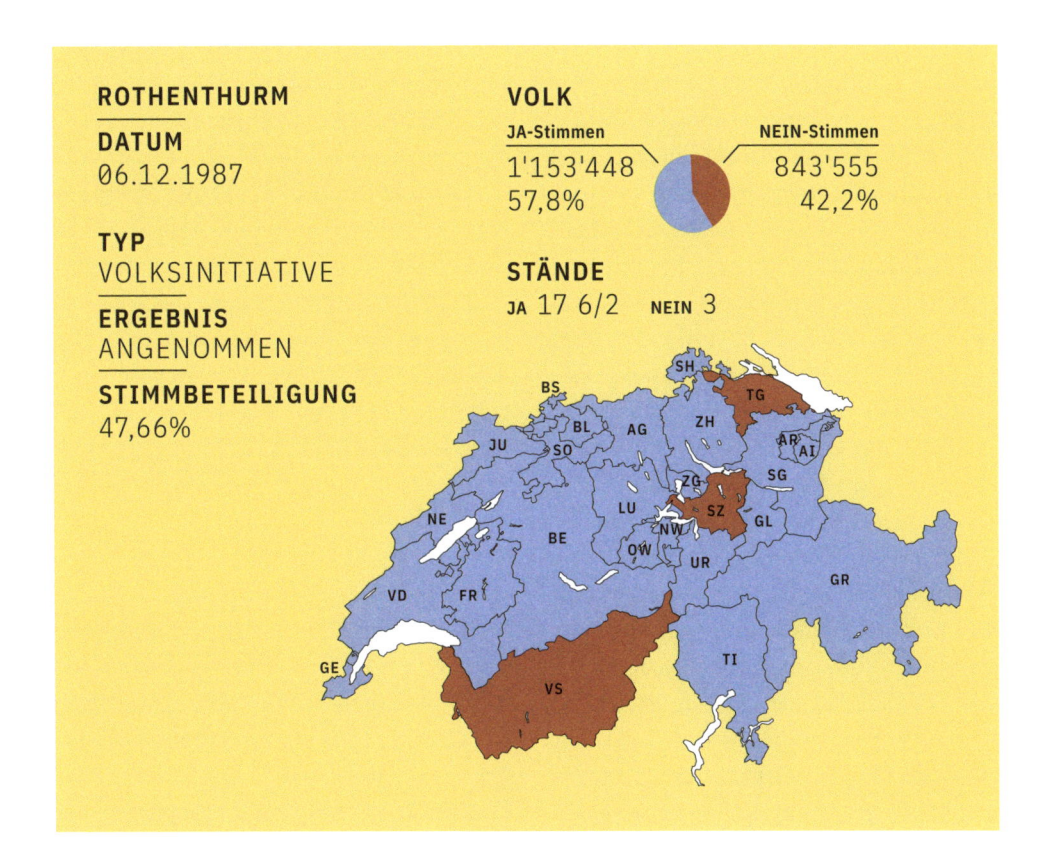

ERGEBNIS
ANGENOMMEN

STIMMBETEILIGUNG
47,66%

VOLK
JA-Stimmen: 1'153'448 / 57,8%
NEIN-Stimmen: 843'555 / 42,2%

STÄNDE
JA 17 6/2 NEIN 3

begann das EMD mit den Landkäufen. Die Genossame Rothenthurm und die Korporation Oberägeri allerdings weigerten sich 1982, ihr Land abzugeben. Die Lösung des damaligen Militärministers Georges-André Chevallaz (FDP): Enteignung. Es wäre die bisher grösste Enteignung der Schweizer Geschichte gewesen. 120 Hektaren wollte der Bund von über vierzig betroffenen Landeigentümern beschlagnahmen, gegen Entschädigung.

Das war für die örtliche Gegnerschaft der eine Tropfen zu viel. Gemeinsam mit dem WWF lancierten sie im März 1983 die Volksinitiative «zum Schutz der Moore», um das Projekt des EMD zum Scheitern zu bringen.

Abstimmungsdebatte

Der Kampf gegen den Waffenplatz Rothenthurm war ruppig. Sehr ruppig. 1980 wurde gegen eine Militärbaracke in Biberegg-Rothenthurm ein Brandanschlag verübt (das Gebäude stand leer). Als der Schwyzer Militärdirektor 1982 mit dem Gemeinderat von Rothenthurm über den Waffenplatz sprechen wollte, wurde ihm Gülle vor die Füsse geschüttet und sein Auto mit Traktoren zuparkiert. Ähnliche Aktionen hatten es schon früher gegeben, wenn Beamte des EMD vor Ort waren. Die Gegner hatten einen Gesslerhut auf ihre Traktoren gespiesst. Sie hatten ihre Scheunen mit riesigen Lettern beschriftet: NIE! Sie hatten Leintücher vor ihre Fenster gehängt, auf denen stand, wie viel Land sie wegen der Enteignung verlieren würden. Staatlicher Diebstahl, in der Schweiz? Inakzeptabel!

Die Befürwortenden des Waffenplatzes argumentierten mit der Geschichte. Bundesrat Georges-André Chevallaz zog in einer Rede zum 665. Gedenktag der Schlacht von Morgarten eine direkte Linie von der Wehrhaftigkeit der alten Eidgenossen zur Unverzichtbarkeit des neuen Waffenplatzes. Was wiederum die Gegner nicht auf sich sitzen liessen. «Schon 1291 gab es Schwierigkeiten, als jemand uns Innerschweizern seinen Willen aufzwingen wollte. Und auch heute wehren wir uns, wenn versucht wird, über unsere Köpfe hinweg und gegen unsere Interessen zu ‹regieren›», hiess es in einer Broschüre gegen das Projekt. Beide Seiten verwendeten Motive aus der mythologisierten Schweizer Geschichte. «Teilweise sogar die gleichen Bilder», wie es in einer Untersuchung der Historikerin Stephanie Müller zum Thema heisst.

Während in Rothenthurm Gesslerhüte aufgespiesst wurden, entdeckte die restliche Schweiz den Umweltschutz als Politikum. Das Timing der Rothenthurm-Initiative war für die Befürworterinnen und Befürworter in mehrerer Hinsicht ideal. «In den 80er-Jahren etablierte sich in der Schweiz ein Bewusstsein für Umweltschutz-Fragen», sagt der Historiker Christian Koller, Leiter des Schweizerischen Sozialarchivs. Das Waldsterben war ein grosses Thema, der Treibhausgas-Effekt wurde breit diskutiert. In Tschernobyl kam es 1986 zu einer Reaktorkatastrophe, und in Schweizerhalle brannten Fässer der chemischen Industrie. Der Schutz der Natur bewegte die Bevölkerung, das Rothenthurmer Hochmoor fand viel Unterstützung.

Wirkung

Trotz dieser Atmosphäre – das gestiegene Umweltbewusstsein auf der einen Seite, die Innerschweizer Renitenz gegen Bundesbern auf der anderen – sah es lange nicht gut aus für die Rothenthurm-Initiative. Zu mächtig der Gegner! Dass sie am Schluss so deutlich angenommen wurde – 57,8 Prozent der Stimmbürgerinnen und Stimmbürger und 23 Kantone sagten Ja –, war darum eine politische Sensation. Es war erst die neunte Volksinitiative, die seit Einführung dieses Instruments 1891 erfolgreich war, die erste zum Thema Umweltschutz und die erste seit der Einführung des Frauenstimmrechts im Jahr 1971 (die Frauen unterstützten das Begehren mit 77 Prozent überdurchschnittlich stark, die Männer hatten eine Zustimmungsrate von 63 Prozent).

Das deutliche Resultat war auch ein Omen für die Armee und dafür, wie sich ihre Bedeutung in der Schweizer Gesellschaft veränderte. 1987 gab es im Kalten Krieg Zeichen der Zuversicht. In der Sowjetunion hatte Michail Gorbatschow unter den Schlagworten Glasnost und Perestrojka eine Zeit der Öffnung eingeläutet. Hochrüstung um jeden Preis war nicht mehr angesagt. Noch deutlicher bekam die Armee das dann zwei Jahre später zu spüren, bei der Initiative der GSoA zur Abschaffung der Armee. →Schweiz ohne Armee, 124

Das Ja zum Schutz der Moore war auch für die Umweltverbände in der Schweiz ein wichtiger Moment. Viele ihrer Organisationen waren in den 1970er-Jahren gegründet worden, als neue Zweifel an Wachstum und Fortschritt und Ausbeutung der Natur aufkamen. Aber erst nach Rothenthurm wurden sie ein eigentlicher Bestandteil der Schweizer «Verbandsdemokratie». «Sie mussten nach dem Ja zur Rothenthurm-Initiative von den Behörden ernst genommen werden», sagt der Historiker Christian Koller. Umweltschutz war nun ein Thema, mit dem man die Bevölkerung an der Urne überzeugen konnte – selbst wenn auf der Gegenseite ein scheinbar übermächtiger Gegner wie das Militärdepartement stand. Das zeigte sich wenige Jahre später beim Ja zur Alpen-Initiative oder dem erfolgreichen Atom-Moratorium. →Atom-Moratorium, 130

Nicht zuletzt hatte die Rothenthurm-Initiative auch ganz praktische Folgen, wie es bei einer Medienkonferenz anlässlich des 20-Jahr-Jubiläums der Abstimmung 2007 vom Bundesamt für Umwelt (BAFU) hiess. «Wir dürfen heute mit guten Gründen annehmen, dass ohne die Gesetze die Moore und Moorlandschaften unter dem Druck der intensiven Nutzung in den letzten Jahren stark geschrumpft wären», sagte Willy Geiger, damaliger Vizedirektor des BAFU. Das Ja zu Rothenthurm, zu Mehlprimeln und Perlmuttfaltern – ein Volksentscheid mit handfester Wirkung.

DAS ENDE DER SCHWEIZER ARMEE

ABSTIMMUNG VOM 26.11.1989
VOLKSINITIATIVE «FÜR EINE SCHWEIZ OHNE
ARMEE UND FÜR EINE UMFASSENDE
FRIEDENSPOLITIK»

STOP
THE ARMY
25./26. Nov. 1989
JA·OUI·SI

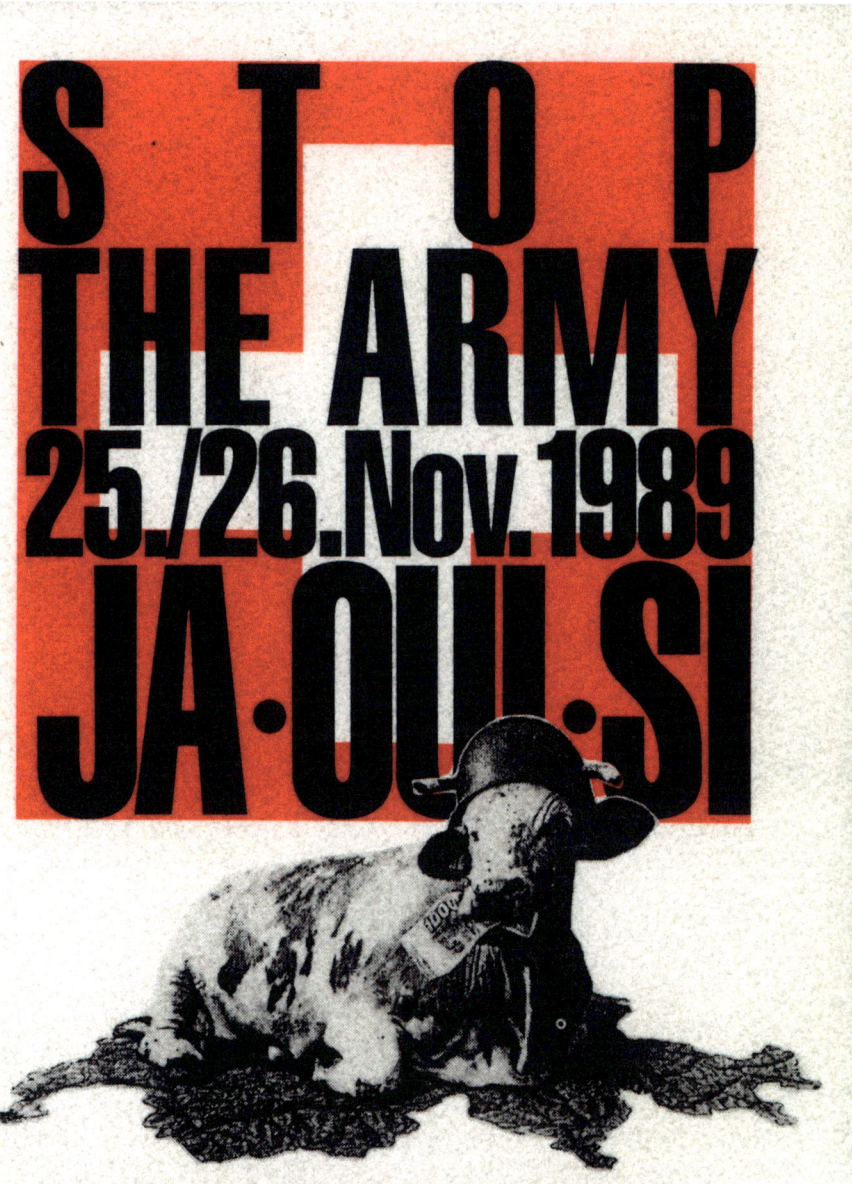

Ja zur Volksinitiative für eine Schweiz ohne Armee und für eine umfassende Friedenspolitik. Am 1. August 1989 erscheint die Benefiz-Platte «STOP THE ARMY VOL 1» mit allen guten Swiss-Rockbands. Erhältlich in jedem guten Plattengeschäft. T-Shirts sowie Infomaterial und Gratiskleber sind erhältlich bei GSoA Zürich, Postfach 103, 8031 Zürich.

1989 greift die GSoA eine heilige Kuh der Schweiz an.

Vorgeschichte

«Die Schweiz hat keine Armee, sie ist eine Armee.» Das stand 1988 in der offiziellen Botschaft des Bundesrats zur Volksinitiative der «Gruppe für eine Schweiz ohne Armee» (GSoA) zur Abschaffung eben jener Armee. Kein Satz bringt kürzer und konzentrierter die damalige Bedeutung des Schweizer Militärs auf den Punkt. Die Armee war identitätsstiftend, die Armee war wichtig. Für den Bundesrat war sie ein «bedeutsamer nationaler Integrationsfaktor».

Seit den Weltkriegen und der Geistigen Landesverteidigung war der Stellenwert der eigenen Armee immens hoch. Nach 1945 wurde sie noch einmal aufgerüstet. Es gab Kreise, die sehr ernsthaft die Beschaffung von Atombomben verlangten. → Atom-Moratorium, 130 Zudem war die Armee – im Vergleich zu heute – riesig. Durch eine Verlängerung der Dienstzeit war der Bestand auf zwischenzeitlich bis zu 880 000 Mann erhöht worden.

Die Armee war überall!

Und darum war die Forderung der jungen Linken von der GSoA so verwegen. Sie war der Tabubruch.

Ihren Ursprung hatte die Idee in Basel, bei den kantonalen Jungsozialisten zu Beginn der 1980er-Jahre. 1982 wurde in Solothurn dann die «Gruppe für eine Schweiz ohne Armee» gegründet – ihren Zweck trug sie von Beginn an im Namen. Allein die Gründung der GSoA war eine Provokation. Josef Lang, Mitinitiant und späterer Nationalrat der Grünen, erinnert sich an eine sehr angespannte Stimmung während dieser Zeit. Die jungen Menschen wurden auf der Strasse angerempelt, angepöbelt, an den Haaren gerissen – wer sich zu dieser Zeit mit der Armee anlegte, der musste mit Gegenwehr rechnen, mit Volkszorn.

Die Initiative verlangte die vollständige Abschaffung der Schweizer Armee. 1985 begann die Sammlung der Unterschriften, im Herbst 1986 wurden sie eingereicht. Richtig Schub erhielt die Initiative durch einen Dokumentarfilm des Journalisten Roman Brodmann. Der Film war parteiisch, Brodmann verbarg seine Sympathien für die Abschaffung der Armee nicht und wurde deswegen als «Nestbeschmutzer» beschimpft. Der «Traum vom Schlachten der heiligsten Kuh» wurde auf der ARD ausgestrahlt (das Schweizer Fernsehen hatte sich geweigert, den Film zu zeigen), und der Inhalt erzürnte die Freunde der Armee derart, dass er sogar im Parlament zum Thema wurde. Bundesrat Arnold Koller (CVP) nahm im Namen der Regierung offiziell Stellung und zeigte sich irritiert über die «krassen Unwahrheiten» und die «Propaganda» des Films.

Der Film löste einiges aus – auch weil prominente Schweizer darin auftraten. In der Schweiz könne man über alles reden, sogar über Sex, sagte der Schriftsteller Max Frisch in die Kamera. Nur die Armee, die «Leibgarde der Bourgeoisie», sei ein Tabu. Und Friedrich Dürrenmatt bezeichnete an gleicher Stelle die Abschaffung der Armee als einen «ungeheuren Akt der Vernunft».

Abstimmungsdebatte

Der Film und die harschen Reaktionen darauf waren nur ein Vorgeschmack auf den

SCHWEIZ OHNE ARMEE

DATUM
26.11.1989

TYP
VOLKSINITIATIVE

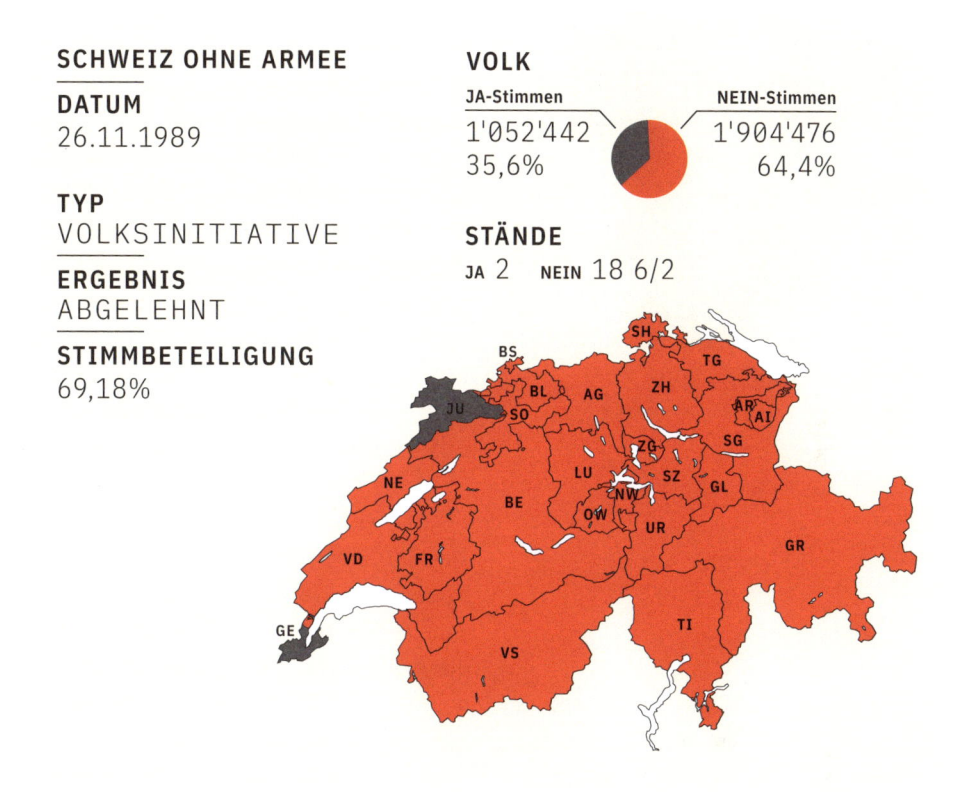

ERGEBNIS
ABGELEHNT

STIMMBETEILIGUNG
69,18%

VOLK

JA-Stimmen: 1'052'442 — 35,6%
NEIN-Stimmen: 1'904'476 — 64,4%

STÄNDE
JA 2   NEIN 18 6/2

Abstimmungskampf. Viele Armeebefürworter waren erbost über die Armeeabschaffer. Der frühere FDP-Nationalrat Otto Fischer bezeichnete die Initiative im Auns-Pressedienst als «direkten Anschlag auf unser Leben, unsere Unabhängigkeit und auf unsere Sicherheit». Die Initianten von der GSoA seien nicht besser als die «Landesverräter des letzten Krieges». Diese hatte die Militärjustiz bekanntlich hinrichten lassen. →Strafgesetzbuch, 60

Die GSoA wollte eine andere Zukunft, eine friedlichere. Die Kalten Krieger hielten dagegen – mit allem, was sie hatten. Als einziges Land überhaupt feierte die Schweiz im Spätsommer 1989 das 50-Jahr-Jubiläum des Kriegsausbruchs. Mit der Übung «Diamant» wurde an die Wehrhaftigkeit der eigenen Armee erinnert und der Aktivdienst-Generation gedankt. Die kleine Schweiz – umtost vom Kriegsgeheul der Welt, allein – und trotzdem wehrhaft. Dank der Armee! Einen Zusammenhang mit der Abstimmung über die Armeeabschaffung im Herbst des gleichen Jahres stritt der damalige Verteidigungsminister Kaspar Villiger (FDP) ab.

Vor allem jüngere Historikerinnen und Historiker begannen sich anlässlich der

DAS ENDE DER SCHWEIZER ARMEE

Für die Gegner der Initiative waren Armee und Nation dasselbe. Sie setzten sich durch, aber knapper als erwartet.

«Diamant»-Feierlichkeiten neu mit der Schweizer Rolle im Zweiten Weltkrieg zu beschäftigen. Es war der Auftakt einer Debatte, die nach den Vorwürfen des Jüdischen Weltkongresses und der USA um Nazi-Gold in der Schweiz schliesslich in den Bergier-Bericht (2002) mündete und die Schweizer Perspektive auf das eigene Verhalten während des Krieges tiefgreifend veränderte.

Doch davon war im Spätsommer 1989 noch wenig zu spüren. Über 150 000 Veteranen besuchten die verschiedenen Mobilmachungs-Plätze, später zog Bundesrat Villiger eine positive Bilanz der Gedenk-Übung: «Unsere Armee war vielleicht keine hinreichende, sicher aber eine notwendige Bedingung dafür, dass wir verschont blieben.»

Die Übung «Diamant» war auch eine Art Schlusspunkt des Kalten Krieges in der Schweiz – nur wusste das Bundesrat Villiger bei seinem Schlussrapport noch nicht. Im Oktober des gleichen Jahres fiel in Berlin die Mauer. Drei Wochen später stimmte die Schweiz über die Abschaffung der Schweizer Armee ab. «Ursächlich hatten die zwei Ereignisse keinen Zusammenhang, fielen aber zufällig zeitlich fast zusammen und verursachten im Grossen wie im Kleinen historische Erdbeben», schrieb der Historiker Thomas Buomberger in seiner Geschichte des Kalten Krieges in der Schweiz.

Wirkung

Den Initianten der GSoA war eine Kanterniederlage vorausgesagt worden, mit 10 Prozent Ja-Stimmen rechneten die Verteidiger der Armee. Höchstens! Doch dann waren es 35,6 Prozent, die Kantone Genf und Jura nahmen die Initiative an, über eine Million Schweizerinnen und Schweizer stimmten für die Abschaffung der Armee. Darunter waren viele junge Menschen und auch aktive Soldaten.

Das war ein Schock. Die Schweizer Armee erholte sich nie mehr von diesem Abstimmungssonntag. Während Jahrzehnten hatte die Milizarmee als Symbol der nationalen Kraft und Wehrhaftigkeit gedient. Als definierendes Element des stolzen Kleinstaats. Das stand nun plötzlich alles zur Debatte. In den folgenden Jahren wurde die Armee kontinuierlich verkleinert und ihr Einfluss auf die übrige Gesellschaft reduziert, eine Entwicklung, die bis heute andauert.

Das gute Resultat für die GSoA war auch Glück und gutem Timing geschuldet. Die

Abstimmung fiel zusammen mit dem Fall der Mauer einerseits und der Enthüllung über die staatliche Überwachung und Fichierung hunderttausender scheinbar gesinnungsverdächtiger Schweizerinnen und Schweizer andererseits. Zwei Tage vor der Abstimmung veröffentlichte die PUK unter der Leitung des späteren Bundesrats Moritz Leuenberger ihren Bericht zum Fichenskandal. Skepsis gegenüber dem Staat und seinen Sicherheitsorganen war überall spürbar.

1989 war ein Schicksalsjahr. Auch für die Schweiz. Das Verhältnis der Schweizerinnen und Schweizer zu ihren eigenen, scheinbar auf ewig etablierten Institutionen und Autoritäten begann sich zu verändern. Es war ein Jahr, in dem alte Machtverhältnisse erschüttert wurden. Kritik, die vorher nur geraunt werden durfte, die abgeschmettert und verlacht wurde, musste jetzt ernst genommen werden. Die Abstimmung über die Abschaffung der Armee hat nicht die Armee abgeschafft, aber ihre einst unhinterfragbare Dominanz in so vielen Lebensbereichen gebrochen. Der freiwillige Zivildienst wurde wenig später eingeführt, im Jahr 1996.

Mehr als 30 Jahre nach dem Ende des Kalten Krieges sind viele Hoffnungen auf einen dauerhaften Frieden in Europa enttäuscht worden. Schweden hat nach der russischen Annektion der Krim die Wehrpflicht wieder eingeführt. Und seit Beginn des Ukraine-Krieges 2022 investieren viele europäische Länder wieder mehr in die eigene Wehrfähigkeit. Auch in der Schweiz wurden die Armeeausgaben wieder erhöht – für eine Armee allerdings, die ganz anders aufgestellt ist als zur Zeit des Kalten Kriegs. Internationaler, vernetzter, kooperativer. Der Bruch von 1989: Er ist endgültig.

DAS VOLK STOPPT DEN BAU WEITERER ATOMKRAFTWERKE

ABSTIMMUNG VOM 23.09.1990
VOLKSINITIATIVE «STOPP DEM ATOMKRAFT-
WERKBAU (MORATORIUM)»

Jassen im Strahlenschutzanzug. Greenpeace Schweiz setzt im AKW-Abstimmungskampf 1990 auf Ironie.

Vorgeschichte

Braucht die Schweiz eigene Atomwaffen? Unbedingt, empfahl 1957 im Wettrüsten des Kalten Krieges eine vom Bundesrat eingesetzte Studienkommission. Als friedensbewegte Kreise daraufhin eine Volksabstimmung über ein generelles Atomwaffenverbot im Land erzwangen, sprach sich das Volk 1962 mit 65,5 Prozent Nein-Stimmen gegen solche Selbsteinschränkung aus. Es hätte sich mit der Bombe angefreundet.

Die Landesregierung begnügte sich (nach ernsthaften Abklärungen) dann doch mit der friedlichen Nutzung der Kernkraft. 1957 hatte die Bevölkerung die Gesetzgebung zu Atomenergie und Strahlenschutz von den Kantonen an den Bund übertragen. 1964 begann die Planung der ersten Atomkraftwerke, 1969 eröffnete Beznau I auf einer Aareinsel nahe der deutschen Grenze – es summt noch heute und gilt als das dienstälteste AKW der Welt. 1971 folgten Beznau II, 1972 Mühleberg im Kanton Bern (im Dezember 2019 abgeschaltet), 1979 Gösgen und 1984 Leibstadt. Alle waren mit ausländischer Reaktortechnologie bestückt; die Schweizer Eigenentwicklung war erfolglos geblieben und hatte im Januar 1969 im unterirdischen Versuchsreaktor von Lucens VD eine partielle Kernschmelze und fast eine atomare Katastrophe verursacht.

Mit der Inbetriebnahme der ersten Kernkraftwerke formierte sich auch erstmals sichtbarer Widerstand gegen die Atomenergie in der Schweiz. Lange hatte Atomstrom als besonders sicher und sauber gegolten. Nun aber warnte die entstehende Anti-AKW-Bewegung vor unabsehbaren Risiken für Mensch, Tier und Umwelt und formulierte auch grundsätzliche Kritik an der Wachstumsgesellschaft und ihrem Hunger nach immer mehr Strom. Die Atomgegner nahmen dabei Anliegen des Landschafts- und Heimatschutzes auf, wehrten sich etwa gegen brutalistische Kühltürme auf den Wiesen. Auch deshalb wurden sie erst als esoterisch abgetan, nicht ernst genommen.

Das änderte sich, als Atomkraft-Gegner die Baustelle des geplanten AKW Kaiseraugst am aargauischen Rheinufer besetzten, erst 1973 kurz, dann länger, von April bis Juni 1975. Von einem «Woodstock der AKW-Gegner» schrieb rückblickend ein Journalist der NZZ. Fotos der Aktion zeigen Fahnen, Zelte, Transparente («Atomstrom, die kriminelle Energie!»), sogar mitgebrachte Tiere. Bis zu 15 000 Menschen brachte die Gewaltfreie Aktion Kaiseraugst zu Spitzenzeiten aufs Gelände, Kabarettist Franz Hohler rezitierte mit Gasmaskenbrille die Ballade vom Weltuntergang. Die Polizei liess die Demonstranten gewähren, Bürgerliche riefen nach der Armee. Worauf Bundesrat Willi Ritschard (SP) drohte, bei einem Einsatz von Soldaten zurückzutreten. Kaiseraugst und die Atomkraft wurden zum nationalen Politikum.

Die Besetzer erzwangen einen vorübergehenden Baustopp, doch die Pläne für Kaiseraugst, Gösgen, Graben im Oberaargau und Leibstadt blieben bestehen. Die Bevölkerung stimmte nun wiederholt über die Atomkraft ab. Die 1970er-Jahre waren geprägt von zunehmender Sorge um die Umwelt, die Atomenergie verlor an Unterstüt-

ATOM-MORATORIUM

DATUM
23.09.1990

TYP
VOLKSINITIATIVE

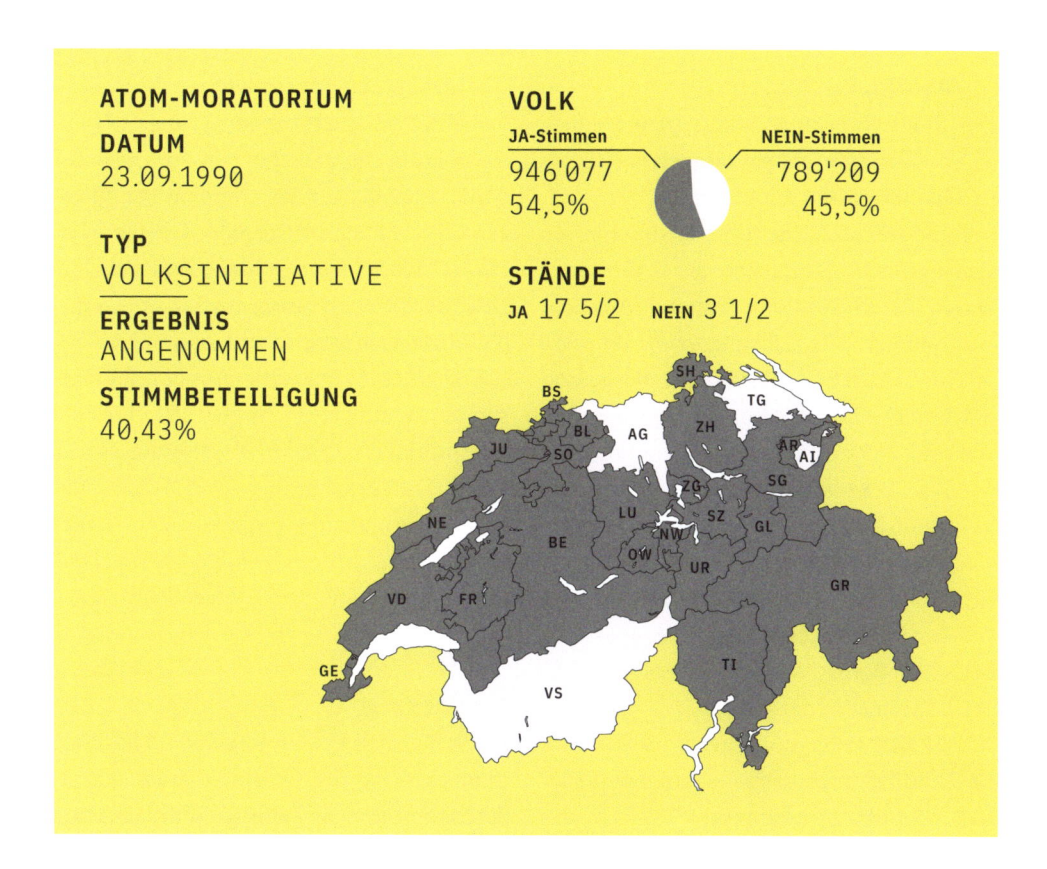

ERGEBNIS
ANGENOMMEN

STIMMBETEILIGUNG
40,43%

VOLK
JA-Stimmen: 946'077 / 54,5%
NEIN-Stimmen: 789'209 / 45,5%

STÄNDE
JA 17 5/2   NEIN 3 1/2

zung. 1979 verwarf nur noch eine knappe Mehrheit von 51,2 Prozent die «Atomschutz-Initiative», die de facto einen AKW-Baustopp zur Folge gehabt hätte. 1984 hiessen 45 Prozent der Stimmenden die Initiative «für eine Zukunft ohne weitere Atomkraftwerke» gut.

Im April 1986 schockierte der Reaktorunfall im sowjetischen Tschernobyl Europa. Angst vor Verstrahlung ging um. Der Schweizer Atom-Branche war klar, dass die Stimmung kippte. «Nun mussten die politischen Altlasten schnell entsorgt werden: Kaiseraugst und Graben», sagt der Historiker Patrick Kupper von der Universität Innsbruck. Die beiden AKW-Projekte waren chancenlos geworden und wurden 1988 aufgegeben. Parallel dazu brachten die AKW-Gegner zwei neue Anti-Atom-Initiativen auf den Weg. Die SP forderte den kompletten Ausstieg, also die rasche Stilllegung der bestehenden Kernkraftwerke und die Umrüstung auf alternative Energien. Das Nordwestschweizer Aktionskomitee gegen Atomkraftwerke NWA hingegen versuchte einen gemässigteren Weg: Ihre Initiative forderte ein Moratorium. Während zehn Jahren sollte es in der Schweiz keine Bau- oder Betriebsbewilligungen mehr für neue AKW geben.

DAS VOLK STOPPT DEN BAU WEITERER ATOMKRAFTWERKE

Abstimmungsdebatte

Der Bundesrat gab keinen Gegenvorschlag ab, sondern empfahl ein doppeltes Nein zu Atomausstieg und Atommoratorium. FDP, SVP und weite Teile der Wirtschaft schlossen sich ihm an. Die Argumente der Befürworter waren dieselben wie in früheren Atomabstimmungen: Die Schweiz drohe den Anschluss an den Fortschritt zu verlieren und mache sich abhängig von Energie aus dem Ausland. Nach 1985 lieferte die Atomkraft rund 40 Prozent des in der Schweiz verbrauchten Stroms. In Inseraten rieten Ärzte zu 2×Nein («Wir Ärzte brauchen Strom – für Sie!»), und auch die Forschung warnte vor dem freiwilligen Verzicht. «Amputation bei vollem Bewusstsein», nannte es ein Leserbriefschreiber in der NZZ.

Die AKW-Gegner warnten vor Atommüll und Verseuchung. Eine Zuschrift in der NZZ prophezeite radioaktive Abfälle «als futuristisches Strandgut menschlicher Genialität». Man wolle seinen Kindern doch «guten Gewissens in die Augen schauen» können und ihnen nicht «während Jahrtausenden» Probleme und Kosten aufbürden, schrieb ein anderer Leser. Der ehemalige Basler Chemieprofessor und AKW-Gegner Max Thürkauf betete für die Wissenschaftler, «damit sie erkennen, dass wir von der Atomenergie wegkommen müssen». Ein weiterer Leserbrief klagte, dem Volk werde «mit anscheinend unerschöpflichen finanziellen Mitteln» eingetrichtert, «dass Strom das ganze Leben bedeute». Tatsächlich investierte die Wirtschaft substanziell in den Abstimmungskampf.

Im September 1990 lehnten die Stimmberechtigten die SP-Initiative für den Atomausstieg ab, nahmen aber den Vorschlag für einen zehnjährigen Baustopp mit 54,5 Prozent Ja-Stimmen an. Die AKW-Gegner feierten, das Moratorium ist bis heute die einzige gewonnene Anti-Atom-Initiative. Gegen die Vorlage ausgesprochen hatten sich der Atomkanton Aargau, dazu Appenzell Innerrhoden, Wallis und Thurgau. Die höchste Zustimmung gab es in Basel-Stadt (71%), Genf (69,2%) und im Jura (65,4%). Dass viele stromverbrauchende städtische Agglomerationen ein Ja eingelegt hatten, wertete das «Aargauer Tagblatt» als «Steckdosen-Ignoranz».

Wirkung

Die Verlierer trugen das Resultat mit Fassung. Immerhin war der Gesamtausstieg verhindert. Die «Bündner Zeitung» kommentierte: «In seiner Mischung zwischen Bestimmtheit und Vorsicht, Skepsis und Klarheit ist dieser Energie-Entscheid des Schweizervolkes so feingezimmert und ausgewogen, dass man ihn weise nennen muss.» Direkte Demokratie ist immer ein Anlass, zufrieden mit sich zu sein.

Der an der Urne beschlossene Marschhalt wirkte über seine Zeit hinaus. Es wurde nie wieder ein AKW in der Schweiz gebaut. Zwar lief das Moratorium Ende des Jahres 2000 aus, und das Volk verwarf eine Verlängerung 2003 mit 58,4 Prozent Nein-Stimmen. Daraufhin gerieten die Atomstrom-Produzenten für einige Jahre in eine neue «AKW-Euphorie», sagt Historiker Patrick

Kupper. Statt ganz neuer Projekte forderten sie den aufwändigen Ersatz der bestehenden, alternden Anlagen.

Die Reaktorkatastrophe von Fukushima in Japan 2011 fegte diese Pläne vom Tisch. Die damalige Energieministerin Doris Leuthard (CVP) stoppte den Genehmigungsprozess für ein neues Atomkraftwerk und stellte die Weichen auf den schrittweisen Ausstieg. «Der Unfall von Fukushima hat einfach gezeigt, dass die Technologie kein Zukunftsmodell ist», erinnerte sich Leuthard später. Eine Volksinitiative der Grünen zur schnellen Abschaltung aller bestehenden AKW verwarf das Stimmvolk im November 2016, im Mai 2017 aber hiess es das Energiegesetz des Bundes mit 58,2 Prozent Ja-Stimmen gut. Dieses Gesetz setzte ein Verbot für den Bau neuer Atomkraftwerke fest – dazu die schrittweise Stilllegung der fünf AKW des Landes und die Förderung erneuerbarer Energien.

Die zunehmend sichtbaren Effekte der Klimakrise sowie der Krieg in der Ukraine und Europas Entkopplung von russischen Öl- und Gaslieferungen brachten der Kernkraft nach 2022 wieder Auftrieb. Könnten neue AKW helfen, den Ausstoss von CO_2 zu bremsen und die Abhängigkeit von fossilen Schurkenstaaten zu reduzieren? Die USA, Grossbritannien, Schweden, Frankreich und weitere Länder versprachen an der Weltklimakonferenz 2023, ihre Kernkraftkapazitäten bis 2050 im Namen von Netto-Null zu verdreifachen.

In der Schweiz wird der Ausbau erneuerbarer Energien vermehrt gegen Landschafts- und Naturschutz ausgespielt. Wie viele Windräder und Solarpanele vertragen die Alpen? Von einer Reduktion des Stromverbrauchs traut sich zur Zeit von Elektroautos, Kryptowährungen und Videostreams kaum ein Politiker zu sprechen. Lieber lobbyieren Atombefürworter für eine Aufhebung des vom Volk beschlossenen AKW-Verbots. So könne die Landschaft geschont und der Blackout verhindert werden. Im August 2024 kündigte der Bundesrat an, das Neubauverbot für AKW aufheben zu wollen, um der kurz zuvor eingereichten Volksinitative «Jederzeit Strom für alle (Blackout stoppen)» Rechnung zu tragen.

Wer aber verfolgt, wie hitzig um den ersten geplanten Endlager-Standort für radioaktive Abfälle im Norden des Kantons Zürich diskutiert wird, der kann ablesen, wie unwohl es vielen Schweizerinnen und Schweizern mit der Kernkraft und ihren Folgen noch immer ist.

DIE SCHWEIZ WIRD ZUR INSEL

ABSTIMMUNG VOM 06.12.1992
BUNDESBESCHLUSS ÜBER DEN EUROPÄISCHEN
WIRTSCHAFTSRAUM (EWR)

EWR/EG NEIN

Die EWR/EG-Politik des Bundesrats (EWR = EG-Beitritt) hätte für unser Land katastrophale Folgen:

- Verschacherung des Vaterlandes an ausländische Politiker und Technokraten
- Lohnabbau für Arbeiter, Angestellte und Kaderleute
- Einkommenseinbussen für Gewerbe und freie Berufe
- Wegfall aller Schranken für die EWR-Ausländer
- Massive Bedrohung der Landwirtschaft
- Arbeitslosigkeit, weniger Arbeitsplätze für Schweizer
- Zinsanstieg, Mietzinserhöhungen, Wohnungsnot
- Jahreskosten EWR: 500 Mio, EG: 3600 Mio
- Steuererhöhungen, Teuerung
- 500 neue Bundesbeamte, übersteigerte Bürokratie
- Numerus clausus an Schweizer Universitäten
- Bevölkerungsvermehrung, Überfremdung
- Verzichte bei den Volksrechten und der Neutralität
- Abbau der Kantons- und Gemeindeautonomie
- Fremde Behörden und fremde Richter

Verzicht auf die freie und unabhängige Schweiz und schwere Wohlstandseinbussen wären Folgen des EWR, der den Beitritt zur EG unvermeidlich machen würde.

Die Lösung: Weiterführen des bewährten Freihandelssystems mit der EG und der ganzen Welt sowie Bewahrung unserer Selbständigkeit

AUNS, Pf. 245, 3000 Bern 7

EWR NEIN EG

Im Plakat der Aktion für eine unabhängige und neutrale Schweiz AUNS droht 1992 der Zangengriff von EWR und EG, wie die EU damals noch hiess.

Vorgeschichte

Mittendrin – und doch nicht wirklich dabei. Nach dem Ende des Zweiten Weltkriegs war die Schweiz isoliert, ihr Mittun in Europa nicht wirklich gefragt. Mit der EFTA sollte sich das ändern, die Schweiz gehörte 1960 zu den Gründungsmitgliedern der «Europäischen Freihandelsassoziation», die ein Gegengewicht zur Europäischen Gemeinschaft (EG) bilden sollte.

Allerdings waren die Kräfteverhältnisse zwischen den beiden Staatengemeinschaften sehr deutlich. Die EG war grösser, vernetzter, mächtiger. Als die EFTA und die EG über eine mögliche Annäherung verhandelten, waren das Verhandlungen unter ungleichen Partnern.

Die EG beharrte von Anfang darauf, dass im neuen Abkommen das bestehende EG-Recht gelten sollte. Geschwächt wurde die Verhandlungsposition der EFTA-Staaten durch den Zusammenbruch der Sowjetunion und das Ende des Kalten Krieges. Plötzlich war die Neutralitätspolitik der EFTA-Staaten nicht mehr so bedeutend – und es gab immer weniger Gründe, deren Mitglieder gesondert zu behandeln. Die Folge: Die EG beharrte kompromisslos auf ihren Vorstellungen. Das Ergebnis der Gesprächsrunden war das Abkommen über den Europäischen Wirtschaftsraum (EWR), verabschiedet am 2. Mai 1992 in Porto. Im Kern umfasste es die vier Freiheiten des Waren-, des Personen-, des Dienstleistungs- und des Kapitalverkehrs. Alles Freiheiten, die der Schweiz heute die bilateralen Verträge mit der EU garantieren.

Bundesrat und Parlament votierten 1992 für einen EWR-Beitritt. Sie unterstellten den Eintritt zum Wirtschaftsraum dem obligatorischen Referendum, obwohl sie nicht dazu verpflichtet waren – verfassungsrechtlich wäre das nicht nötig gewesen. Der Bundesrat hatte das schon einmal so gemacht, mit Erfolg, als es 1972 um ein Freihandelsabkommen zwischen der Schweiz und der EWG gegangen war. Dieses Freihandelsabkommen war für den zuständigen Bundesrat Ernst Brugger (FDP) ein «entscheidender Schritt in unserem traditionellen Bemühen, an der Integration des Kontinents mitzuarbeiten». Für die «Weltwoche» war das Abkommen von 1972 ein «Markstein der Geschichte», von der Bedeutung in einer Reihe mit dem Bundesbrief von 1291 und der Schlacht von Marignano 1515.

Weil das neue Abkommen so bedeutend war, wollte der Bundesrat die Unterstützung an der Urne – und erhielt sie auch. Mit 72,5 Prozent sagte die Bevölkerung Ja. Deutlicher würde die Schweizer Europapolitik danach nie mehr legitimiert werden.

Doch das konnte die Regierung zu Beginn der 1990er-Jahre nicht wissen. Sie stellte sich einen ähnlichen Triumph wie 1972 vor. Ein neues und erfolgreiches Kapitel in den Beziehungen der Schweiz zur Europäischen Gemeinschaft.

Angesetzt wurde die Abstimmung sieben Monate nach der Gründung des Europäischen Wirtschaftsraums in Porto: auf den 6. Dezember 1992.

EWR-BEITRITT

DATUM
06.12.1992

TYP
OBLIGATORISCHES REFERENDUM

ERGEBNIS
ABGELEHNT

STIMMBETEILIGUNG
78,73 %

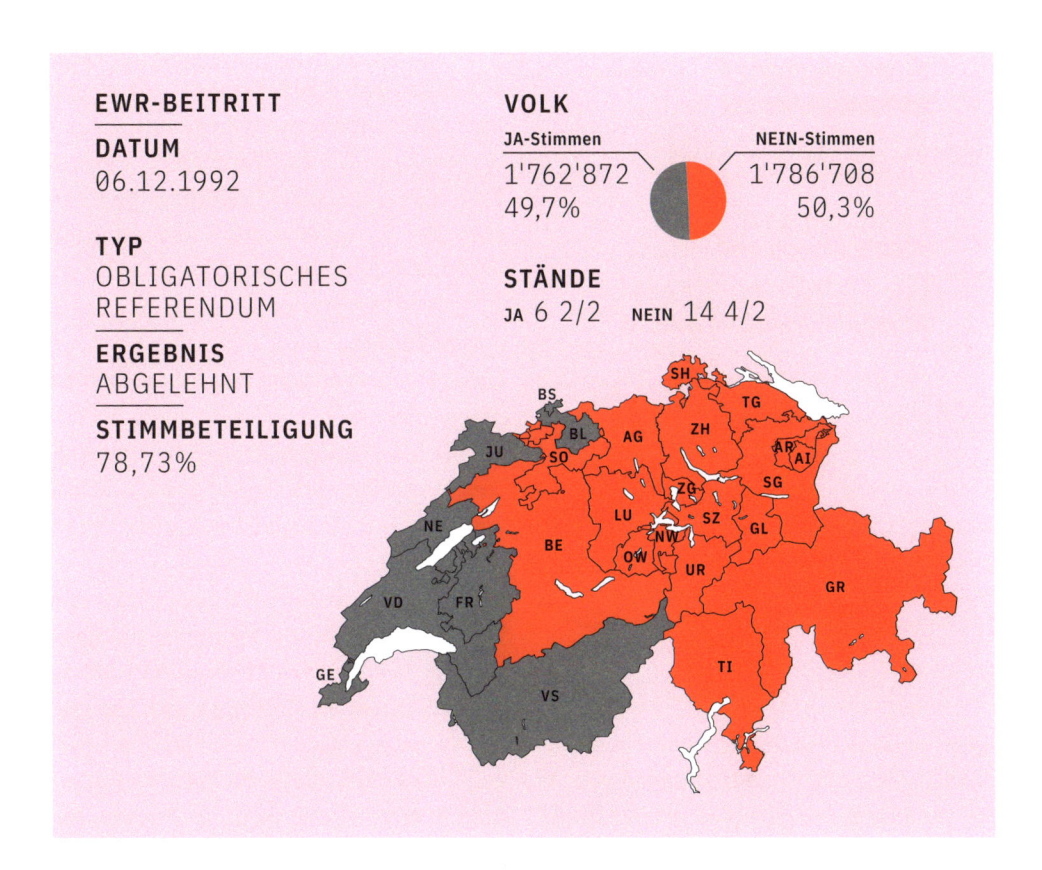

VOLK

JA-Stimmen: 1'762'872 — 49,7 %
NEIN-Stimmen: 1'786'708 — 50,3 %

STÄNDE
JA 6 2/2   NEIN 14 4/2

Abstimmungsdebatte

Der Abstimmungskampf um den EWR war einer der härtesten, emotionalsten und aufwühlendsten der Schweizer Politikgeschichte. Dies auch darum, weil die Vorlage überhöht wurde. «Hier ging es nicht um einen beliebigen Vertrag», sagte der Historiker Jakob Tanner später in einer Dokumentation des Schweizer Fernsehens. «Hier ging es um Europa: Ja oder Nein. Um Ja oder Nein zum Schweizer Sonderfall.»

Die Vorlage elektrisierte die Schweizer Bevölkerung (die Stimmbeteiligung von 78,7 Prozent ist bis heute die höchste seit der Einführung des Frauenstimmrechts) und spaltete sie in zwei vergleichbar grosse Lager. Auf der einen Seite standen die etablierten Parteien, der Bundesrat und die Wirtschaft. Auf der anderen Seite die SVP und die AUNS, die Aktion für eine unabhängige und neutrale Schweiz, angeführt von den Nationalräten Christoph Blocher (SVP) und Otto Fischer (FDP), die während Wochen durch die Mehrzweckhallen der Schweiz zogen und vor Europa warnten.

Mitentscheidend für den knappen Sieg der EWR-Gegner waren zwei taktische Fehler des Bundesrats – und beide Male war

Sicherheit! Arbeitsplätze! Wohlstand! Unabhängigkeit! JA zum EWR!

Das Plakat des Aktionskomitees «Ja zum EWR» setzt auf positive Schlagzeilen. Es stammt vom Grafiker Meinrad Fischer.

SVP-Bundesrat Adolf Ogi verantwortlich. Noch vor dem Abstimmungskampf beschloss die Landesregierung im Mai 1992 in Brüssel ein formelles Gesuch um die Aufnahme von Beitrittsverhandlungen mit der EG zu deponieren; die entscheidende Stimme kam von Adolf Ogi. Der Berner Verteidigungsminister trat danach in einer Fernsehsendung auf und bezeichnete den EWR als eine Art «Trainingslager» für den Beitritt zur Europäischen Gemeinschaft – eine Aussage, die von den EWR-Gegnern hemmungslos ausgeschlachtet wurde.

Später sagte Ogi, er sei absichtlich missverstanden worden: Ein Sportler entscheide doch erst im Trainingslager, ob er beim Wettkampf wirklich mitmachen wolle oder nicht. Diese Nuance ging im Abstimmungskampf allerdings verloren. Mit den aktiven und scheinbar dem Volksentscheid zuvorkommen wollenden Beitrittsbemühungen der Regierung erhielt die Abstimmung über den EWR jene emotionale Bedeutung, die sie zu einer der kontroversesten Abstimmungen der Schweiz machen sollte.

Wirkung

Die EWR-Abstimmung im Dezember 1992 prägte die Schweiz auf Jahrzehnte hinaus. Sie hat die SVP definiert und ihr zum Aufstieg verholfen – und sie hat in der Schweiz eine tiefe Skepsis gegenüber Europa dauerhaft verankert.

Während des Kalten Kriegs (und schon lange Zeit davor) war die Schweiz von einem Bürgerblock beherrscht, an dessen Spitze unangefochten der Freisinn stand. Die FDP war die prägende Kraft in Politik, Wirtschaft und Gesellschaft. Als im Herbst 1989 die Berliner Mauer fiel und 1991 die Sowjetunion auseinanderbrach, war die Zeit der klaren Weltordnung vorbei, wurden die Verhältnisse neu geregelt. Wie sich die Schweiz in diese neue Weltordnung einfügen sollte, war für eine kurze Zeit erstaunlich offen. Darum war die Abstimmung über den EWR so bedeutsam. Die wichtigsten Vertreter der FDP und des restlichen Bürgerblocks erkannten die Tragweite der Entscheidung über eine vertiefte Kooperation mit Europa und die emotionale Bedeutung für die Bevölkerung lange Zeit nicht. Franz Blankart, der freisinnige Chefunterhändler der Schweiz, hatte kurz vor der Abstimmung über den EWR ein Versicherungsabkommen mit der EG ausgehandelt, das ohne Probleme akzeptiert wurde. «Ich hatte angenommen, das, was im Kleinen funktioniert hat, auch im Grossen funktionieren müsste. Das war einer meiner grossen Fehler», sagte Blankart später.

Der Chefunterhändler stand für eine weit verbreitete Haltung im damaligen Establishment von Politik und Wirtschaft: Was bisher gut ging, wird auch weiter gut gehen. Dabei übersahen diese Kräfte, dass die Stimmung in grossen Teilen der Bevölkerung eine andere war (auch bei vielen KMUs, bei denen die Skepsis gross war). Die Lust auf eine Einbindung in ein grösseres Ganzes, in ein unübersichtliches Gebilde wie die Europäische Gemeinschaft, war sehr begrenzt. Christoph Blocher und sein Mitstreiter Otto Fischer, der ein Jahr nach der Abstimmung verstarb, erkannten diese Stimmung, diese Lust auf Rückzug und Abkapselung angesichts weltpolitischer Turbulenzen (die Angst auch, den eigenen Wohlstand zu verlieren) und zapften sie sehr erfolgreich an. Die etablierten Kräfte sahen die Niederlage nicht kommen und gaben sich danach als schlechte Verlierer. Von einem «Schwarzen Sonntag» sprach der damalige Wirtschaftsminister Jean-Pascal Delamuraz (FDP) nach der Abstimmung.

Der «Schwarze Sonntag» war die Geburtsstunde von Christoph Blocher als Volkstribun, es war der Startpunkt zum Aufstieg der SVP und zur Entmachtung der FDP. Innerhalb von weniger als zehn Jahren verdoppelte die SVP ihren Wähleranteil von 11,9 Prozent (1991) auf 22,6 Prozent (1999) und überholte damit noch vor der Jahrtausendwende die FDP als stärkste Partei der Schweiz.

Aus dem Schweizerkreuz werden europäische Sterne – allerdings nur auf dem Plakat. Das Sujet stammt von der Gewerkschaft SMUV.

Die EWR-Abstimmung am 6. Dezember 1992 war prägend für die Identität der SVP: Sie inszenierte sich fortan als die angeblich einzige Kraft, die für die Souveränität und Unabhängigkeit der Schweiz kämpfte. Selbst als sie schon lange selber die stärkste Partei der Schweiz war, pflegte sie das Feindbild der «Classe Politique». «Wir gegen alle anderen» war eine innere Haltung, die während der EWR-Abstimmung entstand und die über Jahre in der Volkspartei Bestand hatte. Mitverantwortlich dafür war nicht zuletzt Blocher selbst, der spätere Abstimmungen immer wieder an jener über den EWR mass und auch noch drei Jahrzehnte danach lebhaft über seinen grössten politischen Erfolg referierte. Es war seine liebste Erzählung: Wie er damals allein gegen alle gestanden habe – und warum das heute immer noch nötig sei.

Dabei lieferte der EWR der Volkspartei gleich zwei Feindbilder, die sie in den folgenden Jahren ausdauernd bearbeiten sollte. Zum einen die «Classe Politique», die Elite in «Bern oben», zum anderen Europa, den «Moloch in Brüssel».

Die Abstimmung über den EWR hatte wirtschaftliche Folgen für die Schweiz. 1990 rutschte das Land zum ersten Mal seit den 1970er-Jahren in eine Rezession. Als am 1. Januar 1993 der Europäische Wirtschaftsraum in Kraft trat (ohne die Schweiz), sorgte die neue Freihandelszone für einen Wachstumsschub in Europa. Die Schweiz hingegen stagnierte noch weitere drei Jahre.

Der «Schwarze Sonntag» war schliesslich auch der Beginn einer neuen Beziehung mit Europa, er war der Beginn des bilateralen Wegs. Der Bundesrat sistierte das Gesuch für Beitrittsverhandlungen mit der EG im Jahr 1993 und zog es 2016 ganz zurück. Stattdessen begannen zwei Jahre nach der EWR-Abstimmung die Verhandlungen über die bilateralen Verträge, die am Schluss die gleichen Freiheiten gewähren sollten wie der EWR (unter anderem auch darum, weil die EG immer noch mit einem späteren Beitritt der Schweiz rechnete). 1999 wurden die Bilateralen I von der Bevölkerung gutgeheissen, 2004 die Bilateralen II. Fortan war dieser separat ausgehandelte «bilaterale Weg» Kern der Schweizer Europapolitik. Er war Garant für das wirtschaftliche Wohlergehen des Landes und bedeutete oft Rechtsübernahme ohne Mitbestimmung. Die darin gewährten Rechte und Pflichten – insbesondere die Personenfreizügigkeit – entfachten auch immer wieder Debatten und Abstimmungen, die meist von der SVP geprägt wurden. Etwa jene zur Masseneinwanderungsinitiative 2014 → Masseneinwanderung, 204 oder zur Begrenzungsinitiative 2020. Was im Laufe der Jahre offensichtlich wurde: Die bilateralen Verträge sind relativ starr, relativ unflexibel. Auch darum wird regelmässig das Endes des bilateralen Wegs verkündet.

Die Europapolitik bleibt eines der heikelsten innenpolitischen Dossiers – was 2021 am Scheitern des institutionellen Rahmenabkommens mit der EU zu sehen war. Das von der EU gewünschte Abkommen hätte eine dynamischere Anbindung der Schweiz an die EU realisiert, eben einen Rahmen für künftige Entwicklungen. Es scheiterte am Widerstand von rechts (von der SVP, die gegen alle neue Verträge mit Europa ist) und am Widerstand von links (von den Gewerkschaften, die sich vor einer Verwässerung des Arbeitnehmerschutzes fürchteten). Und es scheiterte an der Angst der institutionellen Politik vor einer Abstimmung. Auch neue Verhandlungen zu weiteren Abkommen mit der EU, die «Bilateralen III», stehen unter Vorbehalt einer möglichen Abstimmung. Und damit unter der Angst vor dem Scheitern.

Der Ursprung dieser Angst liegt im Jahr 1992, und die Fragen sind seither die gleichen geblieben: Wie souverän kann die Schweiz im grossen Europa bleiben? Wie stark soll sie sich beteiligen? Ist ein Alleingang sinnvoll und machbar?

Diese Fragen haben die Schweiz bis heute nicht losgelassen. Es ist, als hätte der Abstimmungskampf um den Europäischen Wirtschaftsraum nie aufgehört. Die Abstimmung von 1992 hat dem Land einen Reflex antrainiert. Wir sind die, die draussen stehen. Unverhandelbar und für immer. Dabei werden die Diskussionen über das Europa von heute von den Diskussionen über das Europa von damals geprägt. Die Lager sind die gleichen geblieben, die Ängste ebenfalls. Eine offene Debatte über die Rolle der Schweiz in diesem Europa? Findet seit dem 6. Dezember 1992 nicht mehr statt, daran hat auch der Krieg in der Ukraine ab 2022 und das Zusammenrücken Europas erstaunlich wenig verändert. Schweigen ist ungefährlich, Schweigen tut niemanden weh, Schweigen verliert keine Abstimmung.

Die Schweiz bleibt mitten im Kontinent – und zugleich ganz am Rand.

WAS DARF MAN NOCH SAGEN?

ABSTIMMUNG VOM 25.09.1994
SCHWEIZERISCHES STRAFGESETZBUCH
MILITÄRSTRAFGESETZ, ÄNDERUNG VOM 18. JUNI
1993 – ANTI-RASSISMUS-STRAFNORM

Die Schweiz ist bunt und gegen Rassismus. Plakat unbekannten Ursprungs vor der Abstimmung 1994.

Vorgeschichte

Die Diskriminierung der Juden in der ersten Bundesverfassung, die Schwarzenbach-Initiative gegen die italienischen Gastarbeiter zu Beginn der 1970er-Jahre, die Anfeindung der tamilischen Flüchtlinge in den 1980er-Jahren, SVP-Plakate mit dem Slogan «Kosovo-Albaner Nein!» in den 1990er-Jahren. Hingeschmierte Hakenkreuze in Bahnhofsunterführungen, Bananenwürfe auf dunkelhäutige Spieler in Fussballstadien. Rassismus und Fremdenfeindlichkeit sind Konstanten in der Schweizer Geschichte.

In den 1980er-Jahren nahm die Fremdenfeindlichkeit eine neue Form an, eine organisierte. Die Bundesanwaltschaft registrierte «vermehrt fremdenfeindliche Aktionen rechtsextremistischer Gruppen», der Bundesrat beobachtete «extremistische Vorkommnisse» und «Anzeichen latenter Fremdenfeindlichkeit». Wie in Deutschland marschierten auch in der Schweiz Skinheads in Springerstiefeln durch Dörfer und Städte, suchten Streit, provozierten mit rassistischen Parolen. Es gab Hetzjagden auf Ausländerinnen und Ausländer, mehrere Brandanschläge auf Asylunterkünfte. Im Juli 1989 starben in Chur bei einem solchen Angriff vier Menschen aus Sri Lanka.

Die Rechtsextremisten hatten keine Hemmungen, sich in der Öffentlichkeit zu zeigen. Es gibt ein berühmtes Pressefoto von der Rütliwiese, auf dem eine Gruppe Neonazis 1989 vor einem brennenden Kreuz den Hitlergruss zeigt. Und es gibt eine berüchtigte Ausgabe des «Zischtigsclubs» von SRF aus dem gleichen Jahr, in dem der Rechtsextreme Marcel Strebel, Chef der Neonazi-Gruppe «Patriotische Front», ungehindert seine rassistischen Ansichten ausbreiten durfte. Später wurde bekannt, dass Strebel vor der Sendung im Eingangsbereich des Fernsehstudios eine dunkelhäutige Frau beleidigt und angespuckt hatte. Er durfte dann trotzdem mitdiskutieren.

Die Schweiz hatte sich auch zu einem beliebten Ort für Holocaust-Leugner entwickelt. Im Gegensatz zu vielen anderen Ländern kannte die Schweiz kein Verbot, was den Vertrieb von rechtsextremen Schriften und Büchern anging, in denen beispielsweise die Verbrechen von Auschwitz geleugnet wurden. Die Schweiz war eine Drehscheibe für Nazi-Literatur geworden.

Das hatte ganz praktische Gründe: Die Schweiz war Ende der 1980er-Jahre eines der letzten Länder, das die UNO-Rassismuskonvention noch nicht ratifiziert hatte. Parlament und Regierung kamen deshalb zu Beginn der 1990er-Jahre zum Schluss, dass die Schweiz erstens dringend diese UNO-Konvention annehmen müsse, und dass sie zweitens ein nationales Gesetz brauche, um die Verbreitung von rassistischem Gedankengut und die Diskriminierung von Minderheiten strafbar zu machen. Der geplante Art. 261bis verfügte, dass «Diskriminierung und Aufruf zu Hass» mit bis zu drei Jahren Haft bestraft werden konnten. Explizit genannt war Diskriminierung wegen «Rasse, Ethnie, Religion». Auch die Leugnung oder grobe Verharmlosung eines Völkermords wurde verboten. Das alles galt aber nur für öffentliche Äusserungen – im Privaten soll-

ANTI-RASSISMUS-STRAFNORM

DATUM
25.09.1994

TYP
FAKULTATIVES REFERENDUM

ERGEBNIS
ANGENOMMEN

STIMMBETEILIGUNG
45,90%

VOLK
JA-Stimmen: 1'132'662 — 54,6%
NEIN-Stimmen: 939'975 — 45,4%

STÄNDE (Ständemehr nicht notwendig)
JA 10 3/2   NEIN 10 3/2

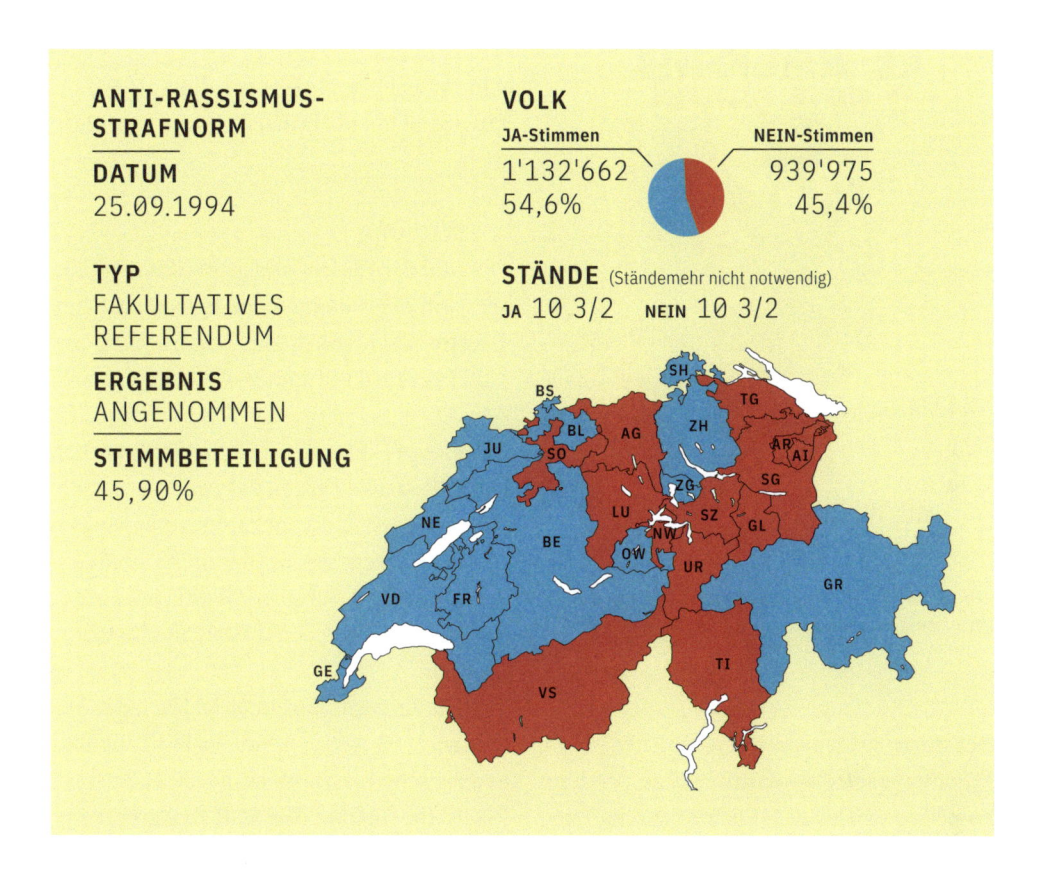

te man weiterhin sagen dürfen, was man wollte.

Im Parlament war der Konsens gross, die meisten Parteien, auch die SVP, unterstützten das Vorgehen. Widerstand gegen die UNO-Konvention wie gegen die neue Regelung kam nur vom extrem rechten Rand – wo auch das Referendum ergriffen wurde. Die «Aktion für freie Meinungsäusserung – gegen UNO-Bevormundung» sammelte gemeinsam mit anderen rechten bis rechtsextremen Organisationen, den Schweizer Demokraten und der Aktion für eine unabhängige und neutrale Schweiz (AUNS) die nötigen Unterschriften. Federführend war unter anderem der Unternehmer Emil Rahm, ein Schaumweinproduzent und Publizist aus Schaffhausen, der durch seine kruden Ansichten zur «jüdischen Weltverschwörung» aufgefallen war (und der später wegen Rassendiskriminierung verurteilt wurde).

Abstimmungsdebatte

Die neue Strafnorm wurde heftig diskutiert – vor allem von jenen, die potenziell davon betroffen waren. «Die Schweiz war wohl das einzige Land, in dem Holocaustleugner versuchten, eine breite politische

«Rassismus – uns reichts!» Ein Plakat der Gewerkschaft VPOD macht sich 1994 mit afrikanischer Maske für die Anti-Rassismus-Strafnorm stark.

Debatte zu prägen», sagte später Peter Niggli, Mitautor eines Standardwerks zur rechten Szene in der Schweiz («Rechte Seilschaften») und Mitarbeiter bei der Kampagne für das neue Gesetz. Neben den Holocaustleugnern engagierten sich auch einzelne Nationalräte und Jungpolitiker der bürgerlichen Parteien gegen das Gesetz.

Die SVP distanzierte sich von den Holocaustleugnern. Mit Leuten, welche «die Judenfrage aufwärmen», wollte man nichts zu tun haben, sagte SVP-Politiker Ulrich Schlüer, der in den 1970er-Jahren der Sekretär von James Schwarzenbach gewesen war. →Überfremdung, 84 Allerdings fassten sieben kantonale SVP-Sektionen trotzdem die Nein-Parole, ebenso die Waadtländer Sektion der Liberalen.

Die nationale SVP kämpfte vor der Abstimmung nicht aktiv gegen die Anti-Rassismus-Strafnorm. Danach allerdings umso mehr.

Wirkung

Obwohl der Widerstand gegen das neue Gesetz von einer kleinen und extremistischen Gruppe kam, wurde die Abstimmung mit 54,6 Prozent Ja-Stimmen nur knapp gewonnen. Die eine Hälfte der Kantone sagte Ja, die andere Hälfte Nein. Ganz offensichtlich gab es Bedenken gegen das neue Gesetz, die weit über den Kreis von Holocaust-Lügnern hinausreichten: Was wären die Konsequenzen der neuen Strafnorm? Würde man in der Beiz noch wüst reden dürfen? Blöde Witze machen?

Die Antwort: zweimal Ja. Nach der Annahme des Gesetzes schuf der Bund die Eidgenössische Kommission gegen Rassismus (EKR). Ihr Auftrag: Die EKR «bekämpft jegliche Form von direkter und indirekter Rassendiskriminierung und schenkt einer wirksamen Prävention besondere Beachtung».

Erster Präsident wurde der Basler Historiker Georg Kreis, ein Mitglied der Bergier-Kommission. Kreis kündigte an, nur ganz eindeutige Verstösse gegen das neue Gesetz aufzugreifen, «um die Norm nicht zu schwächen» – und auch um die Bedenken jener zu zerstreuen, die sich fürchteten, nun «nichts mehr sagen» zu dürfen.

Im ersten Jahr brachte die EKR tatsächlich nur fünf Vorfälle vor Gericht, davon endeten drei mit einem Freispruch. Die Zahl der Verfahren stieg danach an, aber blieb überschaubar. Im Zeitraum zwischen 1995 und 2021 behandelte die EKR insgesamt 1219 Fälle. Davon kam es in 68 Prozent zu einer Verurteilung durch ein Gericht, in 32 Prozent zu einem Freispruch oder einer Einstellung des Verfahrens. Am häufigsten Opfer von Diskriminierung wurden und werden Jüdinnen und Juden, gefolgt von dunkelhäutigen Menschen.

Im Verlauf der Jahre wurden verschiedene Fälle auch bis vor das Bundesgericht gezogen. Dieses hielt mehrfach fest, dass im Rahmen der Anti-Rassismus-Strafnorm nur «krass menschenverachtende, niederträchtige und verabscheuenswürdige Äusserungen» bestraft werden sollten. Freiheitliche Gesellschaften schränken die Rede- und Meinungsfreiheit nur sehr zurückhaltend ein. In einer Demokratie sei es entscheidend, so das Bundesgericht, dass man auch Standpunkte vertreten könne, die einer Mehrheit missfielen und die für viele schockierend wirkten.

Trotz dieser in Statistik und Bundesgerichtsurteilen bestätigten Zurückhaltung entwickelte sich erst nach der Abstimmung die eigentliche Kontroverse um die Anti-Rassismus-Strafnorm und die EKR. Vor allem die SVP begann, gegen den «Maulkorb-Artikel» zu kämpfen, nachdem sie ihn bei der Abstimmung noch unterstützt hatte. Es gab mehrere (erfolglose) Vorstösse, das Gesetz wieder abzuschaffen oder abzuschwächen.

Tatsächlich geriet gerade die SVP immer wieder selber in Konflikt mit der Anti-Rassismus-Strafnorm. Das berühmteste Beispiel war das Plakat mit dem Slogan «Kosovaren schlitzen Schweizer auf», mit dem die SVP 2011 für ihre Initiative gegen Masseneinwanderung warb. Nachdem die EKR das Plakat als rassistisch taxiert hatte, weil es eine ganze Ethnie als Messerstecher darstellte und damit herabsetzte, zog die Partei das Urteil bis nach Lausanne ans Bundesgericht – und verlor. Der damalige Parteichef und spätere Bundesrat Albert Rösti war enttäuscht vom Urteil: «Es zeigt sich jetzt, dass die Rassismus-Strafnorm so ausgelegt wird, wie wir es immer befürchtet haben.» Statt ausschliesslich gegen Holocaust- und Genozid-Leugner gerichtet zu sein, schränke die Strafnorm die Meinungsäusserungsfreiheit bei politisch missliebigen Meinungen ein.

Das war der Grundkonflikt, der nach dem Volksentscheid für Jahre schwelte. Beschneidet die Strafnorm die Meinungsfreiheit? Soll man in einer Demokratie alles sagen dürfen? Immer und überall?

Die «Aktion für freie Meinungsäusserung» empfindet die Anti-Rassismus-Strafnorm 1994 als Maulkorb und Bevormundung.

Im Verlauf der Jahre hat sich dieser Konflikt etwas abgeschwächt – auch weil sich in der breiten Bevölkerung der Konsens durchsetzt, dass pauschale Diskriminierungen von ganzen Nationen, Hautfarben oder Glaubensgemeinschaften beleidigend und deshalb nicht Teil der Meinungsfreiheit sind, sondern bestraft gehören (jedenfalls wenn sie öffentlich geäussert werden – privat bleibt ja alles erlaubt). Dieser Wertewandel ist mit ein Verdienst der Anti-Rassismus-Straform: «Die Strafnorm kann Rassismus nicht besiegen», sagte Alma Wiecken, die Geschäftsführerin der EKR, zum 25-Jahr-Jubiläum des Gesetzes, «aber sie hat eine wichtige Signalfunktion. Sie zeigt, dass nicht alles erlaubt ist. Und sie stärkt von Rassismus betroffenen Menschen den Rücken, um sich zu wehren.»

Wie gross der Rückhalt in der Bevölkerung ist, sah man im Jahr 2020, als die Strafnorm um die Dimension der sexuellen Orientierung erweitert wurde. Seit Sommer 2020 kann auch bestraft werden, wer Menschen wegen ihrer sexuellen Orientierung herabsetzt. Trotz der aufgeladenen Stimmungsmache gegen alles «Woke» wurde die Abstimmung komfortabel mit 63,1-Prozent-Ja-Stimmen gewonnen. Hass gegen schwule, lesbische oder irgendwie andere Menschen? Akzeptiert die Schweiz nicht mehr.

Den veränderten gesellschaftlichen Konsens, die grössere Akzeptanz der Strafnorm, nimmt im Rückblick auch Georg Kreis wahr – er präsidierte die Eidgenössische Kommission gegen Rassismus bis 2011. «Während anfänglich gegen die Präventionsarbeit der EKR polemisiert wurde, gibt es inzwischen kaum noch grundsätzliche Ablehnung des staatlichen Anti-Rassismus-Engagements», sagt Kreis heute.

Er glaubt, dass eine «kollektive Internalisierung» des Gesetzes stattgefunden habe. Ähnlich wie Geschwindigkeitsbegrenzungen im Strassenverkehr mehrheitlich eingehalten würden.

Bereits zeichnet sich eine weitere Erweiterung der Strafnorm ab – im Parlament gibt es Mehrheiten für das Verbot von Nazisymbolen. Es sei absurd, dass man in der Schweiz wegen dem Tabakwerbeverbot keinen Sonnenschirm mit Marlboro-Logo aufstellen könne, sagte die Aargauer Ständerätin Marianne Binder (Mitte) einmal. «Aber an einer Demo mit einer Hakenkreuzfahne aufzutauchen, gehört dagegen zur Meinungsfreiheit und ist erlaubt.»

Lange hatte sich der Bundesrat gegen ein Verbot von Nazisymbolen gewehrt – weil es schwierig sei, eine abschliessende Liste dieser Symbole zu erstellen. Im Frühling 2024 änderte die Regierung ihre Meinung. Ein «überfälliger Schritt», kommentierte die NZZ: «Gesetze wirken immer auch normativ und schärfen das Bewusstsein für Missstände.» Zudem entspreche ein Verbot von Nazisymbolen auch dem gesellschaftlichen Konsens.

Dass der Bund allerdings nicht nur Nazisymbole verbieten will, sondern generell «extremistische Zeichen» wie vielleicht die Flagge des Islamischen Staates, dürfte noch zu Kontroversen führen. Wer will künftig entscheiden, was noch erlaubt sein soll und was schon diskriminierend ist? «Wenn wir das Hakenkreuz verbieten, öffnen wir eine Tür, um auch künftig weitere unliebsame Meinungen zu verbieten», sagte der Rechtsprofessor Markus Schefer 2024 im Schweizer Fernsehen.

Die Diskussion darüber, «was man noch sagen darf», ist also noch nicht verstummt. Im Gegenteil. Rechtskonservative Kreise wehren sich heute laut gegen «Sprechverbote» und die «woke Cancel-Culture». In der Debattenkultur auf den Sozialen Medien ist es eine Schlüsselfrage: Wo endet die Redefreiheit, wo beginnt die Beleidigung? Geklärt hat der Bund, dass Hass unter Strafe gestellt werden soll – aber nicht, was Hass ist.

Was in der gesellschaftlichen Debatte frei sein soll und was geschützt: das wird immer wieder neu verhandelt.

EIN FREISINNIGER EXPORTSCHLAGER

ABSTIMMUNG VOM 02.12.2001
BUNDESBESCHLUSS ÜBER EINE SCHULDENBREMSE

NON
29 NOVEMBRE 1998
AU MÉCANISME DE FREIN À L'ENDETTEMENT
DERRIÈRE LES SACRIFICES, LES SACRIFIÉ(E)S

NOUS DÉCIDONS L'AVENIR DE L'ÉTAT SOCIAL

«Nein zum Mechanismus der Schuldenbremse – Hinter den Opfern die Geopferten. Wir entscheiden über die Zukunft des Sozialstaats.» Plakat gegen die Einführung einer Schuldenbremse im Kanton Waadt 1998, gestaltet von David Rust.

Vorgeschichte

Er fand einfach keinen Schlaf. Bundesrat Kaspar Villiger (FDP), eben erst vom Militärdepartement zu den Finanzen gewechselt, wälzte ein Problem: Warum bekommt ein reiches Land wie die Schweiz seinen Staatshaushalt nicht in den Griff? Warum macht ein reiches Land wie die Schweiz immer mehr Schulden?

Villiger hatte das Finanzdepartement in einer schwierigen Situation übernommen. Ende der 1990er-Jahre war die finanzielle Lage des Bundes ungemütlich. Von 1990 bis 1996 hatten sich die Schulden verdoppelt, bis 2003 würden sie auf das Dreifache anwachsen – von 39 auf 108 Milliarden Franken. Die Entwicklung war eine Folge der Rezession der 1990er-Jahre – aber auch der mangelhaften Ausgabendisziplin beim Bund. Zwar stand in der Verfassung eigentlich seit 1959 ein Artikel, der vorschrieb, aufgelaufene Rechnungsdefizite wieder auszugleichen – Schulden also gar nicht erst aufzuhäufen. Doch der Verfassungsartikel wurde von der Politik ignoriert.

Um das verbliebene Geld entspannten sich erbitterte Kämpfe. Er könne sich an manche heftige Budget-Sitzung erinnern, an denen man um jeden Posten gerungen habe, sagte Villiger 20 Jahre später an einer Jubiläumsfeier zu Ehren der Schuldenbremse, als deren politischer Vater er gilt. «Das zermürbende Feilschen in Bundesrat und Parlament um zahllose grössere und kleinere Budgetpositionen erwies sich als völlig ungenügend.»

Villiger kannte natürlich den bestehenden Verfassungsartikel, und er kannte auch dessen Problem: totale Bedeutungslosigkeit. Ein neues Instrument musste her, klarer und strenger: «Es brauchte nicht nur eine Verfassungsnorm, die eine angemessene Begrenzung der Verschuldung verlangt, sondern eine, die auch sagt, was konkret zu geschehen hat oder automatisch geschieht, wenn die Politik die Vorschrift nicht einhält.»

Und so lancierte der Finanzminister die Schuldenbremse auf eidgenössischer Ebene. Er orientierte sich dabei an verschiedenen Kantonen, die bereits vergleichbare Mechanismen eingeführt hatten.

Das Prinzip des neuen Instruments war ziemlich einfach: Über einen gesamten Konjunkturzyklus dürfen die Ausgaben beim Bund nicht höher sein als die Einnahmen. Läuft die Wirtschaft schlecht, sind konjunkturelle Defizite zulässig, dafür müssen die entstandenen Defizite in guten Jahren ausgeglichen werden.

Mathematisch gesprochen ergibt das folgende Formel: $E \times k = A$.

E sind die geschätzten Einnahmen, k ist der Konjunkturfaktor (sind die Wirtschaftsprognosen gut oder schlecht), und beides zusammen ergibt A: die wichtigste Zahl in der Schweizer Politik überhaupt. «A» steht für die maximalen Ausgaben des Bundes in einem Budgetjahr. Die magische Zahl.

Abstimmungsdebatte

Im Parlament war der Widerstand gegen die Schuldenbremse gross, vor allem von linker Seite. Das von Villiger und seinen Leuten im Finanzdepartement konzipierte Instrument sollte ja das Parlament zum Masshalten

SCHULDENBREMSE

DATUM
02.12.2001

TYP
OBLIGATORISCHES REFERENDUM

ERGEBNIS
ANGENOMMEN

STIMMBETEILIGUNG
37,82%

VOLK
JA-Stimmen: 1'472'259 — 84,7%
NEIN-Stimmen: 265'090 — 15,3%

STÄNDE
JA 20 6/2   NEIN 0

zwingen und seinen Handlungsspielraum (sprich: die möglichen Ausgaben) beschränken. Hinzu kamen grundsätzliche Befürchtungen: Würde der Staat trotz Schuldenbremse weiterhin genügend investieren? Würde beim Sozialstaat gespart werden? Bei der Bildung?

In der Öffentlichkeit fanden diese Bedenken kaum Resonanz. Im Gegenteil: Dem Volk der Sparerinnen und Sparer gefiel die Idee eines haushälterischen Staates ausgesprochen gut. Am 2. Dezember 2001 stimmte die Bevölkerung mit 84,7 Prozent Ja für die Einführung der Schuldenbremse – ein glorioses Resultat für Kaspar Villiger. Nicht mehr ausgeben als man einnimmt – das hatte das Stimmvolk überzeugt.

Wirkung

Wirksam wurde die Schuldenbremse erstmals zwei Jahre nach der Abstimmung – und sie funktionierte im Sinn ihrer Erfinder. Sie war ein «Wendepunkt der Schweizer Finanzpolitik», wie die NZZ Jahre später kommentierte. Von 2003 bis 2020 reduzierten sich die nominellen Bruttoschulden des Bundes von 130 auf 97 Milliarden Franken, die Schuldenquote sank im gleichen Zeitraum von 26 auf 17 Prozent des Bruttoinlandprodukts.

Die erfolgreiche Reduktion der Quote und der nominellen Schulden zeigt auf, weshalb der Name «Schuldenbremse» nicht völlig treffend ist. So wie das Instrument konstruiert ist, werden die Schulden nämlich nicht einfach nur gebremst – sie werden kontinuierlich abgebaut. Das hat unter anderem mit der eher vorsichtig budgetierenden Verwaltung zu tun. Sie rechnet lieber mit geringen Einnahmen und hohen Ausgaben. Nimmt der Bund dann mehr ein als erwartet, so fliessen die Überschüsse auf ein Ausgleichskonto – und werden automatisch zum Schuldenabbau verwendet.

Dass die Schweiz sogar während konjunkturell schwierigen Zeiten Schulden abbauen konnte, wurde auch im Ausland bemerkt. Die Schuldenbremse entwickelte sich zu einem Exporthit. In Deutschland wurde sie 2009 in einer abgeänderten Form im Grundgesetz verankert, auch Polen, Spanien, Ungarn oder Bulgarien führten nationale Schuldenbremsen ein.

Dabei gab es ganz unterschiedliche Varianten. Ein Merkmal der Schweizer Version: die Ausnahme-Regel. In Krisenzeiten, denen «aussergewöhnliche und vom Bund nicht steuerbare Entwicklungen» zu Grunde liegen, darf trotz Schuldenbremse mehr Geld ausgegeben werden. Bestes Beispiel ist die Corona-Pandemie von 2020 bis 2022. Dort hat die Schweiz innerhalb kurzer Zeit über 23 Milliarden Franken zusätzliche Schulden gemacht. Diese Schulden müssen ebenfalls kompensiert werden – aber erst später. «Am Anfang jeder Krisenbewältigung steht eine Chaosphase. Aus dieser Phase sind wir nie ganz herausgekommen», sagte der damalige Finanzminister Ueli Maurer (SVP) zur Finanzpolitik während Corona. Er sah das Verhalten des Staates später sehr kritisch und hielt die meisten Massnahmen für übertrieben (nach seiner Zeit in der Regierung war er in Kreisen von Impfgegnern und Massnahmen-Skeptikern anzutreffen). Maurer wird nun als jener Bundesrat in die Geschichte eingehen, der – wider Willen – innert kürzester Zeit mit grossem Abstand die meisten Schulden angehäuft hat.

Von Fans der Schuldenbremse wird die Corona-Pandemie oft angeführt, um deren Vorzüge hervorzuheben. «Die Schuldenbremse hat unsere Handlungsfähigkeit erhalten und verbessert», sagte Finanzministerin Karin Keller-Sutter (FDP) anlässlich der Feierlichkeiten zum 20-Jahr-Jubiläum des Instruments. Keller-Sutter hat die Schuldenbremse schon als «gute Freundin» bezeichnet, einmal als «beste Freundin».

Dass die Schuldenbremse gerade in freisinnigen Kreisen so gut ankommt, ist nicht erstaunlich. Sie verpflichtet das Land auf die freisinnig-protestantischen Ideale: fleissig sein, sparsam leben, vernünftig budgetieren. Keller-Sutter geht noch weiter: Die Schuldenbremse sei stark in der gesamten Schweizer Mentalität verankert und habe mit der Zustimmung von fast 85 Prozent auch eine hohe demokratische Legitimation: «Jeder und jede weiss, dass man auf Dauer nicht mehr ausgeben kann, als man verdient.»

Sparsamkeit und «Masshalten» ist tief eingegraben ins Denken vieler Schweizerinnen und Schweizer. Es ist auch ein integraler Bestandteil der freisinnigen Staatsideologie – auf jeden Fall jener FDP, die in den 1980er-Jahren «Mehr Freiheit, weniger Staat» forderte. Voraussetzung des schlanken Staates ist ein sparsamer Staat. Je weniger er ausgibt, desto weniger kann er sich einmischen. Die «Austerität», das Konzept eines möglichst klammen Staatsbudgets, ist eine Idee, die vielen bürgerlichen Politikerinnen und Politiker in der Schweiz im Grundsatz gefällt.

Die politische gegenläufige Position ist im linken Spektrum zu finden. Hier sorgt der Staat im Idealfall mit klugen Interventionen (finanziellen und anderen) dafür, dass das Wohlergehen aller grösser wird. Er soll Geld ausgeben, damit es weniger Armut gibt, weniger Krankheiten, weniger Umweltkatastrophen. In dieser politischen Philosophie behindert die Schuldenbremse das Wirken des Staates und damit die Wohlfahrt. Darum gibt es von links seit der Einführung immer wieder scharfe Kritik an der Schuldenbremse – und immer wieder Vorschläge, den Ausgabenhemmer zu lockern. Die Schuldenbremse verhindere Investitionen und richte Schaden an, sagte SP-Co-Chef Cédric Wermuth im Frühling 2024. Die «ideologische Schönwetterlösung» müsse dringend überdacht werden.

Dass die Schuldenbremse eine tatsächliche Wirkung auf die Schweizer Politik hat, sieht man in konjunkturell härteren Zeiten. Wenn im Budget strukturelle Defizite auftauchen (wie damals, in Villigers schlaflosen Nächten), zwingt die Schuldenbremse den Bund dazu, Ausgaben zu kürzen – oder die Einnahmen zu erhöhen. Auch darum ist der Umgang mit der Schuldenbremse in den frühen 2020er-Jahren zu einem bestimmenden Moment der Innenpolitik geworden. Ein Teil der Politikerinnen und Politiker sahen in der Schuldenbremse ein Mittel, um endlich die Staatsausgaben zu reduzieren (aber natürlich nicht bei ihrer eigenen Klientel). Andere überlegten fieberhaft, wie sie trotz Schuldenbremse Mittel für ihre Vorhaben erhalten könnten. Sie nannten die «Fixierung» des Bundes auf die Schuldenbremse «seltsam» (Mitte-Präsident Gerhard Pfister), forderten neue Steuern oder schlugen vor, ganze Ausgabenbereiche als «ausserordentlich» zu deklarieren – und sie so (analog der Corona-Ausgaben) an der Schuldenbremse vorbeizuschleusen.

Das alles verheisst nichts Gutes für die Schuldenbremse, diese freisinnige Erfolgsidee.

Wer weiss: Vielleicht wird sie dereinst Opfer des eigenen Erfolgs. Und weggespart.

DER BEITRITT ZUR WELT

ABSTIMMUNG VOM 03.03.2002
VOLKSINITIATIVE «FÜR DEN BEITRITT DER
SCHWEIZ ZUR ORGANISATION DER VEREINTEN
NATIONEN (UNO)»

Gibt die Schweiz ihre Neutralität auf, wenn sie der UNO beitritt? Plakat der Beitrittsgegner vor der Abstimmung 2002.

Vorgeschichte

Im März 1986 hatte die Schweiz den UNO-Beitritt krachend verworfen. Mehr als 75 Prozent der Stimmenden und sämtliche Kantone stimmten Nein. Im Kalten Krieg war der Schweiz ihre Position so klar wie recht: neutral und ausserhalb von allem.

Das Abseitsstehen war nicht nur selbstgewählt. Als die Vereinten Nationen im Oktober 1945 in den USA gegründet wurden, um künftige Kriege zu verhindern, lud niemand die Schweiz zum Mitmachen ein. Der Kleinstaat hatte sich am Kampf gegen die Nazi-Herrschaft nicht beteiligt und war nun wenig beliebt in der Welt. «Die Neutralität war 1945 diskreditiert», schreibt der Historiker Marco Jorio, die Schweiz «aussenpolitisch beschädigt», formuliert der Staatsrechtler Andreas Kley. Es brauchte nach 1945 eine serviceorientierte Aussenpolitik, um den Ruf des Landes und der Neutralität wiederherzustellen. Im Kalten Krieg war eine Zwischengängerin dann gefragt, Genf wurde 1966 europäischer Sitz der UNO. Die Schweiz aber trat nicht bei.

Als 1989 die Berliner Mauer fiel und manche Denker schon den ewigen Sieg von Kapitalismus und Demokratie gekommen sahen, stürzte dies die Schweiz in eine Identitätskrise. Neutralität und Isolation waren für Jahrzehnte prägend für das Selbstverständnis der Nation gewesen. → Schweiz ohne Armee, 124 Nun war der gewohnte Platz zwischen den Blöcken weg, die eine Seite weggebrochen.

Für einen Moment schien die Zukunft der Schweiz offen. Isolationistische Kräfte forderten den Rückzug auf sich selbst; das Stimmvolk lehnte den Beitritt zum Europäischen Wirtschaftsraum ab → EWR-Beitritt, 136 und verwarf 1994 die Beteiligung an friedenserhaltenden Operationen, die UNO-Blauhelm-Vorlage. Für die Abschotter war die Neutralität ein Heiligtum; sie würde auch ohne Kalten Krieg funktionieren, neutral gegen alle. Dass die Nazigold-Debatte und der Bergier-Bericht in den 1990er-Jahren die dunkle Seite der Neutralität zutage brachten, sie als «‹neutrale› Ausnutzung aller Geschäftsmöglichkeiten» erkennbar machten, wie der Historiker Jakob Tanner schreibt, beeindruckte sie nicht.

Grosse Teile der politischen Führung suchten derweil die Öffnung zur Welt. Der Bundesrat beantragte 1992 EU-Beitrittsverhandlungen in Brüssel (was ihn wohl die EWR-Abstimmung kostete). Die Totalrevision der Bundesverfassung, die 1999 vom Volk bestätigt wurde, betonte schon in der Präambel «Solidarität und Offenheit gegenüber der Welt» und nannte als Zweck der Eidgenossenschaft auch ihr Eintreten «für eine friedliche und gerechte internationale Ordnung». Das Mittun in der Welt war vorgespurt.

Ein Jahrzehnt nach dem Volks-Nein zur UNO 1986 folgte der zweite Anlauf. Ein überparteiliches Komitee lancierte 1998 eine Volksinitiative für den UNO-Beitritt. Bundesrat und alle Parteien bis auf Teile der SVP begrüssten das Begehren.

Abstimmungsdebatte

Anders als 1986 engagierte sich der Bundesrat aktiv für die UNO-Vorlage. Aussenmi-

UNO-BEITRITT

DATUM
03.03.2002

TYP
VOLKSINITIATIVE

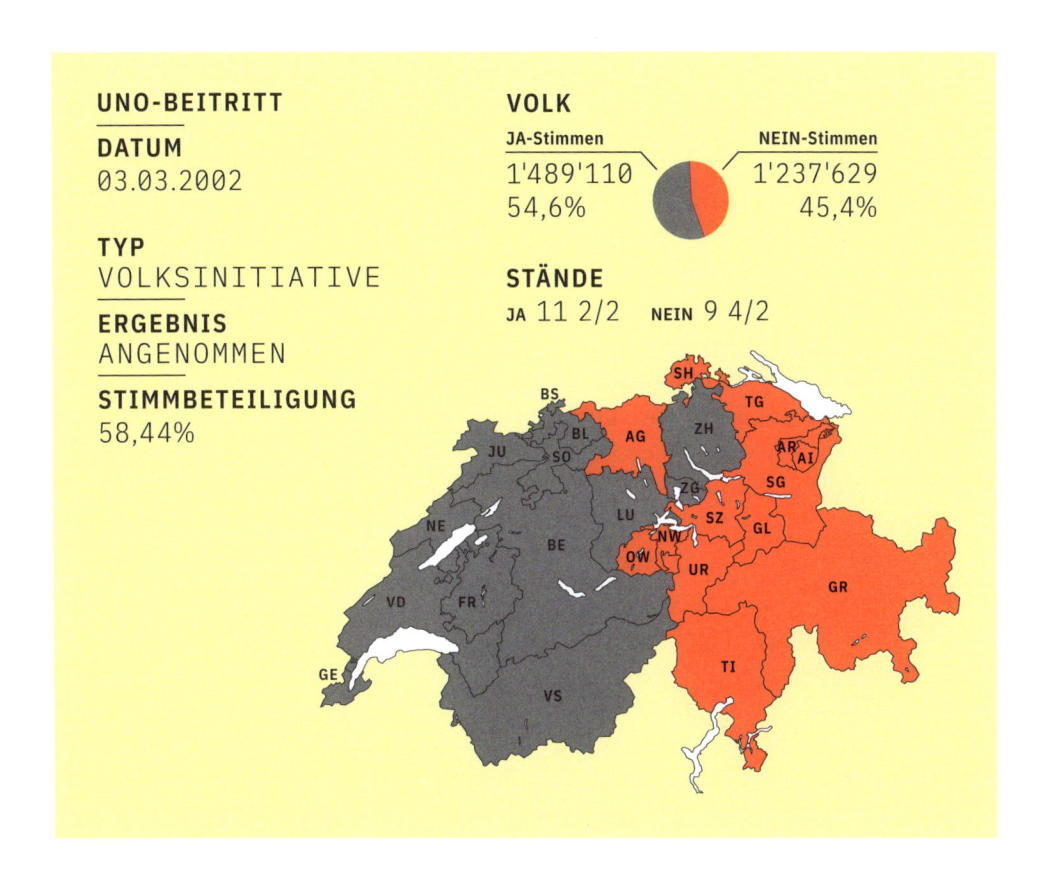

ERGEBNIS
ANGENOMMEN

STIMMBETEILIGUNG
58,44%

VOLK
JA-Stimmen   NEIN-Stimmen
1'489'110   1'237'629
54,6%   45,4%

STÄNDE
JA 11 2/2   NEIN 9 4/2

nister Joseph Deiss (CVP) und VBS-Chef Samuel Schmid (SVP) waren unterwegs von Biberist bis Lützelflüh und machten sich für den Beitritt stark. Sie wussten: Wenn das Volk noch einmal Nein stimmt, manövriert sich die Schweiz ins Abseits. Im Jahr 2000 war die Eidgenossenschaft neben dem Vatikanstaat das einzige Land der Welt, das ausserhalb der UNO stand. Die UNO zählte 189 Mitglieder.

Unterstützung erhielt die Regierung von den Wirtschafts- wie von den Umweltverbänden («Ja zur Umwelt, Ja zur UNO»). Letztere wiesen schon damals darauf hin, dass die Klimaerwärmung ein vereintes Handeln erfordere. Auch Kirchenleute und Kulturschaffende engagierten sich für den Beitritt. Im März 2001 besuchte der beliebte damalige UNO-Generalsekretär Kofi Annan die Schweiz, stand in Biel mit Popstar Stephan Eicher auf der Bühne. Im selben Jahr sollte Annan mit der UNO den Friedensnobelpreis erhalten.

Die UNO-Gegner wurden von der rechtsnationalen SVP angeführt. Die Schweiz drohe zur «Befehlsempfängerin der Grossmächte degradiert» zu werden, sagte Nationalrat Christoph Blocher. Neutralität und Eigenständigkeit seien in Gefahr. Zudem sei die UNO zu teuer, schädige den Steuerzahler. Für die Skeptiker schien der Beitritt auch eine Weichenstellung in Richtung EU und NATO. 2001 hatten die Stimmenden die Volksinitiative «Ja zu Europa!» mit 76 Prozent verworfen. Diese hatte Beitrittsverhandlungen verlangt.

Die Befürworter konterten, dass die Schweiz schon jetzt Mitglied von UNO-Institutionen wie der Weltgesundheitsorganisation WHO und der Welternährungsorganisation FAO sei – und zudem als Beitragszahlerin und Beobachterin auch bei der politischen UNO präsent. Da sei es klüger, auch wirklich mitzuentscheiden. «Drinnen sind wir stärker», sagte Alt-Bundesrat Adolf Ogi, selber SVP. Der Bundesrat machte den Entwurf seines Beitrittsschreibens öffentlich, zum Beweis, dass darin das Bekenntnis zur Neutralität klar formuliert war. Die NZZ kommentierte: «Als Aussenstehende sind wir nicht neutral. Wir sind einfach draussen.»

Bis zuletzt blieb der Ausgang der Abstimmung offen; die Vorlage drohte am Ständemehr zu scheitern. Aussenminister Joseph Deiss verriet dem «Blick», er habe am Abstimmungssonntag den Redetext für den Fall der Niederlage zu studieren begonnen, als die Nachricht vom Nein des Kantons Aargau gekommen sei. Mit Luzern aber sprach sich dann ein wichtiger Wackelkanton für den Beitritt aus. Das Ja gelang, mit 54,6 Prozent der Stimmen und knappen 12 zu 11 Ständen.

Wirkung

Die Schweiz wurde das 190. Mitglied der Vereinten Nationen – und das einzige, in dem das Volk über den Beitritt abgestimmt hatte. Bundesrat Joseph Deiss öffnete eine gute Flasche, nachdem er die Gegner des Beitritts zu beruhigen versucht hatte: Auch als UNO-Mitglied bleibe die Schweiz «eine starke Demokratie, ein souveräner Staat, ein neutrales Land», versicherte er. Der Chefredaktor der Freiburger «Liberté» kommentierte, nun eine Luzernerin oder einen Zuger küssen zu wollen, so sehr freue er sich. Und «Le Temps» wusste, hier geschehe «ein ganz kleiner Schritt für die UNO, ein grosser für die Schweiz».

Aus dem Ausland trafen Gratulationen ein. Der britische Aussenminister Jack Straw fand, der Volksentscheid stelle «eine der ältesten Demokratien Europas dorthin, wo sie hingehört: Ins Herz der globalen Entscheidungsfindung». Kofi Annan charmierte, die Schweiz sei «in vielerlei Hinsicht ein Beispiel für die Ziele der UNO», multikulturell, tolerant, friedlich. Die FAZ meldete: «Der Kalte Krieg ist endgültig vorbei: Auch die Schweiz tritt der Uno bei.» Die «Presse» in Wien bedauerte fast, nun sei das Nachbarland «um eine Skurrilität ärmer».

Die Abstimmung beendete wie so oft überraschend schnell einen zuvor lang und bitter geführten Streit. Die Knappheit des Ergebnisses wirkte nicht eigentlich nach. Zwar konnte die SVP ihr Allein-gegen-alle-Narrativ weiter ausbauen und bei den Wahlen im Herbst 2003 noch deutlicher stärkste Partei des Landes werden als vier Jahre zuvor. Der Verbleib der Schweiz in der UNO aber und die Sinnhaftigkeit des Mitmachens standen nie wieder zur Debatte.

Der Bund baute eine UNO-Vertretung in New York auf, der Basler Jenö Stähelin wurde erster Botschafter. Rasch fand die Schweiz ihre vertraute Rolle als Brückenbauerin und verfolgte eine humanitäre Linie, engagierte sich etwa für die Schaffung des UNO-Menschenrechtsrats. Das kam gut an. 2010 wählte die UNO-Generalversammlung den Schweizer Bundesrat Joseph Deiss zu ihrem Präsidenten für ein Jahr.

Zehn Jahre nach dem Ja des Volkes zog die NZZ eine positive Bilanz. Es sei nicht bekannt, dass die Schweiz wegen ihrer UNO-Mitgliedschaft je «zu etwas gezwungen worden wäre». Im Rückblick sei es unverständlich, dass «ausgerechnet die bündnisfreie Schweiz» der universell ausgerichteten UNO so lange ferngeblieben sei. Als die Schweiz weitere zehn Jahre später für einen zweijährigen Einsitz im UNO-Sicherheitsrat kandidierte, regte sich kaum Widerstand, weder daheim noch anderswo. Im Juni 2022 wurde die Schweiz mit 187 von 190 Stimmen gewählt, ein sehr gutes Resultat.

Nach dem Ja zur UNO von 2002 hatten einige Stimmen mit einer Öffnung der Schweiz gerechnet. Der «Mythos der Neutralität» habe am Abstimmungstag an Einfluss verloren, sagte damals etwa der Politologe Hanspeter Kriesi. Andere sagten einen baldigen Beitritt zur Europäischen Union voraus.

Beides ist nicht geschehen. Die Mehrheit der Schweizerinnen und Schweizer blieb EU-skeptisch, ja rückte noch weiter ab von Brüssel. →Masseneinwanderung, 204 Und auch an der Neutralität versucht die Politik festzuhalten. Nach dem Einmarsch Russlands in die Ukraine im Frühjahr 2022 wollte der Bundesrat erst beide Kriegsparteien gleichbehandeln und sich nicht an westlichen Sanktionen gegen den Aggressor Russland beteiligen. Erst nach Druck aus dem In- und Ausland übernahm der Bund die EU-Sanktionen dann doch. Die UNO-Charta verbietet Angriffskriege.

Ob die Schweiz weiter freundlich vermitteln wird oder eher mithelfen muss, Europa zu verteidigen, mag die nicht so ferne Zukunft weisen. In der UNO jedenfalls könne die Schweiz «noch ein wenig mehr tun», findet der langjährige Schweizer Top-Diplomat Michael Ambühl. Als unabhängiger Kleinstaat ohne eigene Machtansprüche sei die Schweiz in einer idealen Position, um eine Reform des zu oft handlungsunfähigen Sicherheitsrates anzuregen, etwa über die Erhöhung der Zahl der ständigen Mitglieder und die Abschwächung der bestehenden Veto-Privilegien. Die Schweiz – ungebunden durch NATO oder EU – könne hier «den Finger draufhalten», sagt Ambühl. Das wäre ganz im Sinn der Bundesverfassung von 1999. Ausserhalb von allem, doch für das Wohle aller.

WER BESTIMMT ÜBER DEN KÖRPER DER FRAU?

ABSTIMMUNG VOM 02.06.2002
ÄNDERUNG DES SCHWEIZERISCHEN
STRAFGESETZBUCHES
(SCHWANGERSCHAFTSABBRUCH)

Vor dem Ja von 2002 hatten Parlament und Stimmvolk die Entkriminalisierung des Schwangerschaftsabbruchs mehrfach abgelehnt. So auch 1977. Das damalige Nein-Plakat stammt vom Luzerner Grafiker Mark Zeugin.

Vorgeschichte

Sie tranken Giftmixturen aus Fingerhut, Absinth und Safran. Sie spritzten sich Seifenwasser, Jod oder Lysol. Sie bekamen von Engelmacherinnen auf dem Land Stricknadeln in ihren Körper eingeführt. Liessen sich von irgendwelchen Ärzten (oder halben Ärzten) in Hinterzimmern die Gebärmutter ausschaben. Für die betroffenen Frauen war die Prozedur ein Albtraum und lebensgefährlich.

Zwischen 60 000 und 80 000 Schwangerschaften wurden laut Schätzungen 1930 in der Schweiz willentlich beendet. Diese Abtreibungen waren für die Frauen nicht nur schmerzhaft und gefährlich, sie waren meist auch illegal. Die Frauen machten sich strafbar, die Helferinnen machten sich strafbar, die Ärztinnen und Ärzte ebenso.

Der Abbruch einer Schwangerschaft galt über viele Jahrhunderte als Mord. Kirche, Gesetz und Gesellschaft reglementierten, was Frauen mit ihren Körpern tun durften und was nicht. Schon im Mittelalter stand die Abtreibung eines lebenden Fötus unter Todesstrafe (auch wenn diese dann nicht immer verhängt wurde). Für die Päpste war die Würde des ungeborenen Lebens «unantastbar» und eine Abtreibung darum Mord.

Diese Haltung prägte während vieler Jahre auch die Schweizer Gesetzgebung. Bis zum Beginn des 21. Jahrhunderts hatte die Schweiz von allen OECD-Staaten das restriktivste Gesetz über den Schwangerschaftsabbruch. Der Abbruch einer Schwangerschaft war grundsätzlich verboten und kriminell.

Festgehalten war diese Regelung im ersten bundesweiten Strafgesetzbuch der Schweiz, das ab 1942 gültig war. →Strafgesetzbuch, 60 Zuvor hatten die Kantone ihre Regelungen zum Schwangerschaftsabbruch autonom und sehr unterschiedlich ausgestaltet. Es gab einen Konfessionsgraben, der im Umgang mit Schwangerschaftsabbruch teilweise bis heute bedeutend ist. Katholisch geprägte Kantone waren oft viel strenger in der Verfolgung von Schwangerschaftsabbrüchen als protestantisch geprägte Kantone.

Dieser Unterschied zeigte sich während der langwierigen Parlamentsberatung des allgemeinen Strafgesetzbuches in den Jahrzehnten vor 1938. Die mögliche Legalisierung des Schwangerschaftsabbruchs war neben der Abschaffung der Todesstrafe «das am meisten umstrittene Problem», wie der Bundesrat später selber feststellte. In der Debatte prallten die Katholisch-Konservativen mit allen anderen heftig zusammen. Sie setzen sich am Schluss nur teilweise durch. Ein Schwangerschaftsabbruch blieb grundsätzlich verboten. Nur im Falle einer «nicht abwendbaren Lebensgefahr» oder einer «grossen gesundheitlichen Gefährdung» wurde er straflos.

Faktisch änderte das neue Strafgesetzbuch von 1942 kaum etwas an der Praxis in den Kantonen. Das führte dazu, dass Frauen in liberalere Kantone oder ins Ausland ausweichen mussten, um abtreiben zu können.

Mit der sexuellen Revolution der 1960er-Jahre begannen in der Schweiz erneut Diskussionen über das strenge Gesetz zum Schwangerschaftsabbruch. Federführend

FRISTENLÖSUNG

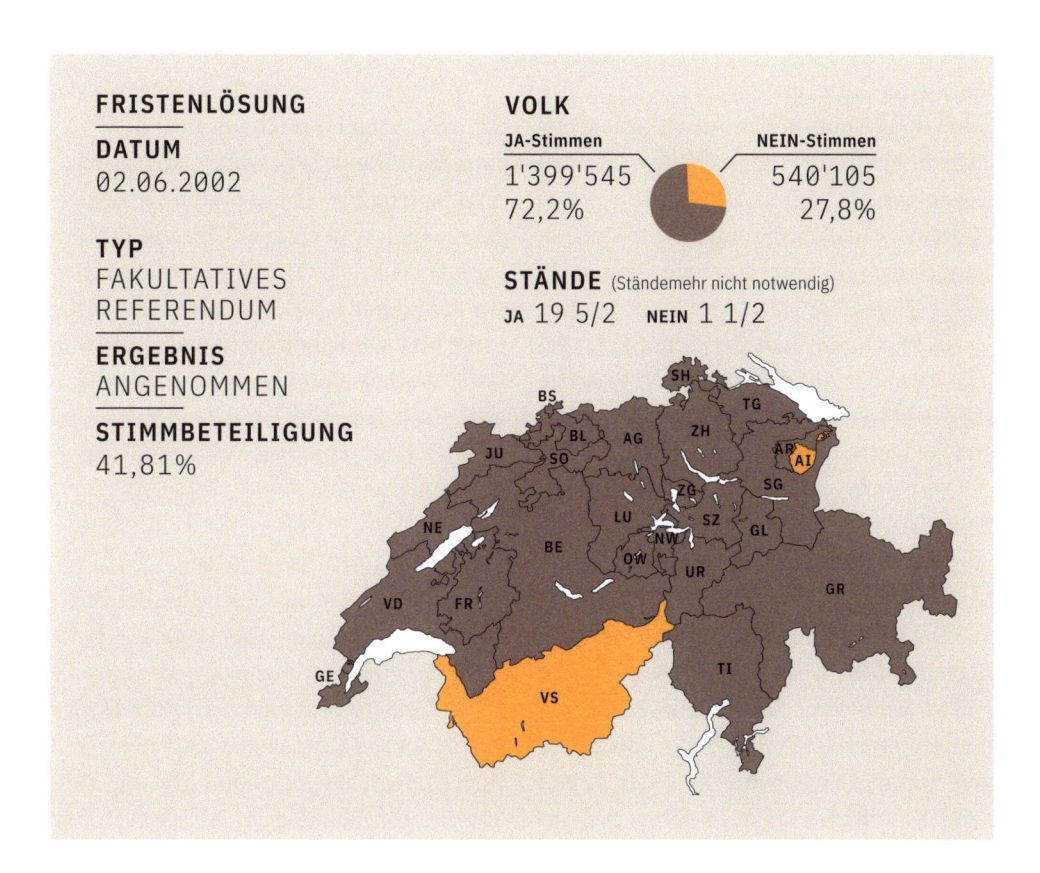

DATUM
02.06.2002

TYP
FAKULTATIVES
REFERENDUM

ERGEBNIS
ANGENOMMEN

STIMMBETEILIGUNG
41,81%

VOLK
JA-Stimmen   NEIN-Stimmen
1'399'545   540'105
72,2%   27,8%

STÄNDE (Ständemehr nicht notwendig)
JA 19 5/2   NEIN 1 1/2

war dabei die Frauenbefreiungsbewegung, die junge Frauen schweizweit bei Schwangerschaftsabbrüchen beriet und unterstützte. «Uns ging es um die sexuelle Befreiung der Frau, um das Recht, über den eigenen Körper zu bestimmen. Aber wir waren schlicht auch selbst davon betroffen. Wir waren junge Frauen im gebärfähigen Alter, haben selbst abgetrieben. Und unser Slogan war: Das Private ist politisch», erinnerte sich die Aktivistin Helen Pinkus-Rymann später in einem Gespräch mit der NZZ.

Die Aktivistinnen organisierten Adresslisten von Ärzten, die psychiatrische Gutachten ausstellten, die für einen Abbruch nötig waren. Sie entwickelten eigene Methoden zur Abtreibung und fuhren Frauen mit Bussen nach Holland, wo die Gesetze viel lockerer waren. Sie demonstrierten auf der Strasse und sammelten Unterschriften. Ende 1971, im gleichen Jahr, in dem die Frauen in der Schweiz das Stimm- und Wahlrecht erhielten, →Frauenstimmrecht, 92 reichten diverse Frauenorganisationen eine Volksinitiative für die Straflosigkeit des Schwangerschaftsabbruchs ein. Die Abtreibungsgegner im Land reagierten heftig. Es war der Auftakt zu einer emotionalen Diskussion, die während der gesamten 1970er-Jahre andauerte und auch einzelne Bundesräte an den Anschlag brachte. Justizminister Kurt Furgler hätte 1974 einen Gegenvorschlag zur straflosen Abtreibung präsentieren sollen, die sogenannte «Indikationslösung», die unter gewissen Umständen einen Abbruch erlaubt hätte. Aber Furgler, ein CVPler und gläubiger Katholik, lehnte jede Form der Abtreibung ab und weigerte sich, das Geschäft zu vertreten. Das heikle Dossier wurde Bundespräsident Ernst Brugger (FDP) übergeben. Viele Plakate aus jener Zeit waren drastisch, sie warnten etwa davor, ungeborenes Leben «zum Töten freizugeben».

Die emotionale Debatte der 1970er-Jahre endete wie meistens in der Schweiz mit einer Abstimmung. Sogar mit zwei Abstimmungen: über das Anliegen der Initiantinnen und den Gegenvorschlag der Regierung. Und beide gingen im Sinne der Abtreibungsgegner aus. Eine Fristenlösung, die den straffreien Abbruch bis zu einer Frist von zwölf Wochen erlaubt hätte, blieb ebenso chancenlos wie die vom Bundesrat bevorzugte Indikationslösung. Die CVP und die ländliche Bevölkerung hatten sich durchgesetzt.

Damit blieb der Abbruch einer Schwangerschaft in der Schweiz weiterhin strafbar. Nach Gesetz. In der Praxis wurden Frauen und Ärzte allerdings immer seltener bestraft. Bis 1988 kam es noch vereinzelt zu Verurteilungen, danach zu keiner einzigen mehr. Im Ausland legalisierten weite Teile Europas, Frankreich, Deutschland, Italien, den Schwangerschaftsabbruch.

Alltag und geltendes Recht gingen in der Schweiz immer weiter auseinander – was einer der Gründe war, warum SP-Nationalrätin Barbara Haering zu Beginn der 1990er-Jahre einen neuen Anlauf für die Einführung einer Fristenlösung unternahm. Fast ein Jahrzehnt lang diskutierte das Parlament, bis man sich auf den Kompromiss von zwölf Wochen einigen konnte. So lange sollte die Frist dauern, in der es Frauen straffrei erlaubt wäre, eine ungewollte Schwangerschaft zu beenden.

Abstimmungsdebatte

Zum ersten Mal in der Geschichte der Partei ergriff die CVP (heute Die Mitte) ein Referendum. Unterstützung im Kampf gegen die Fristenlösung erhielt sie von der katholischen Kirche und von evangelikalen, freikirchlichen Kreisen, aus denen bis heute die erbittertsten Abtreibungsgegner in der Schweiz und anderswo stammen. Die Bevölkerung aber war längst fortschrittlicher als die geltenden Gesetze, die gesellschaftlichen Verhältnisse waren nicht mehr dieselben wie im Jahrhundert zuvor. Die Fristenlösung wurde 2002 mit mehr als 72 Prozent Ja-Stimmen deutlich angenommen. Nur die Kantone Appenzell-Innerrhoden und Wallis legten ein Nein ein.

Wirkung

Die Schweiz war spät, auch hier. In anderen Ländern wurde der Schwangerschaftsabbruch viel früher legalisiert. «Das ist halt die Schweiz», sagte die Aktivistin Helen Pinkus-Rymann dazu. «Aber dafür hatten wir am

Ende eine sehr klare Mehrheit für die Fristenlösung. Und die wird auch nicht mehr kippen, da bin ich ganz sicher.» Letzteres sagte sie auch im Hinblick auf die USA, wo die konservative Mehrheit im Supreme Court 2022 das Grundsatzurteil Roe v. Wade von 1973 umdrehte – und Abtreibungen wieder kriminalisierte. Die Richterin Ruth Bader Ginsburg, selber Befürworterin der straffreien Abtreibung, sagte immer wieder, der Grundsatzentscheid 1973 sei wohl zu schnell und zu weitreichend ausgefallen, er habe einem echten Umdenken in der Bevölkerung vorgegriffen und so eine bittere Gegenbewegung angeheizt: «Meine Kritik an Roe ist, dass der Entscheid die Dynamik des Wandels gestoppt hat», sagte sie. Er habe «den Gegnern ein Ziel gegeben, auf das sie unerbittlich zielen können».

Das deutliche Resultat bei der Fristenlösung 2002 war ein Zeichen für den gesellschaftlichen Wandel in der Schweiz im Allgemeinen und jenen innerhalb der CVP im Speziellen. Gesellschaftspolitische Fortschritte sind in der Schweiz oft nur möglich, wenn es bei der Basis der CVP/Mitte – dort, wo häufig die Mehrheiten entschieden werden – zu einem Umdenken kommt. Das sah man bei der Fristenregelung exemplarisch und später beispielsweise bei der «Ehe für alle».

Radikale Abtreibungsgegner sind in der Schweiz seit der Abstimmung über die Fristenlösung marginalisiert. Zwei Volksinitiativen, die eine viel strengere Regelung für den Schwangerschaftsabbruch einführen wollten, scheiterten bereits im Sammelstadium. Die Märsche fürs Leben der Evangelikalen mögen Schlagzeilen generieren, bleiben aber ein Nischenphänomen.

Die Frauen in der Schweiz aber haben nicht vergessen, dass sie erst 1971 das Stimmrecht und 2002 die Möglichkeit auf straffreien Schwangerschaftsabbruch erkämpft hatten. Die Schweiz ist in Fragen der Frauenrechte ein langsames, tiefkonservatives Land. Auch deshalb zieht es zu Frauenstreiktagen heute wieder Zehntausende auf die Strasse.

Es scheint auch nicht so, als ob der Kampf bereits vorüber wäre. Die Weltgesundheitsorganisation empfiehlt seit Kurzem die vollständige Entkriminalisierung und die Streichung der Abtreibung aus allen Strafgesetzen. Einen entsprechenden Vorstoss gab es 2023 auch in der Schweiz – er wurde von der bürgerlichen Ratsmehrheit abgelehnt. Wie so oft in den vergangenen 80 Jahren.

VERWAHREN UND VERGESSEN

ABSTIMMUNG VOM 08.02.2004
VOLKSINITIATIVE «LEBENSLANGE VERWAHRUNG FÜR NICHT THERAPIERBARE, EXTREM GEFÄHRLICHE SEXUAL- UND GEWALTSTRAFTÄTER» (VERWAHRUNGSINITIATIVE)

Handzettel der Initiantinnen der Verwahrungsinitiative, 2004. Für einmal hingen während des Abstimmungskampfs kaum Plakate im öffentlichen Raum.

Vorgeschichte

Im Herbst 1993 ermordete ein zu lebenslanger Haft verurteilter Sexualstraftäter die 20-jährige Pfadiführerin Pasquale Brumann in Zollikerberg ZH – er hatte Hafturlaub erhalten. Das brutale Verbrechen und mehrere weitere Gewalttaten zu Beginn der 1990er-Jahre empörten die Öffentlichkeit. War die Schweizer Justiz zu täterfreundlich, zu sehr auf Resozialisierung und zu wenig auf den Schutz der Bevölkerung bedacht?

Politik und Behörden gingen das Thema an, verschärften nach 1993 die Entlassungspraxis und die Bedingungen für Hafturlaube. Die Zahl der Verwahrungen von «geistig abnormen» Sexual- und Gewaltstraftätern stieg an, von 44 Personen 1992 auf 96 im Jahr 1998. Das revidierte Strafgesetz, der Öffentlichkeit 1998 vorgestellt, sah eine neue, umfassende Sicherheitsverwahrung für gefährliche Gewalttäter vor.

Zwei Schwestern aus der Ostschweiz, Mutter und Patentante eines Gewaltopfers, mochten nicht auf Staat und Justiz vertrauen. Sie begannen 1998, ohne Unterstützung von Parteien und Verbänden Unterschriften für eine Volksinitiative zur lebenslangen Verwahrung «nicht therapierbarer» Sexual- und Gewaltstraftäter zu sammeln. Solche Verbrecher sollten nie wieder freikommen. Nach einem Auftritt bei «Tele 24» meldeten sich zahlreiche Freiwillige, um den Initiantinnen beim Sammeln zu helfen. Im Mai 2000 konnte die Bundeskanzlei rund 195 000 gültige Unterschriften beglaubigen, fast doppelt so viele wie nötig.

Abstimmungsdebatte

Der Initiativtext verlangte die lebenslange Verwahrung ohne Möglichkeit der Überprüfung des Täters. Gefährliche Gewaltverbrecher sollten also keine Chance haben, neu beurteilt oder gar beurlaubt oder entlassen zu werden. Damit lief die Initiative der Europäischen Menschenrechtskonvention (EMRK) zuwider, zu der die Schweiz sich seit 1974 bekennt. Die EMRK verlangt, dass auch Verwahrte, also Personen, die über die Verbüssung ihrer Strafe hinaus präventiv in Haft gehalten werden, periodisch auf ihre Gefährlichkeit hin überprüft werden. Es gibt ein Menschenrecht, nicht weggeschlossen und vergessen zu werden.

Regierung, Parlament und alle Parteien ausser SVP und EDU sprachen sich gegen die Vorlage aus, ein Gegenkomitee aber formierte sich nicht. Die persönliche Betroffenheit der Initiantinnen machte jede Gegenrede schwierig und abstrakt. Co-Initiantin Anita Chaaban trat oft im Fernsehen auf und war mit ihrer Geschichte eine authentische, bewegende Stimme: «In unzähligen Diskussionen war ich meinen Gegnerinnen und Gegnern nur deshalb überlegen, weil ich die Wahrheit sagte und viele Scheinargumente im Keim ersticken konnte», notierte sie über diese Zeit.

Vor der Abstimmung warnte die NZZ vor «einem zivilisatorischen Rückschritt»: Unumkehrbare Sanktionen widersprächen heutigem Rechtsempfinden. Allein der «Blick» stellte sich auf die Seite der «vergessenen Mütter» und forderte Härte. Der damalige SVP-Justizminister Christoph Blocher liess

VERWAHRUNG

DATUM
08.02.2004

TYP
VOLKSINITIATIVE

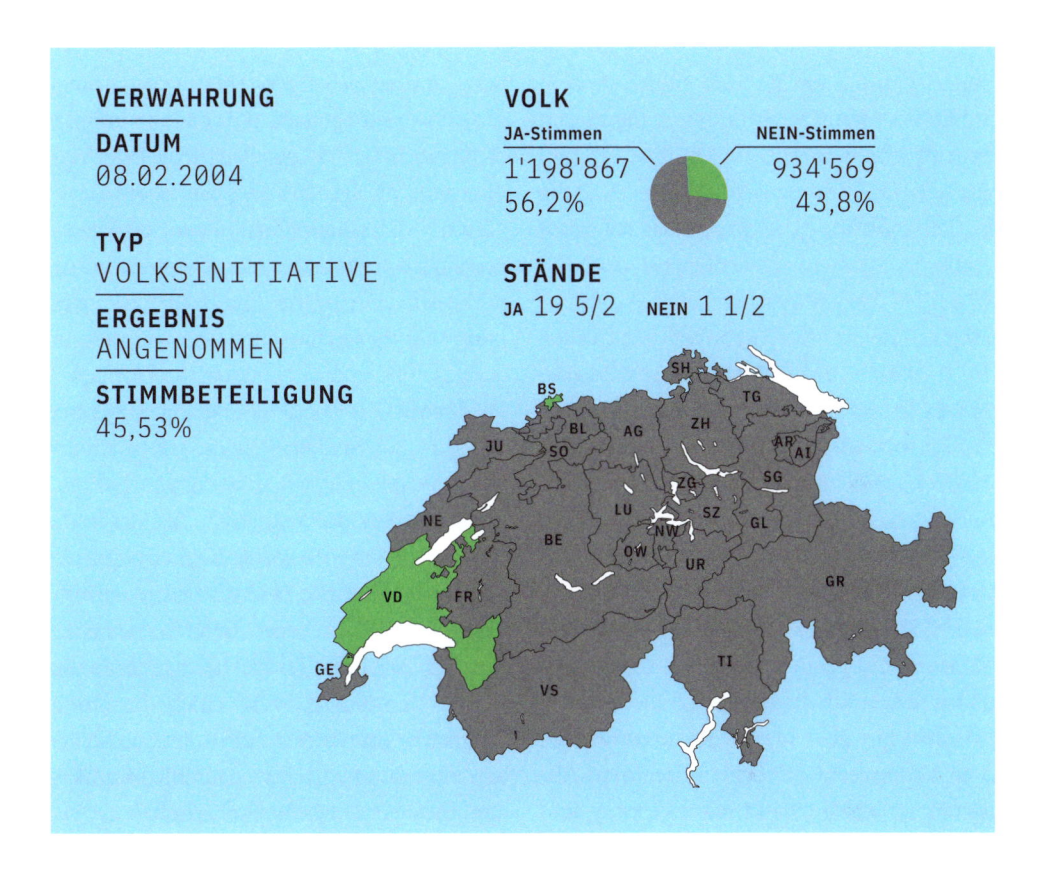

ERGEBNIS
ANGENOMMEN

STIMMBETEILIGUNG
45,53%

VOLK
JA-Stimmen 1'198'867 56,2%
NEIN-Stimmen 934'569 43,8%

STÄNDE
JA 19 5/2   NEIN 1 1/2

durchblicken, dass er die Initiative entgegen dem Gesamtbundesrat für eine gute Sache hielt. Für einmal hingen kaum Abstimmungsplakate im öffentlichen Raum.

Im Februar 2004 nahmen Volk und Stände die Verwahrungsinitiative überraschend deutlich an. Am höchsten war die Zustimmung im Tessin (74,6%), knapp dagegen stellten sich nur die Waadt (49,6%) und Basel-Stadt (48,1%). Die Initiantinnen liessen am Abstimmungstag Ballons in den Himmel steigen, zur Erinnerung an die Opfer von Gewaltverbrechern. «Was uns passiert ist, soll niemandem mehr geschehen», sagte Anita Chaaban. Justizminister Blocher versprach die wortgetreue Umsetzung und kündigte an, bei Unvereinbarkeit mit der Menschenrechtskonvention lieber letztere «kündigen» zu wollen.

Wirkung

Die Verwahrungsinitiative gab den Startschuss für weitere Verschärfungen des Schweizer Strafrechts. «Offensichtlich fühlten sich die Menschen von unserem Staat eben doch zu wenig geschützt», sagte Co-Initiantin Chaaban nach der Annahme ihrer Vorlage. Politikerinnen und Politiker aller

Lager waren nach 2004 bemüht, diesem Schutzbedürfnis Rechnung zu tragen und neue Straftatbestände zu schaffen, tätig zu wirken. Das Stimmvolk seinerseits hiess die Initiative für die «Unverjährbarkeit pornografischer Straftaten an Kindern» (2008), die SVP-Initiative zur automatischen Ausschaffung krimineller Ausländer (2010) und auch die Initiative für ein lebenslanges Berufsverbot für Pädophile (2014) allesamt gut. Immer sollte die Strafe hart sein und automatisch, ohne Einzelfallprüfung und auf Lebenszeit.

Die Verwahrungsinitiative zeigte, dass sich das Volk im Streben nach mehr Sicherheit nicht scheute, gegen etablierte Regeln zu stimmen. Nach 2004 brachte die SVP mehrere Initiativen zur Annahme, die den Konflikt mit der eigenen Rechtstradition, dem Völkerrecht oder mit bilateralen Abkommen suchten: die Minarett- (2009) und Burka-Initiativen (2021) oder auch die gegen die Personenfreizügigkeit gewandte Masseneinwanderungsinitiative (2014). «Randalieren mit der Verfassung», nannte das ein Kommentar im «Tages-Anzeiger». Bei der Masseneinwanderung hätten die Initianten wohl geradezu auf die Unerfüllbarkeit ihrer Begehren abgezielt, sagte der Berner Staatsrechtler Pierre Tschannen, um danach die Missachtung des Volkswillens zu monieren.

Die lebenslange Verwahrung steht heute in Verfassung und Strafgesetzbuch. Die Schweiz kennt damit zwei Formen der Verwahrung: Die «ordentliche» Verwahrung, die zeitlich unbegrenzt ist, aber eine regelmässige Überprüfung der Betroffenen verlangt, und die «lebenslängliche» Verwahrung, die keine Neubegutachtung vorsieht – ausser, es liegen neue wissenschaftliche Erkenntnisse vor. Mit diesem Trick konnte die Europäische Menschenrechtskonvention knapp gewahrt werden. Als «kleine» Verwahrung schliesslich wird oft die gerichtliche Anordnung von therapeutischen Massnahmen in der geschlossenen Psychiatrie bezeichnet.

Damit ein Täter lebenslang verwahrt werden kann, braucht es zwei Sachverständige, die unabhängig voneinander zum Schluss kommen, dass der Verurteilte bis ans Ende seiner Tage untherapierbar bleiben wird. Eigentlich kurios: Die Initiative hatte verhindern wollen, dass menschlich fehlbare Gutachter gefährliche Verbrecher wieder in die Freiheit entlassen. Nun sollen dieselben fehlbaren Gutachter dafür sorgen, dass Verbrecher unumkehrbar weggeschlossen werden. Im Zweifel für die Sicherheit.

Kein Gutachter aber kann mit absoluter Gewissheit vorhersagen, ob ein Mensch auf Jahrzehnte hinaus untherapierbar sein wird oder nicht. Das sagen fast alle forensischen Psychiater. Deshalb kann die in der Verfassung festgeschriebene lebenslange Verwahrung auch kaum angewandt werden. Bis jetzt ist in der Schweiz nur eine einzige Person lebenslang verwahrt worden. Das Urteil kam 2010 vom Bezirksgericht Weinfelden TG und traf einen damals 43-jähriger Schweizer, der in Märstetten TG eine Prostituierte ermordet hatte. Das Urteil gilt, weil der Mörder das erstinstanzliche Urteil nicht angefochten hat.

Einige wenige weitere lebenslängliche Verwahrungen hat spätestens das Bundesgericht aufgehoben. Etwa im Fall des Mannes, der 2016 die 19-jährige Marie im Kanton Waadt ermordet hatte. Seine Verurteilung zu lebenslanger Haft sei angemessen, befand das Bundesgericht, die lebenslange Verwahrung aber nicht: Es fehle der doppelte Gutachter-Nachweis der Nicht-Therapierbarkeit bis ans Lebensende.

Die Initiative zeigt aber auch ohne direkte Anwendungen Wirkung. Die Justiz ist härter geworden seit 2004. Bei einem schweren Unrecht seien die Gerichte heute «eher bereit, eine höhere, dem Verschulden entsprechende Strafe zu verhängen», sagte der abtretende Bundesrichter Hans Mathys 2014. Gutachter wie Richter sind viel zurückhaltender geworden, eine ordentlich verwahrte Person wieder freizulassen. Der Schutz der Bevölkerung wird höher gewichtet als früher.

Viele Schweizer Gefängnisse müssen sich deshalb vermehrt mit dem Thema Alter und Pflege beschäftigen. Denn auch wer «nur» ordentlich verwahrt ist, hat gemäss Statistik sehr wenig Chancen, je wieder freizukommen. Selbst in der «kleinen Verwahrung» (wo die Zahl der Betroffenen steigt, von 79 Personen 1998 auf 713 Personen 2022) werden die stationären Massnahmen heute öfter verlängert, um die Bevölkerung zu schützen. Auch das ist eine Folge der vom Volk angenommenen Verwahrungsinitiative.

20 ANLÄUFE FÜR EINE MUTTER- SCHAFTS- VERSICHERUNG

ABSTIMMUNG VOM 26.09.2004
BUNDESGESETZ ÜBER DIE ERWERBSERSATZ-
ORDNUNG FÜR DIENSTLEISTENDE IN
ARMEE, ZIVILDIENST UND ZIVILSCHUTZ
(ERWERBSERSATZGESETZ, EOG)

OUI
PROTECTION MATERNITÉ ET CONGÉ PARENTAL
1/2 décembre

OFRA – Union syndicale suisse – Parti socialiste suisse – Parti socialiste ouvrier – Parti du travail – Femmes pour la paix et le progrès – Société suisse pour une médecine sociale.

«Ja zu Mutterschafts-Schutz und Elternzeit.» Flügel-Plakat der Ofra (Organisation für die Sache der Frau) zur Volksabstimmung von 1984. Sie scheiterte deutlich.

Vorgeschichte

Das Gegenteil von gut? Gut gemeint. Früher einmal, in der zweiten Hälfte des 19. Jahrhunderts, hatte die Schweiz beim Schutz von erwerbstätigen Müttern eine Pionierrolle in Europa eingenommen. Das Glarner Fabrikgesetz von 1864 schrieb ein sechswöchiges Beschäftigungsverbot für Frauen nach der Geburt vor. →Fabrikgesetz, 24 Das gab es nirgends sonst so.

Allerdings war der Wöchnerinnenschutz im Glarner Gesetz nicht zu Ende gedacht. Die Pause nach der Geburt, die «Schonzeit», war finanziell nicht abgesichert. Die Folgen konnten existenzbedrohend sein. Fabrikarbeit war schlecht bezahlt, die Frauen lebten auch unter normalen Umständen in prekären Verhältnissen. Sechs Wochen ohne Lohn konnten sich nur wenige leisten – also suchten sich viele Frauen nach der Niederkunft heimlich eine andere Stelle, um das Arbeitsverbot zu umgehen.

Im ersten nationalen Fabrikgesetz von 1877 wurde das Problem ähnlich gelöst wie in Glarus. Für Wöchnerinnen und Schwangere galt ein Arbeitsverbot von acht Wochen, davon mindestens sechs nach der Geburt. Ein Lohnersatz war nicht vorgesehen – dieser sollte später im Krankenversicherungsgesetz geregelt werden.

Damit schuf der Bund jenes Grundproblem, das eine eidgenössisch geregelte Mutterschaftsversicherung über Jahrzehnte verhindern sollte: Er nahm den Zweck (den Schutz der Mutter) und die Finanzierung des Zwecks auseinander. Ein politischer Anfängerfehler! Die Folge: 100 Jahre Streit. Parteien und Verbände wurden sich nicht einig, wie Anliegen und Finanzierung in Einklang gebracht werden sollten. Abstimmung um Abstimmung um Abstimmung scheiterte. Zuerst stimmten nur die Männer, später dann, nach Einführung des Frauenstimmrechts 1971, Männer und Frauen gemeinsam immer wieder gegen eine Mutterschaftsversicherung. Der Gedanke, das finanzielle Risiko der Mutterschaft von der Gemeinschaft mittragen zu lassen, widerstrebte den damaligen Wertvorstellungen vom Zusammenleben von Mann und Frau, hiess es 2012 in einer Analyse des Eidgenössischen Departement des Innern.

Dass die Mutterschaft im Arbeitskontext besser geschützt werden sollte – darüber waren sich seit den ersten Fabrikgesetzen aber eigentlich die meisten Schweizer einig. Es gab einfach immer wieder konkrete Probleme bei der Umsetzung. Zum Beispiel als gegen Ende des Ersten Weltkriegs das eidgenössische Kranken- und Unfallversicherungsgesetz in Kraft trat. Darin wurde das Wochenbett einer Krankheit gleichgestellt – die Frauen konnten sich nun mit einer Taggeld-Versicherung gleichsam gegen ihre Schwangerschaft versichern. Allerdings war das teuer (entsprechend wenige Frauen liessen sich so versichern), und die Versicherung vergütete oft nur einen Bruchteil des Lohns, den die Frauen durch Arbeit erhalten hätten.

Nach Ende des Ersten Weltkriegs sah es für einen Moment so aus, als ob eine bessere Lösung gefunden würde. An der ersten Konferenz der Internationalen Arbeitsorgani-

**MUTTERSCHAFTS-
VERSICHERUNG**

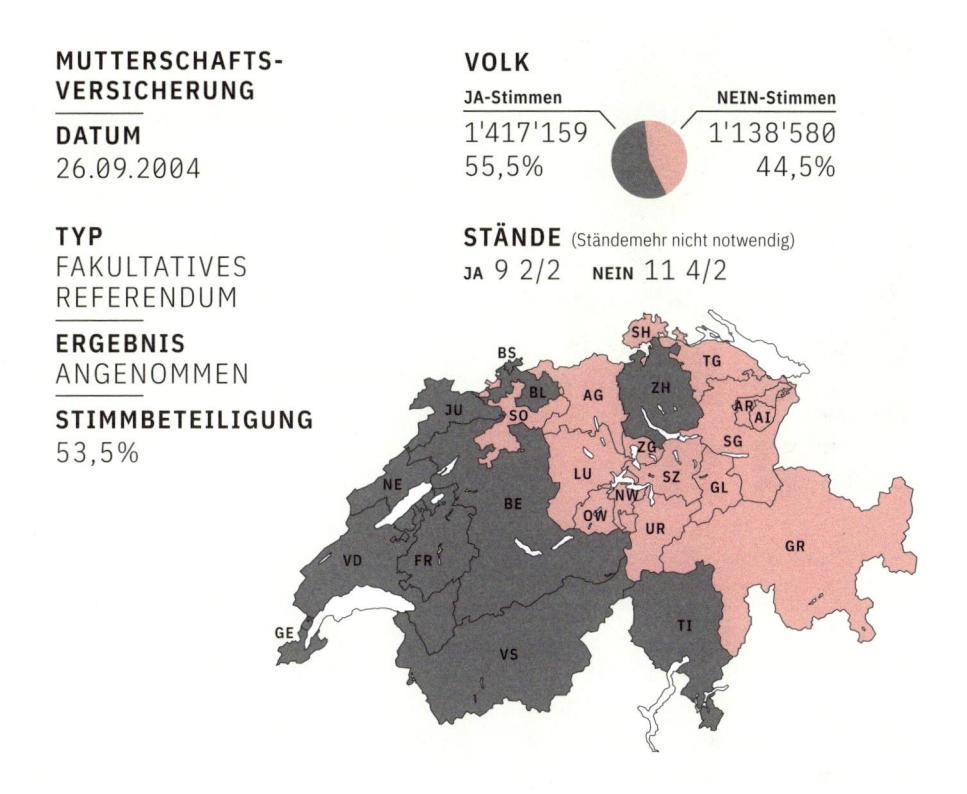

DATUM
26.09.2004

TYP
FAKULTATIVES
REFERENDUM

ERGEBNIS
ANGENOMMEN

STIMMBETEILIGUNG
53,5%

VOLK

JA-Stimmen NEIN-Stimmen
1'417'159   1'138'580
55,5%   44,5%

STÄNDE (Ständemehr nicht notwendig)
JA 9 2/2   NEIN 11 4/2

sation IAO in Washington wurde ein weitgehender Mutterschaftsschutz vorgestellt. Die Schweizer Delegation stimmte zu und brachte einen entsprechenden Vorschlag zurück nach Bern. Allerdings hatten sich die sozialpolitischen Prioritäten der Schweiz nach dem Krieg rasant verändert. Eine Mutterschaftsversicherung wurde zugunsten der Alters- und Hinterlassenenversicherung zurückgestellt. →AHV, 66

Es waren konservative Kreise, die in der Mitte des 20. Jahrhunderts den Schutz der Mütter wieder thematisierten. Nicht, um die Frauen im Erwerbsleben zu unterstützen – sondern um das klassische Familienmodell und den «Gebärwillen» zu fördern: Die Mutter sollte daheim bleiben und sich um die Kinder kümmern. Der Vorstoss der Katholisch-Konservativen endete 1945 mit einer Abstimmung über einen Gegenvorschlag des Bundes – und mit der Verankerung der Forderung nach einer Mutterschaftsversicherung in der Verfassung. Nach Artikel 34quinquies war der Bund neu «zur Gesetzgebung auf dem Gebiete der Familienausgleichskassen befugt». Trotzdem sollte es noch über ein halbes Jahrhundert dauern, bis Schwangerschaften vom Staat versichert wurden.

Plakat der Ofra zur gescheiterten Mutterschaftsschutz-Initiative vom Dezember 1984.

Zwischen 1945 und 2000 blieben alle Anläufe für eine ordentliche Mutterschaftsversicherung erfolglos. Besonders erfolglos: die Volksinitiative der Organisation für die Sache der Frau (Ofra), über die im Dezember 1984 abgestimmt wurde. Die Initiative verlangte einen Mutterschaftsurlaub von 14 Wochen und einen Elternurlaub von mindestens 9 Monaten. Das Resultat war niederschmetternd. Kein Kanton und nur 15,8 Prozent der gesamten Stimmbevölkerung sagten Ja zur Idee, besonders die Idee eines Elternurlaubs wurde von vielen als übertrieben luxuriös empfunden. Die Schweizerinnen und Schweizer gewichteten die Interessen der Unternehmen offensichtlich höher als jene der Frauen.

Tatsächliche Fortschritte machte die Mutterschaftsversicherung erst mit Ruth Dreifuss, der ersten sozialdemokratischen Bundesrätin in der Geschichte des Bundesstaates, gewählt 1993, zwei Jahre nach dem grossen Frauenstreik von 1991. Dreifuss hatte sich ihr ganzes politisches Leben mit der Mutterschaftsversicherung beschäftigt – unter anderem begleitete sie als Zentralsekretärin des Schweizerischen Gewerkschaftsbundes die desaströs gescheiterte Volksinitiative der Ofra. Im Bundesrat wählte sie einen anderen Weg. Sie verzichtete auf einen Elternurlaub und präsentierte stattdessen eine Vorlage, die einen Lohnersatz für erwerbstätige Frauen und einmalige Grundleistungen für Mütter umfasste (erwerbstätig oder nicht). SVP und einige Rechtsfreisinnige ergriffen das Referendum, unterstützt wurden sie von breiten Kreisen der Wirtschaft. «Diese Abstimmung ist ein Symbol, ein Zeichen für die Frau», sagte Bundesrätin Dreifuss.

Das Stimmvolk setzte tatsächlich ein Zeichen. 61 Prozent der Stimmbevölkerung lehnten die Vorlage 1999 ab. Vor allem in der Deutschschweiz wurde die Mutterschaftsversicherung verworfen – in der Romandie waren die meisten Kantone dafür. Genf führte danach als erster Kanton der Schweiz eine Mutterschaftsversicherung ein.

Trotz dieser Niederlage war dem politischen Betrieb klar: Es braucht jetzt eine Lösung.

Wie diese Lösung schliesslich zustande kam, hatte etwas sehr Schweizerisch-Zufälliges. Eine Journalistin hatte gehört, dass Pierre Triponez, FDP-Nationalrat und langjähriger Direktor des Schweizerischen Gewerbeverbandes (und wichtigster Gegner des Projekts von Ruth Dreifuss), an einer neuen Lösung herumstudierte. Die Journalistin erzählte das der SP-Nationalrätin Jacqueline Fehr, die danach das Gespräch mit Triponez suchte. «Wir haben dann gemerkt, dass unsere Vorstellungen sehr nah beieinander sind und wir gemeinsam eine Lösung finden können», erzählte Fehr später. Das Schwierigste sei gewesen, die eigene Fraktion zu überzeugen – das Misstrauen gegenüber dem Gewerbeverband und Triponez sass tief.

Der Kniff der Lösung von Triponez-Fehr war es, sie über die Erwerbsersatzordnung zu finanzieren. Über jenes System, das Militär, Zivildienst oder Zivilschutz absolvierenden Personen einen Teil des Lohnausfalls erstattet. Seit der Schaffung der EO im Jahr 1940 zahlten auch Frauen Beiträge ein – und bezogen nur Geld, wenn sie Militärdienst absolvierten. Dass der von einer Schwangerschaft verursachte Lohnausfall ebenfalls durch die EO bezahlt werden sollte, war eigentlich nur logisch.

Abstimmungsdebatte

Widerstand leistete nur noch die SVP, die das Referendum ergriff. Sie warnte vor «Staatskindern» und bezeichnete die neue Versicherung als Ausbau des Sozialstaats, den man sich nicht leisten könne. Die neue Regelung sei zum Nachteil der Frauen, sagte die damalige SVP-Nationalrätin Jasmin Hutter. «Wir tun den Frauen keinen Dienst, denn als Arbeitgeberin würde ich im Zweifelsfall lieber einen Mann einstellen, der nur drei Wochen im Militär ist.»

Gegen die Mutterschaftsversicherung sprach sich 2004 nur noch die SVP aus.

Die anderen Parteien, grosse Teile der Wirtschaft und auch die Medien sahen es anders. Es gehe um eine «minimale Fairness gegenüber häufig unterprivilegierten Frauen», schrieb die «Weltwoche» und bezeichnete die neue Versicherung als «fair und sinnvoll».

Die vorgeschlagene Regelung sei schlank, eine kostengünstigere Variante sei nicht in Sicht, und darum verdiene die Mutterschaftsversicherung auch ein bürgerliches Ja, kommentierte die NZZ.

Und so kam es. Am 26. September 2004 sagten 55,5 Prozent der Stimmberechtigten Ja. Nach über 20 Anläufen an der Urne war es tatsächlich gelungen: Die Schweiz hatte eine echte Mutterschaftsversicherung – als letztes Land in Europa.

Die SP wirbt 2004 für ein Ja zum Mutterschutz – erfolgreich.

Wirkung

Die Einrichtung der 14-wöchigen Versicherung schloss eine der «letzten grossen Lücken im System der sozialen Sicherheit», wie es in einer Würdigung der Parlamentsdienste heisst. Gleichzeitig sind diese 14 Wochen international klar am untersten Rand, wie Silja Häusermann und Reto Bürgisser im «Handbuch der Schweizer Politik» schreiben. «Die Schweiz reiht sich damit in die Gruppe der liberalen angelsächsischen und der südeuropäischen Länder ein, während der gesetzliche Mutterschaftsurlaub in den meisten anderen kontinental- und nordeuropäischen Ländern bei über neun Monaten liegt».

Die Versicherung eröffnete neue Möglichkeiten. Sie bildete im Gesetz ab, dass sich die traditionellen Familien- und Rollenbilder verschoben hatten. Nach dem alten Rollenbild arbeitet der Mann Vollzeit, die Frau gebiert Kinder und kümmert sich danach um sie. Eine staatlich finanzierte Mutterschaftsversicherung war der Garant dafür, dass es nicht so sein musste – obwohl es natürlich in vielen Familien immer noch so war und bis heute ist.

Die Mutterschaft war und ist der grösste Treiber des Lohnunterschieds zwischen Mann und Frau. Bis heute ist es in der Tendenz so, dass nach einer Schwangerschaft die Mutter eher weniger und der Vater eher mehr arbeitet. Die Einführung der staatlichen Mutterschaftsversicherung hat vielen Arbeitgebern die Angst genommen, eine Frau einzustellen, die womöglich während des Arbeitsverhältnisses schwanger wird. Sie war und ist ein entscheidender Bestandteil der Vereinbarkeit von Beruf und Familie.

Je besser Beruf und Familie vereinbar sind, desto kleiner wird der Unterschied zwischen Männer- und Frauenlöhnen. Durchschnittlich verdienen Frauen in der Schweiz heute 18 Prozent weniger als Männer (Stand 2020). Das ist ein deutlich besserer Wert als noch vor ein paar Jahren. Je gleichmässiger das soziale System auf die Geschlechter ausgerichtet ist, desto kleiner wird dieser Unterschied – das zeigen zahlreiche Untersuchungen.

Volle Gleichberechtigung gibt es noch nicht. Die nächsten grossen Schritte in diese Richtung sind nun auf die Männer ausgerichtet. Zum einen gibt es schon länger Bemühungen, einen längeren Vaterschaftsurlaub einzuführen (gewisse Kantone und Städte gehen da voran), zum anderen gibt es mehrere Vorschläge für eine ausgebaute Elternzeit – wie es sie in vielen europäischen Ländern schon gibt.

Der Staat hat ein handfestes Interesse daran, dass Mütter fair behandelt und gut versichert sind. Denn im 21. Jahrhundert denkt die Schweiz wie viele andere Staaten Europas und Asiens über den demografischen Wandel und die sinkenden Geburtenzahlen nach. Der Staat sucht zunehmend hektisch nach Wegen, um die Bevölkerung zum Kinderkriegen zu ermutigen – weil sonst in Zukunft die Arbeitskräfte und Beitragszahlerinnen fehlen werden, die das Wohl der Senioren garantieren. Länder wie Finnland oder Italien testen Geburtenprämien und Gratis-Kinderbetreuung. Die 100 Jahre Schweizer Feindseligkeit gegen selbst eine bescheidene Mutterschaftsversicherung wirken da bereits 20 Jahre nach der Abstimmung wie ein bizarrer Anachronismus.

EIN JA ZU GENTECHFREIER NAHRUNG

ABSTIMMUNG VOM 27.11.2005
VOLKSINITIATIVE «FÜR LEBENSMITTEL AUS
GENTECHNIKFREIER LANDWIRTSCHAFT»

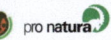

Das einprägsame Apfelplakat der Allianz Gentechfrei rührte 2005 an die Sehnsucht nach gesundem, natürlichem Essen.

Vorgeschichte
Plötzlich schien alles sehr schnell zu gehen. 1995 wurden in den USA transgener Mais, Raps und Soja für den kommerziellen Anbau zugelassen – Pflanzen, deren Erbgut im Labor mit artfremdem Genmaterial verändert worden war. 1996 präsentierten schottische Forscher Dolly, das erste geklonte Schaf. 2001 feierte die Welt die Entschlüsselung des menschlichen Genoms. Was würde als nächstes kommen?

Für den Schweizer Immunologen Beda Stadler war klar: Gen-Food, bitte gern jeden Tag! Vor gentechnisch veränderten Nahrungsmitteln brauche niemand Angst zu haben, fand der lustvoll provozierende Arzt des Berner Inselspitals. Im Labor werde nur beschleunigt, was der Mensch mit Züchtungen seit Jahrhunderten anstelle. 2001 veröffentlichte Stadler sein Kochbuch «Gene an die Gabel», um mit 30 Rezepten von Golden Rice bis Gentech-Kartoffel «allen Unerschrockenen die Wartezeit zu verkürzen», bis endlich auch in Schweizer Supermärkten Gentechprodukte zu liegen kämen.

Der Weg dafür schien frei. 1998 hatte die Stimmbevölkerung die «Genschutz-Initiative» für ein unbegrenztes Verbot von gentechnisch veränderten Pflanzen und Tieren deutlich abgelehnt, mit 66,7 Prozent Nein-Stimmen. Die Bevölkerung hatte auf die Warnungen aus Wirtschaft und Forschung gehört. Zukunft verbieten, Standort gefährden? Nicht in der Schweiz.

Doch ein Unbehagen blieb. Wissenschaft und Industrie sollten arbeiten können, klar, aber würde man ihre Experimente selber schlucken müssen? Waren gentechnisch veränderte Nahrungsmittel wirklich sicher? Und wie lange würden gentechfreie Felder gentechfrei bleiben, wenn der Bauer auf dem Acker nebenan laborveränderte Saat ausbrächte?

Als sich abzeichnete, dass das neue Gentechnik-Gesetz des Bundes gentechnisch veränderte Nahrungsmittel nicht direkt verbieten würde, lancierte eine Allianz aus Umweltschützern und Bauern im Januar 2003 eine neue Volksinitiative «für Lebensmittel aus gentechnikfreier Landwirtschaft». Das Begehren sah kein unbefristetes Verbot mehr vor wie 1998, sondern ein fünfjähriges Moratorium für die Freisetzung gentechnisch veränderter Organismen. Es war gezielt mehrheitsfähig formuliert, wollte der Forschung den kontrollierten Anbau genveränderter Pflanzen weiter gestatten und auch auf die Wünsche der Bauern eingehen, ihnen weiter den Import von Gentech-Tierfutter erlauben. Im September 2003 reichten die Initianten die notwendigen Unterschriften ein.

Abstimmungsdebatte
Im Nationalrat brauchte es wegen Stimmengleichheit einen Stichentscheid der Präsidentin Thérèse Meyer (CVP) – die grosse Kammer stimmte Nein zur Initiative. Auch Ständerat und Bundesrat empfahlen dem Volk die Ablehnung, einen Gegenvorschlag gab es nicht.

Die Landesregierung war überzeugt, dass das seit 1. Januar 2004 geltende Gentechnik-Gesetz alles ausreichend regle. In der Tat war das Gesetz streng und gründlich. Es

GENTECH-MORATORIUM

DATUM
27.11.2005

TYP
VOLKSINITIATIVE

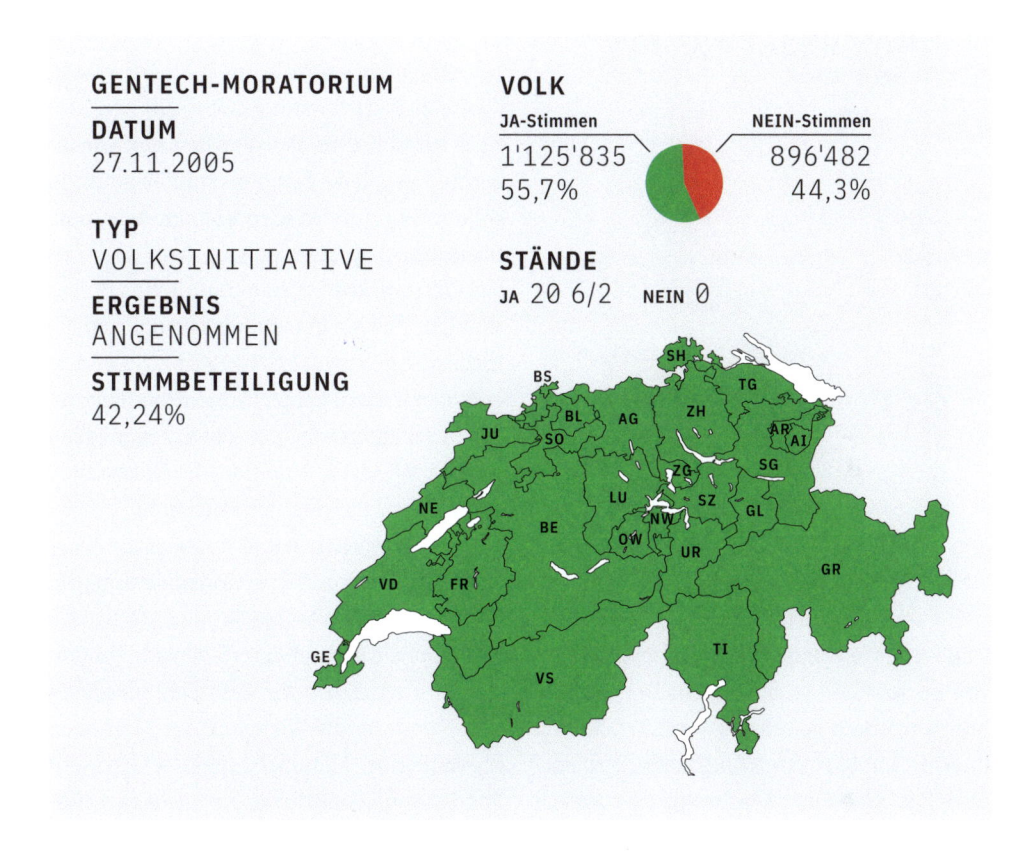

ERGEBNIS
ANGENOMMEN

STIMMBETEILIGUNG
42,24%

VOLK

JA-Stimmen: 1'125'835 — 55,7%
NEIN-Stimmen: 896'482 — 44,3%

STÄNDE
JA 20 6/2   NEIN 0

verbot die Haltung gentechnisch veränderter Tiere in der Landwirtschaft (unbegrenzt, nicht nur für fünf Jahre), unterstellte die Freisetzung gentechnisch veränderter Pflanzen einem mehrjährigen Prüfverfahren und verlangte eine klare Kennzeichnung von genmanipulierten Nahrungsmitteln im Verkauf.

Doch das genügte den Initianten nicht; sie wollten einen Zulassungsstopp. Für das Moratorium fand eine ungewöhnliche Koalition zusammen: Neben Naturschützern wie WWF, Pro Natura, Greenpeace, SP und Grünen engagierten sich auch christliche und konservative Kreise, etwa EVP, EDU und SD. Sie sahen die Gentechnik als Eingriff in die Schöpfung und lehnten sie grundsätzlich ab. Hinzu kamen die Bauern, die argumentierten, eine zu 100 Prozent gentechfreie Schweizer Landwirtschaft sei ein Wettbewerbsvorteil.

Gegen das Moratorium und für die Gentechnik machten sich Wissenschaften und Wirtschaft stark, gemeinsam mit FDP und Teilen von CVP und SVP. Der Bundesrat nannte die Initiative «Gift für die Wirtschaft» und prophezeite den Verlust vieler Arbeitsplätze. Die Konjunkturforschungsstelle der

Greenpeace-Plakat aus den 1990er-Jahren.

ETH Zürich KOF kam auf die imposante Zahl von 40 000 Stellen, die bei einem Gentech-Stopp verloren gehen würden, in Chemie, Pharma, Lebensmittel- und Saatgutproduktion. Die Schweizer Hochschulen warnten vor einem Verlust an Expertise im Feld der Gentechnologie.

Die Initianten betonten, sie wollten kein Verbot auf ewig, sondern nur mehr Zeit für weitere Forschung; die Risiken der Gentechnologie müssten besser abgeklärt werden. Die Landesregierung fand das ängstlich: «Der Bundesrat hält Verbote von sich entwickelnden Technologien grundsätzlich für falsch.» Die Debatte über Gentech-Nahrung war auch eine über Mut und Risiko. Greenpeace stand zur Angst und hatte schon in früheren Jahren Plakate mit einem diabolisch guckenden Maiskolben gedruckt, darüber der Slogan: «Abenteuer Essen». Keine Experimente.

Diskutiert wurde auch die Freiheit. Gentech-Befürworter fanden, ein Moratorium schränke die Wahlfreiheit der Konsumenten ein, jede Bewohnerin der Schweiz solle selber entscheiden können, wie viele transgene Tomaten sie sich ins Sandwich lege. Irrtum, konterten die Initianten. Echte Wahlfreiheit sei gerade nur mit dem Moratorium zu haben, da die Koexistenz von genveränderten und gentechfreien Anpflanzungen in der kleinräumigen Schweiz unmöglich sei. Der Wind, die Insekten, die Rückstände am Mähdrescher würden eine saubere Trennung von natürlichen und veränderten Pflanzen verhindern und dem Konsumenten jede Wahl nehmen.

Für viele Stimmbürgerinnen und Stimmbürger ging es um die Gentechnologie an sich – und um die Arroganz des Menschen gegenüber der Natur. «Natur lässt sich nicht überlisten», formulierte ein Leser des «Tages-Anzeigers», von «nicht kalkulierbaren Risiken» schrieb ein anderer. Wer sich als Schöpfer und Homo Deus aufspiele und irreversibel in die Gencodes von Tieren und Pflanzen eingreife, werde eine Katastrophe heraufbeschwören.

Zuletzt war die Debatte geprägt von Globalisierungsmüdigkeit. Die Bauern fürchteten ein damals angekündigtes Freihandelsabkommen mit den USA (das es bis heute nicht gibt). Ihr Ja zum Gentech-Moratorium war auch eine Sabotage dieser geplanten Marktöffnung. Dass gentechnisch veränderte Nahrungsmittel ein Segen für den Globalen Süden sein und Hunger lindern könnten, das nahm die Bevölkerung der Wirtschaft nicht ab. Sie witterte Propaganda der Saatgutmultis, die Profite mit den Ärmsten machen wollten. Auch das Hilfswerk Swissaid stand hinter der Initiative.

Am Abstimmungstag sagten sämtliche Kantone gegen die Empfehlung von Bundesrat und Parlament Ja. Das Moratorium war beschlossen. Am höchsten war die Zustimmung im Tessin und in der Westschweiz (der Jura votierte mit 75,9 Prozent Ja), am geringsten im Aargau (50,3 Prozent) und am Forschungsstandort Zürich (50,5 Prozent). Die NZZ bilanzierte, Forschung, Wirtschaft, Industrie und die bürgerlichen Parteien hätten «das Vertrauen der Bürger nicht in genügendem Ausmass gewinnen» können. Der Pflanzenökologe Klaus Ammann klagte über die «Hysterie verwöhnter Konsumenten» und die «unerträgliche Leichtigkeit des Halbwissens».

Wirkung

Das Moratorium galt gleich ab Montag nach der Abstimmung und sollte bis Oktober 2010 in Kraft bleiben. Damals ahnte niemand, dass Bundesrat und Parlament das Gentech-Verbot noch viermal verlängern würden, die Verschnaufpause also mindestens 20 statt nur 5 Jahre dauern sollte. Es gab nach 2005 nie wieder eine Schweiz ohne Gentech-Moratorium. Die letzte Verlängerung läuft Ende 2025 aus.

Entsprechend sind gentechnisch veränderte Pflanzen bis heute nicht auf Schweizer Äckern zu finden. Dafür musste nichts ausgerupft und auch kein laufendes Bewilligungsverfahren gestoppt werden. Der damalige Bundesrat Joseph Deiss (CVP) hatte vor der Abstimmung immer wieder betont, das Moratorium sei unnötig, da es verbiete, «was gar niemand tun will». Das war der Bevölkerung egal. Sie stimmte für ein Moratorium auf Vorrat.

Der prophezeite Niedergang der Wirtschaft blieb aus. Die in der Schweiz ansässigen Saatgut- und Chemiekonzerne verzeichneten in den vergangenen 20 Jahren solides Wachstum. Der Forschungsstandort allerdings habe gelitten, sagt Ueli Grossniklaus, Molekularbiologe der Universität Zürich und zur Zeit der Abstimmung aktiv beim Forum Genforschung der Schweizerischen Akademien der Naturwissenschaften (SCNAT): «Grundlagenforschung wird noch gemacht, aber für anwendungsorientierte Forschung im Bereich der grünen Biotechnologie ist die Schweiz unattraktiv geworden.»

Wer solche Forschung betreiben will, sucht am besten eine Stelle ausserhalb Europas. Denn fast zeitgleich mit der Schweiz hat auch die Europäische Union zu Beginn der 2000er-Jahre den Raum für genmanipulierte Nahrung eingeschränkt. Nur ein einziger Gentech-Mais von Monsanto ist gesamteuropäisch zugelassen; er wird vor allem in Spanien und Rumänien angebaut. Zahlreiche Mitgliedstaaten (Polen, Ungarn, Österreich) verbieten die Einfuhr gentechnisch veränderter Pflanzen.

In der übrigen Welt dagegen weitet sich die Anbaufläche von Gentech-Pflanzen stark aus. In den USA, in Brasilien, Argentinien oder China stehen die Felder voll mit genverändertem Mais und Soja, mit Gentech-

Kartoffeln und -Kürbissen. In den USA sollen heute 60 Prozent der Landwirtschaftsfläche genverändert bepflanzt sein. Für die Forschung ist angesichts dieser Zahlen klar: Genmanipulierte Pflanzen stellen keine Gefahr für den Menschen dar. «Kein einziger Mensch ist jemals wegen gentechspezifischer Probleme mit Nahrungsmitteln hospitalisiert worden», sagt der Pflanzenbiologe Ueli Grossniklaus.

Für die Schweizer Wissenschaft war das Moratorium von 2005 ein Auftrag, die Risiken und Chancen gentechnisch veränderter Pflanzen abzuklären – in einem Nationalen Forschungsprogramm (NFP 59) wie in weiteren Versuchen und Studien. Vor der letzten Verlängerung des Moratoriums im Februar 2021 fassten die Akademien der Naturwissenschaften die Ergebnisse zusammen: «Unzählige Studien» im In- und Ausland hätten gezeigt, dass zugelassene genveränderte Nahrungsmittel «genauso sicher sind für den Konsum wie konventionelle Produkte». Der Schutz von Mensch und Umwelt sei heute kein Argument mehr für ein Gentech-Verbot. Die Schweiz habe «dringenden Handlungsbedarf» bei der Anpassung ihrer Gentechnikgesetzgebung.

Die Akademien wiesen 2021 auch darauf hin, dass sich die Haltung der Konsumentinnen und Konsumenten wandle. Gentechnisch veränderte Pflanzen seien resistenter gegen Schädlinge, was den Einsatz von Pestiziden in der Landwirtschaft reduziere. Gentechnisch veränderte Organismen ertrügen mehr Trockenheit, was Wasser spare in Zeiten des Klimawandels. Und genmanipulierte Pflanzen machten es möglich, Nahrungsmittel auf individuelle Unverträglichkeiten und Allergien masszuschneidern. Wer will da noch dagegen sein?

Die Landesregierung beeindruckte das alles nicht. Der Bundesrat empfahl 2021 eine vierte Verlängerung des Moratoriums – und sogar eine Ausweitung auf neue Gentech-Verfahren wie die Genschere Crispr. Bei dieser Methode lässt sich ein Genom punktuell verändern, ohne dass fremdes Genmaterial hinzugefügt wird. Die damalige Bundesrätin Simonetta Sommaruga (SP), die 2005 zu den Initiantinnen des Gentech-Moratoriums gehört hatte, erachtete gerade die Neuheit der Methoden als guten Grund für eine Verlängerung des Moratoriums.

Dagegen wehrte sich der Ständerat. Die mit dem Nobelpreis gewürdigte Genschere sei als Ausnahme zuzulassen, die «Hyper-Igelmentalität» der Schweiz aufzugeben, sagte Hans Germann (SVP). Auch die Akademien betonten, bei den neuen Verfahren seien die Risiken noch geringer als bei der klassischen Gentechnik. Das Parlament verlängerte das Moratorium bis 2025, verpflichtete aber den Bundesrat, Vorschläge für eine kontrollierte Zulassung der neuen Verfahren zu liefern. In der EU möchte die Kommission gewisse Genschere-Methoden für Pflanzen ebenfalls zulassen.

Die Schweiz muss bis Ende 2025 entscheiden, wie sie weitermachen will. Möglich, dass Ernteausfälle wegen Hitze, Frost oder Feuchtigkeit die Stimmung bei manchen Bauern verändern. Möglich auch, dass manche Konsumenten gezielte Erbgut-Umschreibungen bei Pflanzen tatsächlich nicht schlimmer finden als den Einsatz von Pestiziden, wie eine Studie von 2021 nahelegt. Doch die Gegner gentechnisch veränderter Nahrung bleiben organisiert und zahlreich. Und bei vielen Konsumentinnen und Konsumenten scheint das Interesse an natürlicher, authentischer Nahrung seit 2005 eher noch grösser geworden zu sein.

DAS VOLK ZWINGT DIE JUSTIZ ZUR HÄRTE

ABSTIMMUNG VOM 28.11.2010
VOLKSINITIATIVE «FÜR DIE AUSSCHAFFUNG
KRIMINELLER AUSLÄNDER
(AUSSCHAFFUNGSINITIATIVE)»

Die Schäfchenplakate der SVP hingen bereits während der eidgenössischen Wahlen 2007. Das aggressive, ausländerfeindliche Sujet wurde international diskutiert.

Vorgeschichte

Mit der Angst vor Fremden wurde in der Schweiz immer wieder Politik gemacht. 1922 hatte das Volk erstmals über eine «Ausweisung von Ausländern» zu entscheiden (und lehnte ab), 1970 wollte James Schwarzenbach mit der «Überfremdungs-Initiative» Hunderttausende Ausländer aus dem Land schaffen (und scheiterte nur knapp). →Überfremdung, 84

In den 1990er-Jahren erfand sich die Schweizerische Volkspartei (SVP) als rechtsnationale Heimatpartei neu und begann, das Thema Ausländer permanent zu bewirtschaften. Ihre Volksinitiative «gegen die illegale Einwanderung» scheiterte zwar 1996 an Volk und Ständen, bei den nächsten Wahlen aber wurde die SVP 1999 wählerstärkste Partei des Landes. Die SVP-Sonne stand für ein Glück, das zuerst den Schweizerinnen und Schweizern zustehen sollte. Ausländer, so die Erzählung der Partei, bedrohten dieses Glück, erschlichen Sozialleistungen, seien kriminell. Um die Jahrtausendwende standen vor allem Jugendliche aus dem Balkan im Fokus. In der Stadt Zürich waren 1998 vor einer lokalen Abstimmung SVP-Plakate mit der Parole «Kosovo Albaner Nein!» ausgehängt.

Die SVP lancierte die nationale Initiative «für die Ausschaffung krimineller Ausländer» im Wahljahr 2007. Nun zeigten die Plakate eine Gruppe weisser Schafe, die ein einzelnes schwarzes Schaf grimmig aus der Schweiz hinaustrat. Die Initiative verlangte, dass kriminelle Ausländer bei einer rechtskräftigen Verurteilung automatisch ausgeschafft würden. Egal, wie lange sie schon im Land lebten, und egal, wie schwer ihr Vergehen war.

Die Schäfchenposter hingen 2007 als Wahlplakate im ganzen Land und sorgten für Kontroversen. Bundespräsidentin Micheline Calmy-Rey (SP) zeigte sich «traurig» über die aggressive Kampagne. Der UNO-Sonderberichterstatter für Rassismus empfahl der Schweizer Regierung die Entfernung der Plakate, da sie «Rassenhass» schüren könnten. Ein Korrespondent des britischen «Independent» nannte die Schweiz nach einem Besuch im September 2007 «Europas Herz der Finsternis». Rechte bis rechtsextreme Bewegungen in Europa kopierten das Schafsujet begeistert.

Im Februar 2008 kam die Ausschaffungsinitiative mit mehr als 210 000 gültigen Unterschriften zustande (mehr als doppelt so viele wie benötigt). Parallel lief eine zweite SVP-Sammlung für die Initiative «Gegen den Bau von Minaretten», die im Sommer 2008 zustande kam und im November 2009 überraschend angenommen wurde. Die SVP dominierte die Politik dieser Jahre, und das Stimmvolk gab sich unberechenbar.

Abstimmungsdebatte

Der Initiativtext enthielt einen Katalog konkreter Delikte, die zum Verlust des Aufenthaltsrechts führen sollten – von vorsätzlicher Tötung und Vergewaltigung bis zu «Einbruchsdelikten» und missbräuchlich bezogener Sozialhilfe. Mehrere der genannten Delikte finden sich so gar nicht im Schweizer Strafgesetz. Der Bundesrat nannte die Liste «eher zufällig».

AUSSCHAFFUNG

DATUM
28.11.2010

TYP
VOLKSINITIATIVE

ERGEBNIS
ANGENOMMEN

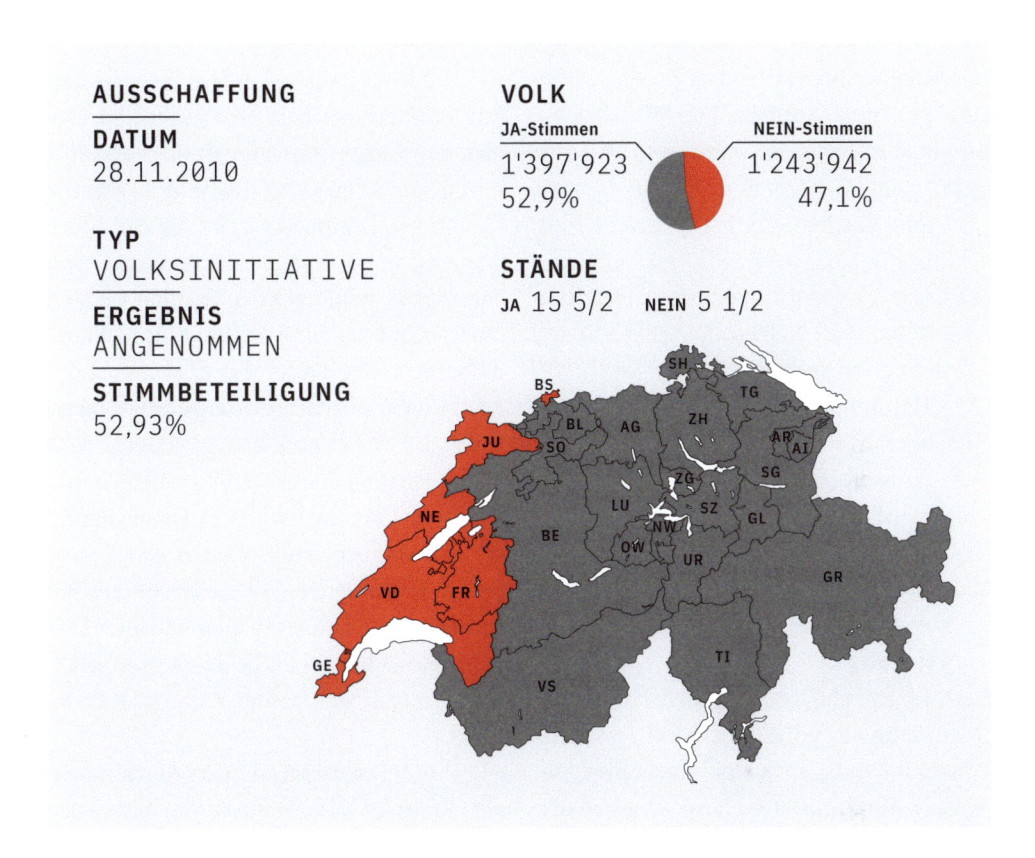

STIMMBETEILIGUNG
52,93%

VOLK
JA-Stimmen   NEIN-Stimmen
1'397'923   1'243'942
52,9%   47,1%

STÄNDE
JA 15 5/2   NEIN 5 1/2

Parlament und Regierung zeigten grosse Mühe mit dem Begehren und diskutierten, ob es überhaupt zur Abstimmung kommen dürfe. Die Ungleichbehandlung vor Gericht verletzte die Grundprinzipien des Völkerrechts. Zudem widersprach die Vorlage der mit der Europäischen Union vereinbarten Personenfreizügigkeit, die Beschränkungen des Aufenthaltsrechts nur nach Einzelfallprüfung und bei schweren Vergehen erlaubte.

Der Bundesrat liess die Abstimmung schliesslich zu und präsentierte einen entschärften Gegenvorschlag, der nur noch Delikte aus dem Strafgesetzbuch auflistete und auch die Integration der Delinquenten berücksichtigen wollte. Die SVP hielt an ihrer Initiative fest. Sie zeigte sich angriffig gegenüber Schweizer Richterinnen und Richtern, wollte ihnen explizit den Ermessensspielraum nehmen, sie zur Härte zwingen.

Alle anderen Parteien stellten sich gegen die Initiative. Sie warnten vor einem internationalen Imageschaden und führten die erneut absehbaren Konflikte mit dem Völkerrecht ins Feld. →Verwahrung, 170 Doch gegen die Schwarz-Weiss-Logik der Schäfchenplakate kam niemand an. Wer im Abstimmungskampf auf Rechtsstaatlichkeit pochte, wurde als abgehoben verhöhnt. Die Wirtschaftsverbände engagierten sich wenig, die SVP umso mehr. Gemäss dem Parteistrategen Christoph Blocher – der bei der Lancierung der Initiative noch Justizminister war, bevor er Ende 2007 abgewählt wurde – investierte die SVP rund vier Millionen Franken in den Abstimmungskampf.

Volk und Stände hiessen die Initiative gut und verwarfen den Gegenvorschlag. Am höchsten war die Zustimmung mit über 65 Prozent in Schwyz und Appenzell-Innerrhoden, am tiefsten (aber nicht unter 41 Prozent) in der Waadt, im Jura und in Basel-Stadt.

Wirkung

Nach der Annahme der Initiative begann die Erkundung der Volksseele. Viele fremdenfeindliche Vorlagen waren gescheitert, die Ausschaffungsinitiative hatte es geschafft. Warum? Zudem hatte die Stimmbevölkerung nach der Verwahrungsinitiative (2004) und dem Minarettverbot (2009) nun zum dritten Mal eine Vorlage gutgeheissen, die dem Völkerrecht zuwiderlief. Was war los mit den Schweizerinnen und Schweizern?

Der «Tages-Anzeiger» ortete eine «fatale Sehnsucht nach der Idylle» im Land. Tatsächlich schien das Schweizer Stimmvolk jene aggressive Nostalgie vorwegzunehmen, die in den folgenden Jahren bestimmend für viele rechtsnationale Bewegungen werden würde: Zurück zur Nation, die «eigenen Leute» zuerst – darauf setzten ab 2016 auch Donald Trump («America First») oder die Brexit-Befürworter («Take our country back»).

Der Psychoanalytiker Daniel Strassberg sah im Volksentscheid eher ein «sinnfreies Hau-den-Lukas», ein lustvoll-obszönes Herauslassen der niederen Instinkte: «Was für die Jungen der Botellón, ist für die ältere Generation die Volksabstimmung.» Nach Jahren der Beherrschung erlaube sie sich ein Dampfablassen an der Urne. Er rechnete nicht mit realen Folgen der Abstimmung.

International blieben die grossen Schlagzeilen aus, die es nach dem Minarettverbot 2009 gegeben hatte. «Unschweizerisch», kommentierte die «Welt» in Deutschland, die FAZ nannte den Entscheid einen «groben Klotz». Rechtsnationale Parteien von NPD bis Lega dagegen äusserten sich bewundernd: «Heute möchten wir alle Schweizer sein», schwärmte die Berlusconi-Zeitung «Il Giornale».

Die SVP entdeckte nach der Abstimmung die «Fremden Richter» neu. Wer hat in der Schweiz das Sagen, das Volk oder Technokraten in Strassburg und Brüssel? Das Thema war schon früher diskutiert worden, →Anti-Rassismus-Strafnorm, 144 in den 2010er-Jahren aber entwickelte die SVP einen Kult um die Unfehlbarkeit des eigenen Volkes: Es habe immer Recht und stehe auch über den Menschenrechten, wenn es das wolle. Erst 2018 geriet diese Politik der Selbstverzückung ins Stocken, als die SVP-Selbstbestimmungsinitiative deutlich scheiterte.

Die Umsetzung des Volksbegehrens gestaltete sich so schwierig, wie alle es erwartet hatten. Erst im März 2015 verabschiedete das Parlament einen Umsetzungsvorschlag. Die SVP hatte diesen nicht mehr abgewartet, sondern schon 2012 eine «Durchsetzungsinitiative» lanciert, um das Parlament zu einer wortgetreuen Umsetzung der Ausschaffungsinitiative zu zwingen. Die Initiative wurde von allen anderen Parteien als Gefahr für Rechtsstaat, Gewaltenteilung und Menschenrechte bewertet und im Februar 2016 vom Volk verworfen (mit fast 59 Prozent Nein). Im Oktober 2016 konnten die Bestimmungen des Parlaments zur Ausschaffung in Kraft treten.

Für die ausländische Wohnbevölkerung hat die Initiative Unsicherheit gebracht. Kann ein Ladendiebstahl der Teenagertochter bewirken, dass sie ihre B-Bewilligung verliert? Was genau bedeutet das Wort «Einbruchsdelikt» in Art. 121 der Bundesverfassung? Mit diesen und ähnlichen Fragen befassen sich Schweizer Gerichte nun regelmässig. 2019 befand das Bundesgericht in Lausanne, ein Ladendiebstahl sei allein noch kein Grund für den Landesverweis.

Vieles andere aber schon. Das Bundesamt für Statistik zählte 2019 mehr als 3000 Urteile mit Landesverweis. Da fast jedes automatische Urteil angefochten wird und dann doch im Einzelfall betrachtet werden muss, ist die Justiz gefordert. «Flut von Ausschaffungen überlastet Schweizer Gerichte», titelte der «Blick» im Dezember 2021.

Wie viele kriminelle Ausländer nach Absitzen ihrer Strafe tatsächlich das Land verlassen haben, vermochte der Bund lange nicht zu sagen. Die von der SVP geforderte «Strichli-Liste» blieb Wunschdenken, der Zahlenwirrwarr der Behörden beeindruckend. Das Bundesamt für Statistik ging 2020 schliesslich davon aus, dass aufgrund der vom Parlament verfügten Härtefallklausel – also der Möglichkeit, in Härtefällen von einer Ausschaffung abzusehen – rund vier von zehn kriminellen Ausländern in der Schweiz bleiben können – selbst wenn sie wegen einer Straftat verurteilt wurden, die eigentlich den Landesverweis nach sich zöge.

Die Zahlen sorgten für Ärger. Die vom Parlament versprochene «pfeffescharfe» Umsetzung der Initiative schien nicht gelungen, über die SVP hinaus wurde eine «Missachtung des Volkswillens» beklagt. Dagegen wehrten sich Richter und Staatsanwälte. Sie seien verpflichtet, zwischen geringfügigen Betrügereien und schweren Verbrechen zu unterscheiden und die Verhältnismässigkeit zu achten. Alles andere könne «nicht der Wille des Souveräns sein», sagte Beat Oppliger, Präsident der Schweizer Staatsanwälte-Konferenz, in der NZZ.

Die Ausschaffungsinitiative scheint niemanden glücklich gemacht zu haben. Nicht die ausländische Wohnbevölkerung, die bei Straffälligkeit den Landesverweis fürchten muss. Nicht die Gerichte, die mehr Arbeit haben und sich rechtfertigen müssen, wenn sie den Grundsatz der Verhältnismässigkeit achten, der auch in der Bundesverfassung steht. Nicht die SVP und ihre Anhänger, die sich einen harten, kalten Automatismus erhofft hatten und keine komplizierten Einzelfälle. Die Ausschaffungsinitiative zeigte dem Stimmvolk Grenzen auf. Die Sehnsucht nach Einfachheit lässt sich nicht mit einfachen Lösungen stillen.

DER BRUCH MIT DER WIRTSCHAFT

ABSTIMMUNG VOM 03.03.2013
EIDGENÖSSISCHE VOLKSINITIATIVE
«GEGEN DIE ABZOCKEREI»

«Zuerst war ich für die Abzocker-Initiative. Jetzt bin ich für den Gegenvorschlag.»

NEIN ZUR MINDER-INITIATIVE

www.genau-hinschauen.ch

DER GEGENVORSCHLAG DES PARLAMENTS BEKÄMPFT DIE ABZOCKEREI SCHNELLER ALS DIE INITIATIVE.

«Klar bin ich gegen Abzockerei! Aber der Gegenvorschlag wirkt schneller.»

NEIN ZUR MINDER-INITIATIVE

www.genau-hinschauen.ch

DER GEGENVORSCHLAG DES PARLAMENTS BEKÄMPFT DIE ABZOCKEREI SCHNELLER ALS DIE INITIATIVE.

Schau genau. Der Wirtschaftsverband Economiesuisse suggeriert in seiner Nein-Kampagne, es gäbe Kleingedrucktes bei der Initiative.

Vorgeschichte

Es begann mit Handlotion, Eau de Toilette und Feuchtigkeitscreme – es begann mit einem Grossauftrag. Die Trybol AG, eine Kosmetik- und Mundwasserfirma aus Neuhausen im Kanton Schaffhausen, hatte im Jahr 2001 von der Swissair eine Bestellung im Wert von einer halben Million Franken erhalten. Die Firma begann zu produzieren – bis in Zürich die Flieger am Boden blieben. Grounding, die nationale Fluggesellschaft war bald darauf Geschichte.

Zwei Jahre vor dem Grounding hatte Thomas Minder die Trybol AG von seinem Vater übernommen. 40 Jahre alt war er gewesen, damals, nun fürchtete er wegen der Swissair um die Zukunft seiner Firma. Einige Zeit nach dem Grounding erfuhr Minder, dass Swissair-CEO Mario Corti vor der Pleite fünf Jahresgehälter im Voraus bezogen hatte. 12,5 Millionen Franken. «Unsere Rechnung wird nicht bezahlt, seine eigene aber schon», sagte Minder.

Das Grounding, die nicht bezahlten Rechnungen (Minder konnte die Cremes und Lotionen später zu einem grossen Teil der Swiss verkaufen, der Nachfolgegesellschaft der Swissair) und die Vergütung von Corti – das genügte, um in Schaffhausen eine politische Karriere zu starten. Thomas Minder hat seither einen «dicken Hals», eine Wut auf die «Nieten in Nadelstreifen». Wut, er hat es später immer wieder betont, war der Antrieb für seine politische Karriere.

Minder besuchte nach dem Grounding Generalversammlungen von grossen Firmen und schimpfte gegen überrissene Bezüge des Managements. Er forderte den Bundesrat in einem offenen Brief auf, etwas gegen die gierigen Manager zu unternehmen. Er schaltete Inserate in diversen Zeitungen und tat dann den finalen Schritt in der politischen Schweiz: Er lancierte eine Volksinitiative – und das im Alleingang.

Mit der Initiative «gegen die Abzockerei» wollte Minder unter anderem Abgangsentschädigungen und Vorauszahlungen für Verwaltungsräte von börsenkotierten Unternehmen verbieten. Weiter verlangte die Initiative, dass die Löhne der Manager künftig von der jährlichen Generalversammlung abgesegnet werden sollten. Im Oktober 2006 begann er mit der Unterschriftensammlung, zwei Jahre später reichte er sie ein.

Minder traf den Zeitgeist. Zu Beginn des 21. Jahrhunderts wurde in der Schweiz eine intensive «Abzocker»-Debatte geführt. Ausgelöst durch das Grounding der Swissair, weiter befeuert durch die schamlose Bereicherung der ABB-Manager Percy Barnevik und Göran Lindahl, die das stolze Industrieunternehmen an den Rand des Ruins gebracht hatten und trotzdem eine Abgangsentschädigung von 233 Millionen Franken einsteckten. Die Empörung im Land war gross.

Das spürte man auch im Parlament. Dennoch hatte die bürgerliche Mehrheit ganz offensichtlich keine Lust, sich mit der Abzocker-Initiative von Thomas Minder zu befassen. Ganze vier Jahre lang berieten die beiden Kammern hin und her. Entwarfen und verwarfen mehrere Gegenvorschläge und zögerten eine Entscheidung immer wei-

ABZOCKER

DATUM
03.03.2013

TYP
VOLKSINITIATIVE

ERGEBNIS
ANGENOMMEN

STIMMBETEILIGUNG
46,74%

VOLK
JA-Stimmen NEIN-Stimmen
1'616'184   761'975
68,0%   32,0%

STÄNDE
JA 20 6/2   NEIN 0

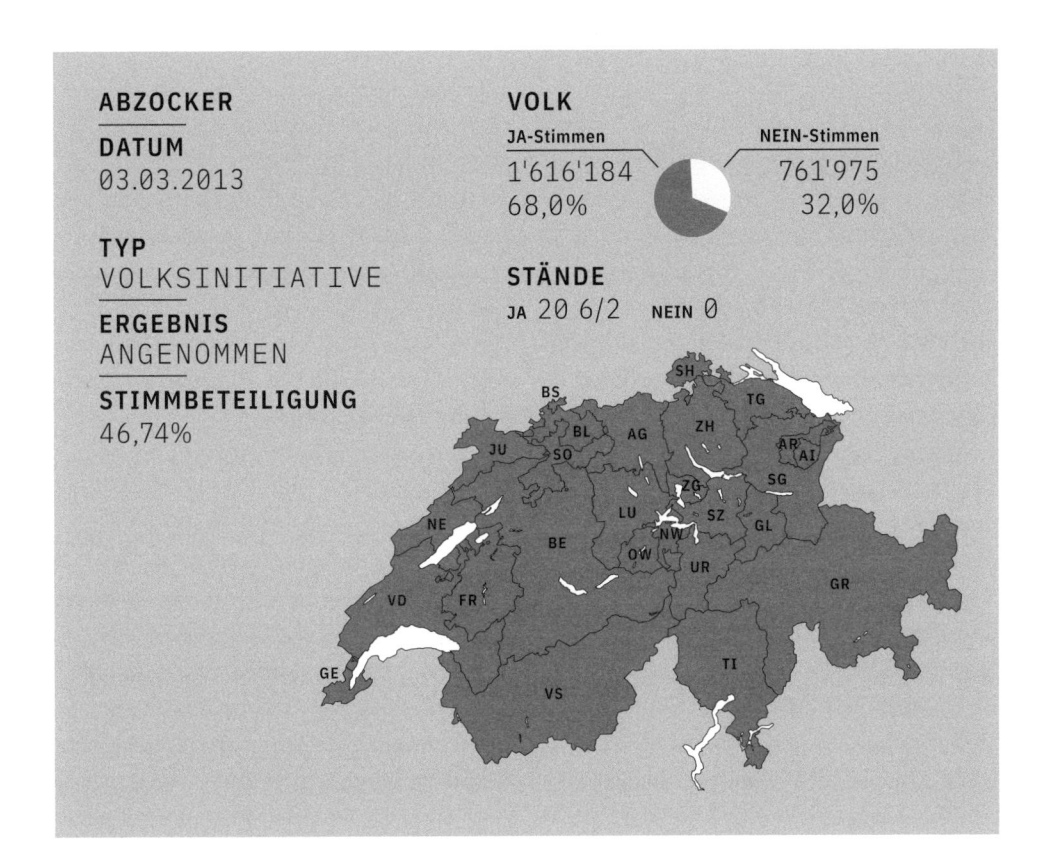

ter hinaus. Noch während des parlamentarischen Prozesses schaffte Minder 2011 mit einem Glanzresultat direkt die Wahl in den Ständerat, wo er sich als Parteiloser der Fraktion der SVP anschloss. In Bern erlebte er dann, wie das Parlament im März 2012 einen indirekten Gegenvorschlag zu seiner eigenen Initiative verabschiedete – mit dem Zweck, ihn zum Rückzug des Begehrens zu bringen. Vergeblich: Minder beharrte auf der Initiative, ein Jahr später wurde sie zur Abstimmung gebracht.

Abstimmungsdebatte

Es war ein klassischer Kampf von David gegen Goliath. Thomas Minder hatte das gesamte wirtschaftliche Establishment und alle bürgerlichen Parteien gegen sich. 200 000 Franken konnte Minder in den Abstimmungskampf stecken (Spenden vor allem) – 8 Millionen Franken der Wirtschaftsverband Economiesuisse. Auf den Nein-Plakaten war ausschliesslich von der «Minder-Initiative» die Rede, um das böse Wort «Abzocker» zu vermeiden.

Die Wirtschaftsverbände, die das Anliegen für «extrem» hielten und bei einer

Annahme einen Verlust von Arbeitsplätzen befürchteten, starteten mit einem grossen Rückstand ins Rennen – eine frühe Umfrage hatte einen Ja-Anteil für die Initiative von über 70 Prozent vorausgesagt. Gleichzeitig fielen den Wirtschaftsverbänden die eigenen Leute in den Rücken – wenn auch unabsichtlich. Zwei Wochen vor der Abstimmung wurde bekannt, dass sich der damalige Novartis-Chef Daniel Vasella für seinen Abgang 72 Millionen Franken auszahlen lassen wollte. Als die Entschädigung bekannt wurde, kündigte Vasella noch an, den Betrag zu spenden. Doch da war es schon zu spät. «Er führt die liberale Schweiz aufs Schafott», sagte der damalige FDP-Präsident Philipp Müller. Der Ärger über Vasella und Co. war riesig – und das Ventil zum Greifen bereit. Es überraschte die wenigsten, dass Thomas Minder gewann. Überraschend war nur, wie deutlich der Sieg ausfiel. 67,9 Prozent der Bevölkerung und alle Kantone sagten Ja zur Abzocker-Initiative.

Wirkung

Die Wut wirkte über den Abstimmungssonntag hinaus, auch bei den Verlierern der Abstimmung. «Diese Arroganz. Ein Arschloch bleibt ein Arschloch.» Das sagte FDP-Präsident Müller kurz nach der Abstimmung an einer Veranstaltung einer seiner Ortsparteien über ein Treffen mit einem Schweizer Spitzenmanager. Später wurde bekannt, dass Müller mit dem «Arschloch» Sergio Ermotti gemeint hatte, den damaligen Chef der UBS.

Die Aussage von Müller war bemerkenswert. Nicht wegen ihrer Vulgarität (Müller war bekannt für seine derbe Sprache), sondern wegen des Zeichens: Der Freisinn, die alte Partei der Macht, des Geldes und der Banken, distanzierte sich öffentlich von jenem Teil der Wirtschaft, von dem auch ein grosser Teil der Bevölkerung nichts mehr wissen wollte. Das war natürlich opportunistisch von Müller, aber es zeigte auch sein feines Gespür für die Stimmung in der Bevölkerung. Die hatte genug.

Das deutliche Ja zur Abzocker-Initiative war ein Novum. Kaum je in der Geschichte des Bundesstaates hatte sich die Stimmbevölkerung so entschlossen für ein Anliegen eingesetzt, das so offensichtlich gegen die Interessen der Wirtschaft gerichtet war. Das Ja war der Moment, in dem eine Entfremdung zwischen der Bevölkerung und gewissen Teilen der Wirtschaft (und ihren Verbänden) erstmals richtig sichtbar wurde.

Es war die nationale Reaktion auf internationale Entwicklungen. Auf eine Globalisierung, die als immer unkontrollierter wahrgenommen wurde. Auf die tiefer werdende Kluft zwischen Arm und Reich; eine Antwort auf die neoliberale Shareholder-Value-Ideologie der 1980er- und 90er-Jahre.

Für Politgeograf Michael Hermann war es der Anfang vom Ende des liberalen Sonderwegs. Er zieht eine direkte Linie vom Ja zur Abzocker-Initiative zum Ja zur 13. AHV-Rente im Frühling 2024. «Oft hört man nun: ‹Wenn die sich bedienen, dann wollen wir auch etwas für uns›», sagte Hermann der «Sonntagszeitung».

Dabei gibt es einen grossen Unterschied zwischen der Abzocker-Initiative und der

13. AHV-Rente: Die Vorlage von Thomas Minder blieb, trotz allem Engagement und aller Empörung, vor allem ein Zeichen. Die bundesrätliche Umsetzung der Vorlage sah vor, dass die Vergütung Sache der Firmen und ihres Aktionariats bleiben sollte – wie es auch Thomas Minder gewollt hatte. Minder war gegen staatlich gelenkte Unternehmen – er wollte mit seiner Vorlage lediglich Exzesse verhindern und wählte dafür einen denkbar sanften Weg. In der Folge hat die Abzocker-Initiative keine drastische Veränderung bei den Kaderlöhnen gebracht, selbst wenn die Generalversammlung nun die Löhne bewilligen musste. Zwar blieben die extremen Ausschläge für einige Jahre aus – die 233 Millionen Franken der ABB-Manager oder die 72 Millionen von Vasella. Ein grundsätzlicher Rückgang der hohen Manager-Löhne und Boni war allerdings kaum festzustellen. Ein Jahrzehnt nach der Abstimmung verdienten die Chefs der grossen börsenkotierten Schweizer Firmen fast alle mehr als zum Zeitpunkt der Abzocker-Initiative.

Die Abzocker-Initiative inspirierte mehrere weitere wirtschaftskritische Vorlagen wie die 1:12-Initiative der Juso, sie blieben aber alle chancenlos. Die Abzocker-Initiative hat die Schweiz dennoch geprägt. Sie markiert den Anfang einer neuen Distanz zwischen Bevölkerung und Grossunternehmen. Seit 2013 haben die Wirtschaftsverbände auffallend oft Mühe, ihre eigenen Vorlagen bei der Bevölkerung durchzubringen. Mehr Mühe als in den Jahrzehnten davor. Das Misstrauen, das mit dem deutlichen Ja zur Minder-Initiative offensichtlich wurde – es ist geblieben.

DIE SCHWEIZ UND DER DICHTESTRESS

ABSTIMMUNG VOM 09.02.2014
VOLKSINITIATIVE «GEGEN MASSEN-
EINWANDERUNG»

«Stopp der Masseneinwanderung!» Schwarze Füsse, unterwegs in die Schweiz. Das SVP-Plakat hing 2014 fast überall im Land.

Vorgeschichte

Das Plakat hing plötzlich überall. Schwarze Hosenbeine, schwarze Schuhe, die auf eine rote Fläche mit weissem Schweizerkreuz traten. Darunter der Slogan: «Masseneinwanderung stoppen!»

Im Sommer 2011 lancierte die rechtskonservative SVP eine Initiative zur Begrenzung der Zuwanderung in die Schweiz. Es war ein Wahljahr, und die Initiative hatte auch den Zweck, möglichst viele Konservative zu mobilisieren – das hatte bereits vier Jahre zuvor mit den Schäfchenplakaten funktioniert.
→ Ausschaffung, 192 Die Volkspartei redete in diesem Wahlherbst über wenig anderes als über die angebliche Masseneinwanderung aus den Ländern der Europäischen Union. Der durchschlagende Erfolg blieb dennoch aus. Zwar wurde die SVP mit einem Wähleranteil von 26,6 Prozentpunkten wieder mit deutlichem Abstand die stärkste Partei, doch im Vergleich zur Wahl von 2007 verlor sie über zwei Prozentpunkte und neun Sitze im Parlament. Für Schweizer Verhältnisse: ein Erdrutsch!

Das Thema Zuwanderung versetzte die Schweiz im Wahlherbst 2011 noch nicht in Angst und Aufregung. Zwei Jahre zuvor, im Februar 2009, hatten fast 60 Prozent der Stimmberechtigten Ja gesagt zur Verlängerung der Personenfreizügigkeit mit der Europäischen Union sowie zu ihrer Erweiterung auf die neuen Mitgliedsstaaten im Osten, Bulgarien und Rumänien. Freies Reisen in Europa, überall wohnen und arbeiten, günstige Arbeitskräfte für Schweizer Unternehmen – eine Mehrheit der Stimmenden fand das offensichtlich eine gute Sache.

Die hohe Zustimmung zur Osterweiterung 2009 und die Verluste der SVP bei den Wahlen 2011 waren das letzte belastbare Indiz vor der Abstimmung über die Masseneinwanderungsinitiative. Eine Art Stimmungstest in Sachen Personenfreizügigkeit. Kaum jemand rechnete damit, dass die SVP-Initiative durchkommen könnte.

Die Unzufriedenheit mit der Zuwanderung aber hatte stetig zugenommen in der Schweiz. Mit der 2002 in Kraft getretenen Personenfreizügigkeit war die Schweiz als Einwanderungsland noch einmal attraktiver geworden – was sich an den hohen Zuwanderungsraten ablesen liess. 2006 betrug das positive Zuwanderungssaldo noch knapp 50 000, ein Jahr später waren es schon über 83 000 Menschen, die in die Schweiz zogen. 2008 dann über 100 000 – ein Rekord bis dahin (der erst im Jahr 2023 wieder übertroffen werden sollte). Es kamen Italiener und Deutsche, Portugiesinnen und Franzosen, Putzfrauen und Kellner, Ärztinnen und Manager. Ende 2008 lebten über 1,6 Millionen Ausländerinnen und Ausländer in der Schweiz, jede vierte erwerbstätige Person hatte einen ausländischen Pass.

In der Öffentlichkeit wurde der Zustrom aus dem EU-Raum durchaus diskutiert. 2007 hatte der «Blick» eine Serie unter dem Titel «Wie viele Deutsche verträgt die Schweiz?» gestartet, und auch die SVP blieb dem Thema mehr als treu. Sämtliche Probleme in der Schweiz – überfüllte Züge, Kriminalität, Bodenpreise, Stromengpässe, alles! – führte die SVP auf die Zuwanderung zurück. «Darf man der Wahrheit nicht ins Gesicht schauen?»,

MASSENEINWANDERUNG

DATUM
09.02.2014

TYP
VOLKSINITIATIVE

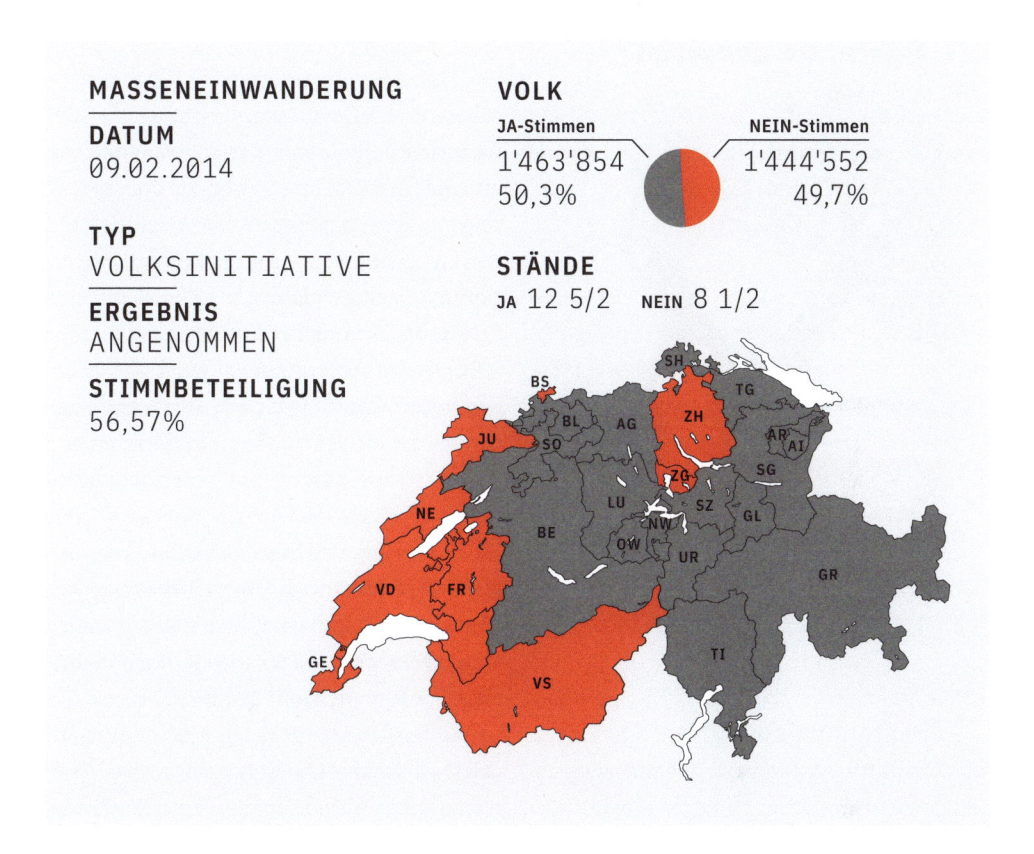

ERGEBNIS
ANGENOMMEN

STIMMBETEILIGUNG
56,57%

VOLK
JA-Stimmen   NEIN-Stimmen
1'463'854   1'444'552
50,3%   49,7%

STÄNDE
JA 12 5/2   NEIN 8 1/2

fragte der damalige Nationalrat und spätere Bundesrat Guy Parmelin bei der Präsentation der Initiative rhetorisch. «Jahr für Jahr wird wegen der Zuwanderung eine neue Stadt St. Gallen ins Schweizer Mittelland gesetzt», ergänzte Parteipräsident Toni Brunner an gleicher Stelle. Ein Motiv, das in der Abstimmungsdebatte oft wiederholt werden sollte.

Die Initiative sollte die Unzufriedenen abholen. Der Text blieb dabei vage. Die Immigration von Ausländern sollte durch jährliche Höchstzahlen und Kontingente begrenzt werden: «Die Schweiz steuert die Zuwanderung von Ausländerinnen und Ausländern eigenständig.» Wie genau diese Steuerung funktionieren, wie hoch die Höchstzahlen, wie gross die Kontingente sein sollten – das alles blieb offen. Klar war aber schon bei der Lancierung, dass die Initiative in Konflikt zu den Personenfreizügigkeitsabkommen mit der EU stehen würde. Bei einem Ja hätte die Personenfreizügigkeit innerhalb von drei Jahren neu verhandelt werden müssen. Die Abstimmung über die Masseneinwanderungsinitiative der SVP war deshalb auch eine Abstimmung über das Verhältnis der Schweiz zu Europa.

DIE SCHWEIZ UND DER DICHTESTRESS

Der Wirtschaftsverband Economiesuisse imitiert die Bildsprache der SVP und geht auf Distanz zur Abschottung. Ohne Erfolg.

Abstimmungsdebatte

Die Abstimmung fand am 9. Februar 2014 statt, am ersten Abstimmungstermin des Jahres. Für eine eigentliche Debatte blieb sehr wenig Zeit, weil sie erst nach Weihnachten begann. Im Nachhinein sollte sich herausstellen, dass das einer der Gründe für die knappe Annahme gewesen war – viele Leute hatten sich zum Zeitpunkt der Abstimmung noch keine Meinung bilden können.

Entscheidender war allerdings die Schwäche der Initiativgegner. Die Strategie von Parlament, Bundesrat und grossen Teilen der Wirtschaft war es, auf mögliche reale Probleme mit der Personenfreizügigkeit gar nicht erst einzugehen. Stattdessen wurde abstrakt der Wert der bilateralen Verträge betont, die Wichtigkeit von Europa für das wirtschaftliche Fortkommen des Landes.

Damit argumentierten Politik und Wirtschaft an der Bevölkerung vorbei. Die Gegnerinnen und Gegner der SVP standen vor einem Dilemma. Es war gefährlich, der SVP recht zu geben und die Probleme der Zuwanderung zu betonen. Aber die Probleme ignorieren war auch nicht gut. «Die skeptische Stimmung in der Bevölkerung gegenüber hohen Zuwanderungszahlen setzte die Behörden unter Handlungsdruck», hiess es später in einer Studie des Umfrageinstituts Sotomo. Handeln war jedoch nicht einfach: «Das Thematisieren und Problematisieren der Zuwanderung von Seiten der Behörden intensiviert jedoch die Wahrnehmung des Fremden. Dadurch wird der Eindruck von zu vielen Fremden und von drohendem Identitätsverlust tendenziell verstärkt.»

Inhaltlich sei das Ja zur Masseneinwanderungsinitiative ein «Statement gegen ‹Überfremdung›», hiess es in derselben Studie. Es ging wieder einmal um die Angst vor den Ausländern, die Angst des Kleinstaats. Ein wiederkehrendes Thema seit 100 Jahren, →Überfremdung, 84 im Jahr 2014 weiter befeuert durch die Angst vor Kontrollverlust in der Globalisierung: Was gilt eine Grenze noch? Lässt sich Zuwanderung national regeln?

Einfluss auf das Abstimmungsergebnis hatte auch das Verhalten der linken Parteien. Heimlich hatten viele Linke und Gewerkschafter auf einen hohen (aber nicht zu hohen) Ja-Anteil zur SVP-Initiative gehofft – um Argumente für einen Ausbau der flankierenden Massnahmen zu sammeln. Im Sinne von: Es gibt Probleme mit der Personenfreizügigkeit – also muss man die einheimischen

Arbeitnehmerinnen und Arbeitnehmer besser schützen. SP-Parteipräsident Christian Levrat hatte während des Abstimmungskampfs damit gedroht, die Ausdehnung der Personenfreizügigkeit auf Kroatien zu bekämpfen, sollten die flankierenden Massnahmen nicht stärker ausgebaut werden. Ein deutliches Signal an die eigene Basis. Schon zwei Jahre zuvor hatte die SP ein Migrationspapier verabschiedet, in dem die Zuwanderung für die Verstärkung gewisser Probleme im Wohnungs- und Arbeitsmarkt verantwortlich gemacht worden war.

«Die SP hat sich damals verpokert», sagte SP-Nationalrat Cédric Wermuth später der WoZ. Die hohe Zuwanderung – sie beschäftigte nicht nur nationalkonservative, sondern offensichtlich auch gewerkschaftliche und ökologische Kräfte.

Wirkung

Diese Mischung – geschürte Ängste in der Bevölkerung, zögerliche (zeuselnde) Gegner, ein kurzer Abstimmungskampf – führten zur grossen Überraschung. Zu einem Knall. Die Umfragen vor der Abstimmung hatten ein Nein vorausgesagt – jetzt war es ein Ja geworden. Ein hauchdünnes Ja: Bei einer hohen Stimmbeteiligung von 56,6 Prozent machten am Schluss 19 302 Stimmen den Unterschied. 50,3 Prozent der Stimmberechtigten waren für die Masseneinwanderungsinitiative – und damit indirekt für die Kündigung der Personenfreizügigkeit mit der EU.

Das Ja war ein Triumph für die SVP – und ein Schock für alle anderen. In den Wochen

Kunstplakat der Gesellschaft offene & moderne Schweiz (GomS) gegen die SVP-Initiative und ihr «Schwarz-Weiss-Denken».

nach der Abstimmung gingen in der Schweiz Tausende Menschen auf die Strasse, protestierten gegen das Ergebnis und skandierten «Wir sind die 49,7 Prozent!». Kurz nach der Abstimmung gründeten in Zürich junge Menschen die Europa zugewandte «Operation Libero», die in den kommenden Jahren zahlreiche SVP-Initiativen erfolgreich bekämpfen sollte.

In Bundesbern ging es währenddessen um die konkreten Probleme, die sich mit dem Ja stellten. Man habe das Unbehagen in der Bevölkerung wahrgenommen, sagte die damalige Justizministerin Simonetta Sommaruga (SP) nach der Abstimmung, aber habe dem offensichtlich zu wenig entgegengesetzt. «Jetzt ist der Entscheid gefällt, er gilt und wir werden ihn umsetzen.» Der Verfassungstext sei sehr offen formuliert, und am

Schluss entscheide das Parlament, wie die neue Bestimmung angewendet werde.

Das Parlament sah sich mit einer grundsätzlichen Schwierigkeit konfrontiert: Wie sollte man dem Anliegen der Initianten gerecht werden, ohne die Personenfreizügigkeit zu kündigen? Die staatspolitischen Kommissionen der beiden Räte kümmerten sich in den folgenden zwei Jahren um diese Frage und kamen zu einer banalen Antwort: gar nicht. Am Schluss eines nervenaufreibenden parlamentarischen Prozesses stand eine Lösung, die eigentlich keine Lösung war. Mit einem so genannten «Inländervorrang light» sollte die Nachfrage nach ausländischen Arbeitskräften gebremst werden. Die Lösung sah keine Höchstzahlen und Kontingente vor und war darum mit dem Personenfreizügigkeitsabkommen kompatibel – aber weit entfernt von dem, was die SVP in ihrer Initiative gefordert hatte. Vor der Schlussabstimmung sagte SVP-Fraktionschef Adrian Amstutz: «Mit der Nichtumsetzung des von Volk und Ständen beschlossenen Auftrages der eigenständigen Steuerung der Zuwanderung begeht das Parlament einen in dieser Form wohl einmalig dreisten Verfassungsbruch.»

Tatsächlich passierte nach dem Ja nichts. Auf jeden Fall nicht direkt. Politanalyst Michael Hermann drückt es mit Blick auf die SVP-Gegnerschaft so aus: «Die Masseneinwanderungsinitiative hatte keine direkte Auswirkung – sie wurde nicht umgesetzt. Dennoch hatte sie einen enormen Einfluss auf die politische Dynamik: Sie läutete in der Europapolitik ein neues Zeitalter ein, von der Offensive geriet man in die Defensive.»

Ihre grösste Wirkung entfaltete die Initiative nicht in der Migrations-Thematik, sondern in der Europapolitik. Das Ja zur Initiative hat den bilateralen Königsweg grundsätzlich infrage gestellt und stürzte die Beziehung der Schweiz zur EU in eine tiefe Krise. Bundesrat und bürgerliche Parteien waren danach derart verunsichert, dass auch ein von Brüssel gefordertes Rahmenabkommen mit der EU chancenlos blieb – die Politik hatte Angst vor der Bevölkerung (und liess das Abkommen gar nie zu einer Abstimmung kommen).

Der SVP gelang es nicht mehr, den Erfolg an der Urne zu wiederholen, obwohl sie es oft versuchte. Mehrmals musste die Stimmbevölkerung über weitere Initiativen abstimmen, die nach Vorbild der Masseneinwanderungsinitiative formuliert waren, etwa die «Durchsetzungsinitiative» (eine zweite Abstimmung über die Ausschaffungsinitiative), →Ausschaffung, 192 die «Selbstbestimmungsinitiative» (Vorrang der Bundesverfassung gegenüber internationalen Verträgen) oder die «Kündigungsinitiative» (mit der die Personenfreizügigkeit gekündigt worden wäre). Alle diese Vorlagen blieben chancenlos – auch weil sie ganz anders bekämpft wurden als das Vorbild.

Zivilgesellschaft und institutionelle Politik wollten kein zweites Debakel erleben und engagierten sich um ein Vielfaches mehr. Zugleich zeigte sich, dass die Stimmbevölkerung wenig Interesse hatte, bereits gefällte Schock-Entscheide noch einmal an der Urne zu bestätigen und auf wortgenaue Umsetzungen zu beharren. Der grösste Druck in der Debatte – er war mit dem Ja zur Masseneinwanderungsinitiative verschwunden. Mehr verlangte die Bevölkerung offensichtlich nicht. Direkte Demokratie als Ventil.

Das Thema Zuwanderung blieb aber aktuell. Im 21. Jahrhundert wurde die Überfremdung wieder zum Mainstream-Thema, die Zuwanderung bewegte im Jahrzehnt nach der Masseneinwanderungsinitiative breite Schichten der Bevölkerung. Zum neuen Schreckensbild wurde nun die «10-Millionen-Schweiz» aufgebaut. Auch vom «Dichtestress» wurde wieder gesprochen.

Auch darum zieht die SVP bis heute Kraft aus der gewonnenen Abstimmung. Sie ist ein ideologischer Orientierungspunkt für die wählerstärkste Partei des Landes. Die SVP kann ihr liebstes Thema weiterhin ungehindert bewirtschaften. Feindbild Ausländer, Feindbild Europa. Das macht sie nicht erst seit der Masseneinwanderungsinitiative. Aber seither umso mehr.

Schlusswort

Die nächsten 700 Abstimmungen

Volksabstimmungen sind nicht perfekt. Zu viele dürfen nicht mitmachen (kein Pass, zu jung), zu viele machen nicht mit (keine Lust, keine Zeit, keine Hoffnung), und nicht alle, die mitmachen, haben immer verstanden, worum es genau geht (gegen Atomkraft, aber für das Moratorium?). Auch bringt nicht alles, was beschlossen wird, wirklich Wandel: Der Schutz der Alpen und die Begrenzung der «Masseneinwanderung» wurden von Volk und Ständen angenommen und stehen in der Verfassung, richtig umgesetzt aber wurde beides nie. Es fehlt der politische Wille, der Handlungsspielraum, die Fantasie.

Doch so unperfekt es ist: Abstimmen funktioniert. Mit Stimmzetteln hat die Bevölkerung in den vergangenen 150 Jahren die Schweiz verändert. Die Demokratie ausgebaut (1874). Die Eisenbahnen verstaatlicht (1898). Zum Proporzwahlrecht gewechselt (1918). Die AHV eingeführt (1947). Die Kriegsvollmachten des Bundesrats beendet (1949). Die Zahl der AKWs begrenzt (1990). Ein Abseitsstehen vom Europäischen Wirtschaftsraum beschlossen (1992). Den Beitritt zu den Vereinten Nationen gewagt (2002). Eine Mutterschaftsversicherung geschaffen (2004), wenn auch erst nach 20 Anläufen. Immer wieder stimmte die Bevölkerung gegen guten Rat und mächtige Interessen. Und lebte dann mit den Folgen.

Abstimmen ist mehr als sein Ergebnis. Abstimmungsvorlagen mobilisieren, bringen alle drei bis vier Monate Hunderttausende Menschen ins Gespräch – über die Not der Fabrikarbeiter, die Abschaffung der Todesstrafe, die fünfte Schweiz, das Antirassismusgesetz, die Pestizide im Boden. Sie reden am Küchentisch, im Klassenzimmer, in Chatgruppen, in der Kantine. Längst nicht alle gehen stimmen, aber fast alle spüren, das abgestimmt wird. Sehen die Plakate im öffentlichen Raum, hören die Interessenvertreter am Radio, im Fernsehen, auf Instagram, fischen die Zettel der Parteien aus den Briefkästen. Es wird geredet – über Zukunft, Ängste und Ideen.

Dieses Reden und Verhandeln schafft so etwas wie Gemeinschaft, und sei es eine der gegenseitigen Ablehnung. Die Willensnation Schweiz, schreibt der Politologe Hanspeter Kriesi, «wurde durch die jahrzehntelange direktdemokratische Praxis stabilisiert, wenn nicht überhaupt erst ermöglicht».

Aktivierung und Debatte sind nicht wenig. Die Demokratie ist weltweit unter Druck. Organisationen wie Freedom House dokumentieren, was der US-Politologe Larry Diamond die «Rezession der Demokratie» genannt hat: Junge Demokratien kippen ins Autoritäre (Ungarn, Kambodscha, Nicaragua), etablierte Demokratien flirten mit dem starken Mann (USA, Indien, Israel). Laut dem Demokratie-Index des «Economist» lebten

2023 weniger als die Hälfte der Weltbevölkerung in so etwas wie einer Demokratie, und nur acht Prozent in einer «vollständigen» Demokratie. 35 Jahre nach dem Fall der Berliner Mauer und dem vermeintlich dauerhaften Sieg von Kapitalismus und Demokratie haben antidemokratische Kräfte Auftrieb.

Schuld sind nicht nur Angriffe von aussen – autoritäre Regimes, die die Demokratie verhöhnen und attackieren, einen Kult der Stärke und der Gewalt feiern. Nein, die Demokratie verliert auch in ihrem Innern an Rückhalt. Zu viele Menschen sind enttäuscht von den Ergebnissen und gelangweilt von den Routinen der Demokratie. Ihnen fehlt die Zuversicht, dass ihre Stimme wirklich zählt und Veränderung bringt. Die Demokratie macht zu viele Menschen nicht mehr glücklich. Umfragen aus Deutschland und den USA zeigen, dass gerade junge Menschen sich ihr Land sehr gut auch ohne demokratische Mitsprache vorstellen können, dafür mit starker Führung.

Die etablierten Demokratien suchen zunehmend hektisch nach Ideen. Wie kann die Demokratie verteidigt und entwickelt werden, wie könnte sie wieder mehr Menschen froh machen und eine Zukunft haben?

Viele setzen auf technische Lösungen. Auf Smartphone-Apps wie die Taube Palumba, die 2024 mehr Menschen zur Teilnahme an den EU-Parlamentswahlen bewegen sollte. Auf digitale Konsultativverfahren wie in Taiwan, wo die Vernehmlassung neuer Gesetze direkt online mit allen Bürgerinnen und Bürgern geschehen soll. Auf personalisierte KI-Beratungs-Bots, die besser als wir selbst wissen, was wir stimmen wollen. Futuristen prophezeien postdemokratische Big-Data-Analysen, die dem Staat aufgrund des Online-Verhaltens des Volkes prognostizieren, wie es abstimmen würde, wenn man es denn fragte – und ihm so die Durchführung einer Abstimmung und viel Geld sparen würden.

Andere setzen auf Bildung und Erlebnis: Das System ist gut, es muss nur besser erzählt und erfahren werden. Das wird dort spannend, wo es über das Schulzimmer und den Museumssaal hinausgeht: In Lettland wird seit einigen Jahren das Demokratie- und Debatten-Festival Lampa ausgerichtet – Demokratie soll wieder Spass machen. In Irland hat ein Bürgerrat, die Citizens' Assembly, ab 2016 viel zur Revitalisierung der demokratischen Prozesse beigetragen. Die Bevölkerung soll nicht einfach Stimmen abgeben, sondern selber Politik machen, sie denken, formen und beraten.

Schliesslich prüfen viele etablierte Demokratien handfeste Reformen. Stimmrechtsalter 16 Jahre. Stimmrecht für niedergelassene Ausländerinnen und Ausländer. Vereinfachte Einbürgerung der Ausländer und damit Erweiterung des Stimmvolks. In der Schweiz sind entsprechende Vorstösse unterwegs. Auch über die Ausweitung der polarisierenden Ja/Nein-Logik auf dem Stimmzettel liesse sich diskutieren – Russland kannte bei Wahlen die schöne Option «Gegen alle Kandidaten» (Wladimir Putin hat sie abgeschafft). In der Schweiz befand das Volk im Jahr 2000 über das konstruktive Referendum, das ihm Einsprachen mit Gegenvorschlag erlaubt hätte; das Volk verwarf die Idee. Auch über die Aufwertung der grossen Städte zu Ständen oder gleich den Abschied vom Ständemehr wird in Zukunft diskutiert werden.

Skeptiker warnen, mehr Teilhabe werde die Demokratie nicht retten. Im Gegenteil, die Hürden für Volksinitiativen beispielsweise müssten erhöht werden, damit die Schweiz nicht von gut organisierten Wirrköpfen, sendungsbewussten Milliardären und ausländischen Cyberkriegern gehackt werde und alle drei Monate über die nächsten Hornkühe und Impfverbote abstimmen müsse. Ein Skandal um gefälschte Unterschriften hat 2024 eine Debatte über die Gefahren der kommerziellen Unterschriftensammlung ausgelöst, und die einstige Bundeskanzlerin Annemarie Huber-Hotz hatte schon 2014 angeregt, den grossen Parteien das Recht auf Volksinitiativen zu entziehen, um das Volk vor Wahlkampf- und Profilierungsabstimmungen zu schützen.

Angesichts von Klimakrise und neuen Kriegen brauche es sowieso weniger Abstimmungen und mehr «Volksbeschränkung», schreiben in Deutschland Hedwig Richter und Bernd Ulrich. Das sei in der Geschichte der Demokratie immer wieder so gewesen: «Gerade in Krisenzeiten haben Demokratien auf Selbstverteidigung umgestellt, auf weniger direkt, auf mehr Disziplin.» Die Zeit, da jede und jeder ein Plebiszit über die eigenen Begehren fordern könne, sei vorbei. Schluss mit Selbstverwirklichung. Während der Covid-Pandemie empfahl der Schriftsteller Thomas Brussig: «Mehr Diktatur wagen.» Und in den USA argumentieren Libertäre wie Jason Brennan seit Jahren «gegen Demokratie» und für mehr Expertenführung.

Doch ein Rückbau der demokratischen Teilhabe wäre traurig. Wenn die Erfahrung mit der direkten Demokratie in der Schweiz etwas lehrt, dann dies: Abstimmen tut gut. Volksabstimmungen lassen Ärger ab, sodass er sich nicht über Jahre gefährlich staut. Zugleich verlangen Abstimmungen die Zügelung niederer Instinkte. Gerade weil das Stimmvolk so weitreichende Entscheide treffen kann, muss es sich zurückhalten und mässigen, an Minderheiten und den politischen Gegner denken. Abstimmen wirkt beruhigend: Das Wissen um die ständig drohende Einsprache und eine mögliche Volksabstimmung verlangsamt die Schweizer Politik und fördert Kompromisse. Auch die hohe Kadenz des Stimmens wirkt befriedend: Nur selten bleiben Frust und Wunden, viel öfter ist der Streit nach dem Abstimmungssonntag erledigt, geht es einfach weiter, kommt das nächste Stimmcouvert nach Hause. Abstimmen heisst auch: verlieren lernen. Und es noch einmal versuchen.

Der Blick zurück auf die 676 Abstimmungen seit dem Sommer 1848 offenbart Themen, über die das Stimmvolk immer wieder entscheidet, durch all die Zeit hindurch. Das Verhältnis von Föderalismus und Zentralstaat. Die Angst der lateinischen Schweiz vor deutschsprachiger Dominanz. Der Druck des Auslands auf die reformunwillige Schweiz. Die Mühe des Kleinstaats mit der

Zuwanderung und dem vermeintlich Fremden. Das Ringen um die eigene Position in der Welt.

Es gibt aber auch Brüche. Die Abstimmungen des späten 19. und frühen 20. Jahrhunderts zeigen, wie mutig und pionierhaft die Schweiz einmal war: Beim Fabrikgesetz, im Strafrecht, auch die AHV war ein Wurf. Dieser Mut wich mehr und mehr der Vorsicht. Nach dem Zweiten Weltkrieg und mit wachsendem Wohlstand wurden wir ängstlicher. Wechselten in den Bewahrungsmodus.

Das Stimmverhalten der Schweizer Bevölkerung gilt als vernünftig und wenig überraschend. Immer wieder aber, das zeigen die 30 hier porträtierten Abstimmungen, gibt es Ausreisser. Wilde Entscheide, aus Wagemut oder Wut. Die Schweizer Demokratie bleibt bei aller Kontinuität ein Stück weit unberechenbar. Wie aufregend. Wie schön.

30 weitere wichtige Volksabstimmungen (1848–2024)

Bundesverfassung der schweizerischen Eidgenossenschaft (Sommer 1848)

Die moderne Schweiz entsteht aus Gewalt. Im Sonderbundskrieg 1847 unterliegen die Katholisch-Konservativen den liberalen Kantonen. Anschliessend wird abgestimmt – über den Entwurf einer gemeinsamen Verfassung und die Transformation vom Staatenbund zum Bundesstaat. Die katholisch-konservativen Kantone Uri, Schwyz, Ob- und Nidwalden, Wallis, Appenzell Innerrhoden sowie das Tessin stimmen Nein, doch die progressiv-liberale Mehrheit setzt sich durch.

Bundesgesetz betreffend gebrannte Wasser (15.05.1887)

Hier beginnt das Alkoholmonopol des Bundes. Mitte des 19. Jahrhunderts geht die Branntweinpest um, ertrinkt die Fabrikarbeiterschaft in billigem Schnaps (Brönz). Das erste bundesweite Alkoholgesetz reguliert Kartoffel- und Getreideschnaps, später folgen ein Absinth-Verbot (1908, aufgehoben 2004) und Steuern auf Obstbrände (1930/32).

Bundesbeschluss betreffend Revision der Bundesverfassung (Einführung der Volksinitiative zur Teilrevision der Verfassung, 05.07.1891)

Die Demokratie wird ausgebaut, das Volk stattet sich mit dem Instrument der Volksinitiative aus. Davor konnte eine Initiative nur eine Totalrevision der Verfassung verlangen, nicht eine Änderung einzelner Passagen. Von seither mehr als 500 lancierten Volksinitiativen kamen rund 230 zur Abstimmung; 26 wurden von Volk und Ständen angenommen (Stand Sommer 2024).

Bundesbeschluss betreffend Revision von Art. 39 der Bundesverfassung (Banknotenmonopol, 18.10.1891)

1891 stimmt das Volk für ein Banknotenmonopol des Bundes. Die Notenausgabe soll nicht länger durch verschiedene Kantonal- und Aktienbanken geschehen, sondern durch eine einzige Staatsbank oder zentrale Aktienbank unter Bundesaufsicht. Die Abstimmung gilt als Anfang der Schweizerischen Nationalbank, die 1907 ihren Betrieb aufnimmt.

Bundesgesetz über die Kranken- und Unfallversicherung (04.02.1912)

Nach einer Diskussion, die mehr als ein Vierteljahrhundert dauert, regelt der Bund die Teilhabe an einer Kranken- und Unfallversicherung. Das Gesetz sieht für Kassen, die sich der Aufsicht des Bundes unterstellen, Subventionen vor und vereinheitlicht die Aufnahmebedingungen. Der Abschluss einer Krankenversicherung bleibt für die Bürgerinnen und Bürger freiwillig – das Obligatorium wird erst 1994 beschlossen.

Bundesbeschluss betreffend den Beitritt der Schweiz zum Völkerbund (16.05.1920)

Zum ersten Mal dürfen die Schweizer über einen internationalen Vertrag abstimmen – und sie sagen Ja, trotz Neutralitätsbedenken. Der Völkerbund, gegründet nach dem Ersten Weltkrieg, soll neue Kriege verhindern. Das misslingt ihm. 1946 wird der Völkerbund aufgelöst, die Vereinten Nationen ersetzen ihn. Die Schweiz tritt erst 2002 bei.

Initiative «Für eine Totalrevision der Bundesverfassung» (08.09.1935)

Der Vorstoss der faschistischen Partei Nationale Front (NF) will die ganze Bundesverfassung umstossen und neu schreiben. Das Volk stoppt die Fröntler, mit 72,3 Prozent Nein.

Bundesbeschluss über die Ergänzung der Bundesverfassung durch einen Artikel 22bis über den Zivilschutz (24.05.1959)

Im zweiten Anlauf (nach einem Nein 1957) heisst das Volk die Verfassungsgrundlage für den «zivilen Schutz der Personen und Güter gegen die Auswirkungen von kriegerischen Ereignissen» gut. Zivilschutz wird Bundessache und die Schweiz im Kalten Krieg zu einem Land der Bunker.

Bundesbeschluss über die Ergänzung der Bundesverfassung durch einen Artikel 24[sexies] betreffend den Natur- und Heimatschutz (27.05.1962)

Der Naturschutz kommt in die Verfassung. Der Bundesrat argumentiert, allein würden die Kantone mit den vielen neuen Strassen, Fabriken und Wohnüberbauungen nicht fertig. Die beschleunigte Modernisierung macht den Schutz der Natur und der historischen Ortsbilder zu einem breiten Anliegen.

Initiative «Für eine vermehrte Rüstungskontrolle und ein Waffenausfuhrverbot» (24.09.1972)

Die Initiative scheitert, aber nur sehr knapp (49,7 Prozent Ja-Stimmen). Sie gilt als Startschuss für die Regulierung der Schweizer Rüstungsindustrie. Bald verabschiedet das Parlament ein «Kriegsmaterialgesetz», das den Export von Waffen in Länder verbietet, in welchen ein bewaffneter Konflikt herrscht oder auszubrechen droht.

Bundesbeschluss über Massnahmen zur Überwachung der Preise (02.12.1973)

Der Preisüberwacher darf seinen Dienst aufnehmen.

Zeitgesetz (Sommerzeit, 28.05.1978)

Junge Zürcher Bauern ergreifen das Referendum gegen die Einführung der Sommerzeit. Die Zeitumstellung störe den Arbeitsrhythmus von Mensch und Tier. Das Volk kann das nachvollziehen – und macht die Schweiz zur Zeitinsel in Europa. Das verursacht ab April 1980 Kosten und Missverständnisse (Grenzgänger, Zug-Fahrpläne, TV-Programme), so dass Bundesrat und Parlament sich im Sommer 1981 über den Volksentscheid hinwegsetzen und die Sommerzeit doch einführen.

Tierschutzgesetz (03.12.1978)

Der Schutz der Tiere wird Bundessache. Fast 82 Prozent der Stimmenden stimmen Ja.

Bundesbeschluss über einen Radio- und Fernsehartikel (02.12.1984)

Radio und Fernsehen erhalten einen Bundesauftrag – nachdem das gleiche Anliegen vorher zweimal gescheitert war. Die SRG soll nun gemäss Verfassung zur «freien Meinungsbildung» und «kulturellen Entfaltung» im Land beitragen.

Bundesbeschluss betreffend das Konzept BAHN 2000 (06.12.1987)

Die Schweiz will die wirtschaftlich schlingernde Bundesbahn stützen und den öffentlichen Verkehr attraktiver machen. Die «Bahn 2000» sieht einen massiven Ausbau des Schienennetzes vor. Die grossen Bahnhöfe der Schweiz sollen in weniger als einer Stunde untereinander erreichbar werden. Das Volk sagt Ja.

Bundesbeschluss über die Herabsetzung des Stimm- und Wahlrechtsalters auf 18 Jahre (03.03.1991)

Erst wurde die Stimmbevölkerung weiblicher, dann jünger. Zwanzig Jahre nach dem Ja zum Frauenstimmrecht wird das Stimm- und Wahlrechtsalter auf eidgenössischer Ebene von 20 auf 18 Jahre gesenkt. Ein erster Anlauf war 1979 gescheitert, woraufhin mehrere Kantone das Stimmrechtsalter 18 auf eigene Faust eingeführt hatten.

Bundesbeschluss über die Einführung eines Zivildienstes für Dienstverweigerer (17.05.1992)

Die Wehrpflicht, ein Pfeiler der Schweizer Identität im Kalten Krieg, wird gelockert. Neu können junge Schweizer einen zivilen Ersatzdienst absolvieren – wenn sie sich aus Gewissensgründen nicht imstande sehen, in die Armee einzurücken.

Initiative «Zum Schutze des Alpengebietes vor dem Transitverkehr» (Alpen-Initiative, 20.02.1994)

Es sind Umweltschützer aus den verkehrsgeplagten Kantonen Uri, Tessin, Wallis und Graubünden, die die Alpen-Initiative lancieren. Alle Güterlastwagen, die durch die Alpen fahren, sollen auf die Schiene – und die Bevölkerung sagt Ja, gegen den Widerstand von Bundesrat und Parlament! Die Regierung warnte, die Initiative verstosse gegen das Prinzip der Nichtdiskriminierung gegenüber Ausländern und fordere ein Zerwürfnis mit der EU heraus. Bis heute bleiben denn auch wesentliche Teile der Initiative nicht umgesetzt. Dennoch hat die Abstimmung die Schweizer Verkehrspolitik geprägt: 2024 sind rund 72 Prozent aller Lastwagen, die in der Schweiz die Alpen queren, auf die Schiene umgelagert.

Bundesbeschluss über eine neue Bundesverfassung (18.04.1999)

Die totalrevidierte Verfassung, in Kraft seit 1. Januar 2000 und entstanden in breiter Vernehmlassung, ist ein weltoffener Text. Sie nennt «nachhaltige Entwicklung» und «Chancengleichheit» als Zweck der Eidgenossenschaft (Art. 2). Neu sind nicht nur Schweizerinnen und Schweizer vor dem Gesetz gleich, sondern «alle Menschen» (Art. 8). Auch wegen dieser Formulierung scheitert die Verfassung fast am Ständemehr.

Bundesbeschluss über die Genehmigung und die Umsetzung der bilateralen Abkommen zwischen der Schweiz und der EU über die Assoziierung an Schengen und an Dublin (05.06.2005)

Seit der Annahme von Schengen/Dublin können Schweizerinnen und Schweizer ins europäische Ausland reisen, ohne einen Ausweis zeigen zu müssen. Systematische Grenzkontrollen fallen weg. Für Asylsuchende nimmt die Freiheit ab: Sie können nur noch in einem Land des Dublin-Raumes Asyl beantragen.

Bundesgesetz über die Verbesserung der steuerlichen Rahmenbedingungen für unternehmerische Tätigkeiten und Investitionen (Unternehmenssteuerreformgesetz II, 24.02.2008)

Mit einer knappen Mehrheit von 50,5 Prozent der Stimmen heisst das Volk die USR II gut. Die Folge sind Steuerausfälle in Milliardenhöhe – anders als im Abstimmungsbüchlein versprochen.

Initiative «Gegen den Bau von Minaretten» (29.11.2009)

Die Zeit ist geprägt vom US-Krieg gegen den Terror und der Angst vor islamistischen Anschlägen. Dass die Schweiz über eine Bauvorschrift in der Bundesverfassung die Religionsfreiheit im Land einschränkt, erzeugt international grosses Echo und viel Empörung. Während die praktischen Folgen überschaubar bleiben, stärkt der Volksentscheid die ausländerfeindlichen Kräfte und sorgt für Spannungen im Zusammenleben. 2021 folgt ein Burka-Verbot.

Initiative «Schluss mit dem uferlosen Bau von Zweitwohnungen!» (11.03.2012)

Der Anteil von Zweitwohnungen pro Ort wird auf 20 Prozent begrenzt. Das Unterland und die Städte sagen Ja zur Initiative von Umweltschützer Franz Weber, die Tourismusgebiete Nein – und sind entsprechend wütend über das Resultat. Die Initiative wird danach allerdings nicht sehr strikt umgesetzt.

Änderung des Bundesgesetzes über die Raumplanung (Raumplanungsgesetz, 03.03.2013)

Das Gesetz hat sichtbare Konsequenzen für den öffentlichen Raum. Um der weiteren Zersiedelung des Schweizer Mittellandes entgegenzuwirken, müssen die Kantone ihr Bauland besser bewirtschaften. So soll verhindert werden, dass die Schweiz komplett zugebaut wird.

Initiative «Für ein bedingungsloses Grundeinkommen» (05.06.2016)

Die Schweiz ist das erste Land der Welt, das national über ein Grundeinkommen abstimmt. Das Anliegen ist chancenlos (76,9 Prozent Nein-Stimmen), aber die Diskussion neuer Lohn- und Arbeitsmodelle dauert angesichts von Fachkräftemangel, Burn-Outs und Künstlicher Intelligenz weiter an.

Bundesbeschluss über die erleichterte Einbürgerung von Personen der dritten Ausländergeneration (12.02.2017)

Schweizersein wird (etwas) einfacher. 60 Prozent der Stimmenden befürworten die erleichterte Einbürgerung der dritten Generation – trotz einer aggressiven SVP-Kampagne gegen «Masseneinbürgerung». Das solide Ja überrascht: 2004 hatte das Stimmvolk die erleichterte Einbürgerung für die zweite und dritte Generation von Ausländerinnen und Ausländern noch abgelehnt.

Initiative «Für verantwortungsvolle Unternehmen – zum Schutz von Mensch und Umwelt» (Konzernverantwortungsinitiative, 29.11.2020)

Ein emotionaler Abstimmungskampf endet mit dem knappest möglichen Ergebnis: Die Bevölkerung sagt Ja zur Konzernverantwortung (mit 50,7 Prozent), die Stände lehnen sie ab. Die Initiative will, dass Firmen mit Sitz in der Schweiz verantwortlich für das Verhalten ihrer Ableger und Zulieferer im Ausland gemacht werden können. Während die Schweiz Nein stimmt, verschärfen mehrere europäische Staaten ihre Gesetze.

Bundesgesetz über elektronische Identifizierungsdienste (E-ID-Gesetz, 07.03.2021)

Der Bundesrat will einen elektronischen Personalausweis – und private Unternehmen mit dessen Ausstellung beauftragen. Dagegen ergreifen NGOs das Referendum. Ausweise, argumentieren sie, dürften nicht durch gewinnorientierte Akteure verwaltet werden. Fast 65 Prozent der Bevölkerung teilen die Bedenken. Der Bund muss eine staatliche Lösung entwickeln.

Bundesgesetz über die Verminderung von Treibhausgasemissionen (CO_2-Gesetz, 13.06.2021)

Pariser Klimaabkommen? Netto-Null bis 2030? Lieber nicht. Das Schweizer Stimmvolk beschliesst mit 59,7 Prozent Nein-Stimmen, dass die Klimaerwärmung keine neuen Massnahmen erfordert. Zwei Jahre später allerdings nimmt es das Klimaschutzgesetz an – und sagt Ja zu Netto-Null bis 2050.

Initiative «Für ein besseres Leben im Alter» (13. AHV-Rente, 03.03.2024)

Zum ersten Mal in der Geschichte des Bundesstaates nehmen Volk und Stände eine Volksinitiative an, die den Sozialstaat ausbaut.

Kleines Glossar

Obligatorisches Referendum

Ändert das Parlament die Bundesverfassung, so braucht es die Zustimmung von Volk und Ständen. Eine Volksabstimmung ist obligatorisch. Das obligatorische Referendum auf Bundesebene für Verfassungsänderungen besteht seit 1848. Auch der Beitritt zu «supranationalen Gemeinschaften» sowie dringliche, mehr als ein Jahr lang gültige Bundesgesetze ohne Verfassungsgrundlage verlangen heute eine Abstimmung (Art. 140 BV).

Fakultatives Referendum

Bundesgesetze und andere Erlasse des Parlaments unterstehen seit 1874 dem fakultativen Referendum (Art. 141 BV). Wenn innert 100 Tagen nach Publikation eines neuen Gesetzes oder Beschlusses mindestens 50 000 Stimmbürger oder acht Kantone dies verlangen, kommt es zur Volksabstimmung. Die Vorlage wird nur dem Volk vorgelegt, es braucht kein Ständemehr.

Volksinitiative

Bürgerinnen und Bürger können seit 1891 selber eine Änderung der Bundesverfassung vorschlagen und hierfür eine Abstimmung erzwingen. Für eine Volksinitiative auf Teilrevision der Bundesverfassung (Art. 139ff. BV) braucht es ein Initiativkomitee aus mindestens sieben in der Schweiz stimmberechtigten Personen. Dieses muss innert 18 Monaten mindestens 100 000 Unterschriften für das Begehren sammeln. Stellt die Bundeskanzlei in Bern fest, dass genügend gültige Unterschriften vorliegen, kommt es zur Volksabstimmung. Die Annahme einer Volksinitiative erfordert ein Mehr von Volk und Ständen. Seit 1891 sind mehr als 200 Initiativen zur Abstimmung gelangt und 26 Vorlagen von Volk und Ständen angenommen worden. Das Initiativrecht auf eine Totalrevision der Verfassung (Art. 138 BV) besteht bereits seit 1848.

Gegenentwurf

Das Parlament ist berechtigt, einen Gegenentwurf zu einer Volksinitiative zu formulieren (Art. 139ff. BV). Der direkte Gegenentwurf wird der Volksinitiative in der Abstimmung gegenübergestellt, wenn die Initianten ihr Begehren nicht zugunsten des Gegenentwurfs zurückziehen. Der indirekte Gegenentwurf steht im Zusammenhang mit der Volksinitiative, wird ihr aber nicht direkt gegenübergestellt.

Ständemehr

Die Schweiz besteht aus 26 Kantonen. Sechs Kantone – AI, AR, OW, NW, BS, BL – wurden bis 1999 Halbkantone genannt. Sie haben je nur eine halbe Standesstimme und nur eine Vertreterin im Ständerat. Es gibt also 23 Standesstimmen bei 26 Kantonen. Legen bei einer Volksabstimmung mehr als 11 1/2 Stände ein Ja ein, ist das Ständemehr erreicht (ein Gleichstand zählt als Ablehnung). Aus Gründen der Transparenz werden halbe Standesstimmen meist sichtbar notiert (10 3/2 statt 11,5 Stände). Das Ständemehr soll sicherstellen, dass kleine Kantone nicht von bevölkerungsreichen Kantonen dominiert werden.

Quellen und Literatur

Kölz, Alfred. Neuere Schweizerische Verfassungsgeschichte. Stämpfli: Bern, 2004.

Linder, Wolf; Bolliger, Christian; Rielle, Yvan (Hg.). Handbuch der eidgenössischen Volksabstimmungen, 1848–2007. Bern: Haupt, 2010. Weiterführung online: swissvotes.ch

Maissen, Thomas. Geschichte der Schweiz. Baden: Hier und Jetzt, 2010.

Richter, Bettina; Museum für Gestaltung Zürich (Hg.) Ja! Nein! Yes! No! Swiss Posters for Democracy. Zürich: Lars Müller, 2021.

Rotzler, Willi; Wobmann, Karl. Politische und soziale Plakate der Schweiz. Zürich: ABC, 1985.

Tanner, Jakob. Geschichte der Schweiz im 20. Jahrhundert. München: Beck, 2015.

Vatter, Adrian. Das politische System der Schweiz. Baden-Baden: Nomos, 2020. (Vierte aktualisierte Auflage)

Wie Abstimmungen das Land verändern

Kuenzi, Renat; Glatthard, Jonas. «Die Schweiz als Ausschluss-Demokratie.» Swissinfo (26.06.2020). swissinfo.ch/ger/politik/schweiz-demokratie-geschichte-ausschluss-sozialleistungen/45830848 [Zugriff 08.05.2023]

Bundesamt für Statistik. «Die Bevölkerung der Schweiz ist 2023 stark gewachsen.» BfS Medienmitteilung (04.04.2024). bfs.admin.ch/asset/de/30709870 [Zugriff 12.04.202]

Bundesamt für Statistik. «Auslandschweizer/innen.» BfS Bevölkerung. bfs.admin.ch/bfs/de/home/statistiken/bevoelkerung/migration-integration/auslandschweizer.html [Zugriff 15.08.2022]

Bundesamt für Statistik. «Stimmbeteiligung.» BfS Politik. bfs.admin.ch/bfs/de/home/statistiken/politik/abstimmungen/stimmbeteiligung.html [Zugriff 15.08.2022]

Bundeskanzlei. «Politische Rechte: Volksabstimmungen (Übersicht in Zahlen, Stand September 2024).» Bundeskanzlei Schweiz. bk.admin.ch/ch/d/pore/va/vab_2_2_4_6.html [Zugriff 02.06.2024]

Bundeskanzlei. «Politische Rechte: Ungültig erklärte Volksinitiativen.» Bundeskanzlei Schweiz. bk.admin.ch/ch/d/pore/vi/vis_2_2_5_6.html [Zugriff 08.05.2023]

Eggenberger, Justine. «Hat die tüchtigste aller Demokratien ein Demokratiedefizit?» Avenir Suisse. avenir-suisse.ch/microsite/liberalismus-konkret/hat-die-tuechtigste-aller-demokratien-ein-demokratiedefizit/ [Zugriff 01.12.2022]

Fatke, Matthias; Freitag, Markus. «Wollen sie nicht, können sie nicht, oder werden sie nicht gefragt? Nichtwählertypen in der Schweiz.» In: Wählen und Wählerschaft in der Schweiz. Hg. Freitag, M.; Vatter, A. Zürich: NZZ Libro, 2015. 95–120.

Hehli Simon. «Der lange Weg aus dem Ghetto.» Neue Zürcher Zeitung (16.01.2016). nzz.ch/schweiz/aktuelle-themen/der-lange-weg-aus-dem-ghetto-ld.4242?reduced=true [Zugriff 08.05.2023]

Hesse, David; Burri, Anja. «Daniel Thürer: Das Volk hat nicht immer recht.» Tages-Anzeiger (15.01.2016). tagesanzeiger.ch/258639368508 [Zugriff 08.05.2023]

Hesse, David. «Tom Nichols: Ich glaube nicht an die direkte Demokratie.» Tages-Anzeiger (23.03.2019). tagesanzeiger.ch/723786060590 [Zugriff 08.05.2023]

Manow, Philip. Unter Beobachtung. Die Bestimmung der liberalen Demokratie und ihrer Feinde. Berlin: Suhrkamp, 2024.

O'Sullivan, Domhnall. «Die Schweiz wird zum Briefwahl-Paradies.» Swissinfo (06.10.2020) [Zugriff 08.05.2023]

Parlament. «Wer durfte wann wählen?» Parlamentsdienste Schweiz. parlament.ch/de/über-das-parlament/Seiten/Wer-durfte-wählen.aspx [Zugriff 08.05.2023]

Poledna, Tomas; Tschannen, Pierre. «Stimm- und Wahlrecht.» In: Historisches Lexikon der Schweiz (Version vom 02.12.2022). hls-dhs-dss.ch/de/articles/026453/2022-12-02/ [Zugriff 07.07.2024]

Romy, Katy. «Historisch: Genf erteilt Behinderten das Stimmrecht», Swissinfo (29.11.2020). swissinfo.ch/ger/politik/abstimmung-kanton-genf_historisch-genf-erteilt-behinderten-das-stimmrecht/46192172 [Zugriff 08.05.2023]

The Sentencing Project. Locked Out 2020. (30.10.2020). sentencingproject.org/reports/locked-out-2020-estimates-of-people-denied-voting-rights-due-to-a-felony-conviction/ [Zugriff 08.05.2023]

Staatskanzlei Kanton Glarus. «Wir sind Landsgemeinde.» Medienmitteilung Staatskanzlei Glarus (06.08.2020). gl.ch/public-newsroom/details.html/31/news/16108 [Zugriff 08.05.2023]

Wilhelm, Martin; Birrer, Raphaela. «Unter Strafandrohung zur Stimmurne.» Tages-Anzeiger (04.11.2015). tagesanzeiger.ch/630077278383 [Zugriff 08.05.2023]

Will, George F. «Brexit shows how direct democracy can be dangerous.» Washington Post (11.09.2019). washingtonpost.com/opinions/global-opinions/brexit-shows-how-direct-democracy-can-be-dangerous/2019/01/11/bc2fc3f8-150c-11e9-b6ad-9cfd62dbb0a8_story.html [Zugriff 02.06.2024]

1874 Totalrevision

BBl 1873 II 963. «Botschaft des Bundesrathes an die hohe Bundesversammlung, betreffend die Revision der Bundesverfassung.» Bundesblatt (04.07.1873). fedlex.admin.ch/eli/fga/1873/2_963__/de [Zugriff 02.06.2024]

Condrau, Flurin. «Demokratische Bewegung, Choleraepidemie und die Reform des öffentlichen Gesundheitswesens im Kanton Zürich (1867).» Sudhoffs Archiv 80: 2 (1996): 205–219.

Graber, Rolf. Demokratie und Revolten. Die Entstehung der direkten Demokratie in der Schweiz. Zürich: Chronos, 2017.

Holenstein, André. «1848 und die Schweiz: Zur Geschichte und Erinnerung einer unwahrscheinlichen Integration.» Schweizerische Zeitschrift für Geschichte 73: 3 (2023): 345–362.

Kley, Andreas. «Bundesverfassung.» In: Historisches Lexikon der Schweiz (Version vom 29.06.2023). hls-dhs-dss.ch/de/articles/009615/2013-02-25/ [Zugriff 10.03.2024]

Kölz, Alfred. Neuere Schweizerische Verfassungsgeschichte. Stämpfli: Bern, 2004.

Lang, Josef. «Die Verfassung der ‹fremden Richter›.» Wochenzeitung (18.04.2024): 19.

Michel, Pascal. «Wer soll König und Herr im Lande sein? Die Kontroverse um die Einführung der Volksinitiative auf Partialrevision 1891.» Schweizerische Zeitschrift für Geschichte 71 (2021): 251–266.

Rielle, Yvan. «Ehrgeizige Totalrevision scheitert am föderalistisch-konservativen Widerstand.» In: Handbuch der eidgenössischen Volksabstimmungen 1848–2007. Hg. Linder, W.; Bolliger, C.; Rielle, Y. Bern: Haupt, 2010. 31–34.

Schmid, Stefan G. «150 Jahre direkte Demokratie im Kanton Zürich: Verfassungsrecht von ‹welthistorischer Bedeutung›?» Zürcher Taschenbuch auf das Jahr 2020 (2019): 115–146.

1877 Fabrikgesetz

BBl 1875 IV 921. «Botschaft des Bundesrates an die hohe Bundesversammlung, betreffend den Gesetzesentwurf über die Arbeit in den Fabriken.» Bundesblatt (06.12.1875). fedlex.admin.ch/eli/fga/1875/4_921_963_/de [Zugriff 02.02.2024]

Böhmert, Carl Victor. Arbeiterverhältnisse und Fabrikeinrichtungen der Schweiz. Bericht, erstattet im Auftrage der eidgenössischen Generalcommission für die Wiener Weltausstellung. Zürich: Schmidt, 1873. www.e-rara.ch/zuz/content/title-info/11425250 [Zugriff 02.02.2024]

Bolliger, Christian. «Das Ja der katholischen Innerschweiz rettet das Fabrikgesetz.» In: Handbuch der eidgenössischen Volksabstimmungen 1848–2007. Hg. Linder, W.; Bolliger, C.; Rielle, Y. Bern: Haupt, 2010. 43–44.

Degen, Bernard. «Soziale Frage.» In: Historisches Lexikon der Schweiz (Vers. 4.1.2012). hls-dhs-dss.ch/de/articles/016092/2012-01-04 [Zugriff 08.02.2024]

Gruner, Erich. Die Arbeiter in der Schweiz im 19. Jahrhundert. Bern: Francke, 1968.

Schweizer Parlament. «Fabrikgesetz: Erster staatlicher Eingriff in die Vertragsfreiheit.» Blog: Im Fokus (19.10.2022). parlament.ch/blog/Pages/20221019-fabrikgesetz-de.aspx [Zugriff 08.02.2024]

Studer, Brigitte. «Fabrikgesetze.» In: Historisches Lexikon der Schweiz (Vers. 31.3.2016). hls-dhs-dss.ch/de/articles/013804/2021-08-06 [Zugriff 08.02.2024.]

Tanner, Jakob & Brigitta Bernet. Ausser Betrieb. Metamorphosen der Arbeit in der Schweiz. Zürich: Limmat, 2015.

1893 Schächtverbot

Bolliger, Christian. «Debatte um ein Schächtverbot zwischen Tierschutz und Antisemitismus.» In: Handbuch der eidgenössischen Volksabstimmungen 1848–2007. Hg. Linder, W.; Bolliger, C.; Rielle, Y. Bern: Haupt, 2010. 76–77.

Häfliger, Markus & Alabor, Camilla. «Koscheres Fleisch soll in der Schweiz verboten werden.» Tages-Anzeiger (14.08.2017). tagesanzeiger.ch/522201237516 [Zugriff 01.02.2024]

Häsler, Stephan. «Die Entwicklung des Tierschutzes in der Schweiz vom 19. Jahrhundert bis zum Erlass der Tierschutzgesetzes.» Unveröffentlichtes Manuskript, Schweizerische Vereinigung für Geschichte der Veterinärmedizin SVGM. (28.08.2010).

Horlacher, Maj-Britt. «Keller-Jäggi und das Schächtverbot: Tierliebe oder Judenhass?» Zeitblende SRF (12.08.2023). srf.ch/audio/zeitblende/keller-jaeggi-und-das-schaechtverbot-tierliebe-oder-judenhass?id=12434045 [Zugriff 15.01.2024]

Lang, Josef. «Die Geister des Schächtverbots.» Wochenzeitung (25.02.2021): 23.

Mesmer, Beatrix. «Das Schächtverbot von 1893.» In: Antisemitismus in der Schweiz, 1848–1960. Hg. Mattioli, A. Zürich: Orell Füssli, 1998. 215–239.

Krauthammer, Pascal. Das Schächtverbot in der Schweiz 1854–2000. Die Schächtfragen zwischen Tierschutz, Politik und Fremdenfeindlichkeit. Zürich: Schulthess, 2000.

Kugelmann, Yves & Olivier Lasowsky. «Das patriotische Opfer des SIG. Interview mit Bundesrat Pascal Couchepin.» Tachles (26.04.2002).

Külling, Friedrich. «Schächtverbot.» In: Historisches Lexikon der Schweiz (Version vom 11.01.2012). hls-dhs-dss.ch/de/articles/011380/2012-01-11/ [Zugriff 15.01.2024]

Petry, Erik. «Schächtverbot-Debatten in der Schweiz.» In: Handbuch des Antisemitismus: Judenfeindschaft in Geschichte und Gegenwart. Band 4. Hg. Benz, W. Berlin/New York: De Gruyter, 2011. doi.org/10.1515/9783110255140

Protokoll Parlamentsberatung, Nationalrat. «11.453 Bundesverfassung. Tierschutz Art. 25bis» (15.03.1973). 230 ff. anneepolitique.swiss/prozesse/24815 [Zugriff 01.02.2024]

Vatter, Adrian. «Religiöse Minderheiten im direktdemokratischen System der Schweiz.» In: Vom Schächt- zum Minarettverbot. Hg. Vatter, A. Zürich: Verlag Neue Zürcher Zeitung, 2011. 264–290.

1898 Eisenbahngesetz

Bärtschi, Hans-Peter & Anne-Marie Dubler. «Eisenbahnen.» In: Historisches Lexikon der Schweiz (Version vom 11.02.2015). hls-dhs-dss.ch/de/articles/007961/2015-02-11/ [Zugriff 05.01.2024]

Blanc, Jean-Daniel. «100 Jahre SBB: Rückblick und Ausblick zum Anlass der Volksabstimmung zur Schaffung der SBB vom 20. Februar 1898.» Dossier: Aktuelle Themen der Schweizerischen Bundesbahnen 1 (1998). Hg. Generalsekretariat SBB. 3–18.

Gugerli, David. «Von der Krise zur Nationalen Konkordanz.» In: Kohle, Strom und Schienen: die Eisenbahn erobert die Schweiz. Hg. Verkehrshaus Schweiz. Zürich: Verlag Neue Zürcher Zeitung, 1997. 228–242.

NZZ. «Die politischen Gefahren des Rückkaufs.» NZZ (19.02.1898): 1.

Sommaruga, Simonetta. «Rede von Bundesrätin Simonetta Sommaruga in Zürich Altstetten im Rahmen der Bahn-Jubiläumsfeier.» Transkript UVEK (09.08.2022). uvek.admin.ch/uvek/de/home/uvek/medien/reden.msg-id-89915.html [Zugriff 10.01.2024.]

von Arx, Heinz & Iso Camartin (Hg.) Der Kluge reist im Zuge. 100 Jahre SBB. Zürich: AS-Verlag, 2001.

1915 Kriegssteuer

«Aufruf an das Schweizervolk!» Nationalsammlung für die Militär-Aviatik (01.01.1913). bar.admin.ch/dam/bar/de/dokumente/archivalien/nationalsammlung-fuerdiemilitaer-aviatikaufruf.pdf.download.pdf/nationalsammlungfuerdiemilitaeraviatikaufruf.pdf [Zugriff 04.04.2024]

Eidgenössisches Finanzdepartement. «Einnahmen des Bundes.» (25.03.2024). efv.admin.ch/efv/de/home/finanzberichterstattung/bundeshaushalt_ueb/einnahmen.html [Zugriff 04.04.2024]

Eidgenössisches Finanzdepartement. «100 Jahre Eidgenössische Steuerverwaltung (ESTV).» estv2.admin.ch/jubi/hundertjahre-d.htm [Zugriff 04.04.2024]

Eidg. Steuerverwaltung. «Daten aus der Geschichte der Bundessteuern bis 1999.» (August 2022). estv.admin.ch/dam/estv/de/dokumente/estv/steuersystem/dossier-steuerinformationen/a/a-geschichte-bis-1999.pdf.download.pdf/a-geschichte-bis-1999.pdf [Zugriff 04.04.2024]

Koller, Guido. «Schweizer Volk spendet für Flugwaffe!» Schweizerisches Bundesarchiv (2013). bar.admin.ch/dam/bar/de/dokumente/publikationen/schweizer_volk_spendetfuerflugwaffe.pdf.download.pdf/schweizer_volk_spendetfuerflugwaffe.pdf [Zugriff 04.04.2024]

Knupfer, Gabriel. «Kriegsabgabe: Warum wir Bundessteuer zahlen.» Handelszeitung (10.06.2015). handelszeitung.ch/politik/kriegsabgabe-warum-wir-bundessteuer-zahlen-796009 [Zugriff 04.04.2024]

Stockar, Conrad. «Warenumsatzsteuer (Wust).» In: Historisches Lexikon der Schweiz (Version vom 28.03.2013). hls-dhs-dss.ch/de/articles/013770/2013-08-23 [Zugriff 03.04.2024]

1918 Proporzwahl

Degen, Bernard. «Landesstreik.» In: Historisches Lexikon der Schweiz (Version vom 09.08.2012). hls-dhs-dss.ch/de/articles/016533/2012-08-09 [Zugriff 08.05.2024]

Degen, Bernard. «Oltener Komitee.» In: Historisches Lexikon der Schweiz (Version vom 02.11.2009). hls-dhs-dss.ch/de/articles/027678/2009-11-02 [Zugriff 08.05.2024]

Hermann, Michael. «Der grosse Linksrutsch wird kleingeredet.» Tages-Anzeiger (19.11.2019).

Kölz, Alfred. Neuere schweizerische Verfassungsgeschichte. Bern: Stämpfli, 2004.
Longchamp, Claude; Kuenzi, Renat; Pisani, Carlo. «Wie ein Streik die Schweizer Demokratie umpflügte.» Swissinfo (19.07.2022). swissinfo.ch/ger/demokratie/schweiz-demokratie-brennpunkte-serie-olten-landesstreik-1918-konflikt/47679866 [Zugriff 08.05.2024]
Petrov, Igor. «Wie wurde die Schweiz die Schweiz? Die Stationen bis 1848.» Swissinfo (12.03.2020). swissinfo.ch/ger/geschichte/wie-wurde-die-schweiz-die-schweiz-die-wichtigsten-stationen-bis-1848/45809964 [Zugriff 08.05.2024]
Senn, Martin A.; Straumann, Tobias. Unruhe im Kleinstaat: Der Schweizer Generalstreik von 1918 im internationalen Vergleich. Basel: Schwabe, 2022.
Von Bergen, Stefan. «Die Revolution an der Wahlurne.» Bieler Tagblatt (21.09.2019): 27.

1938 Rätoromanisch

Annaheim, Martin; Rosin, Klemens. «Mes tetg è il tschiel da turitg – die vierte Landessprache in der Stadt Zürich» Babylonia 1 (2016). babylonia.ch/de/archiv/2016/nummer-1/ [Zugriff 08.10.2023].
BBl 1937 II 1. «Botschaft des Bundesrates an die Bundesversammlung über die Anerkennung des Rätoromanischen als Nationalsprache.» Bundesblatt (01.06.1937). fedlex.admin.ch/eli/fga/1937/2_1_1_511/de [Zugriff 08.10.2023]
Bundesamt für Statistik. «Sprachenlandschaft in der Schweiz» (06.09.2022). bfs.admin.ch/news/de/2022-0498 [Zugriff 08.10.2023].
Coray, Renata; Acklin Muji, Dunya. «Die Schweizer Sprachenvielfalt im öffentlichen Diskurs.» Sozialer Sinn 2 (2002): 195–222.
Engeler, Urs Paul. «Jäger, Räuber, Rätoromane: Die frechste Minderheit der Schweiz.» Die Weltwoche (14.09.2006): 1.
Hauschild, Sara. «Romanische Gutenachtgeschichte wird abgeschafft.» Regionaljournal Graubünden SRF (02.11.2009). srf.ch/audio/regionaljournal-graubuenden/romanische-gutenachtgeschichte-wird-abgeschafft?partId=10105828 [Zugriff 08.10.2023]
Liver, Ricarda. «Rätoromanisch.» In: Historisches Lexikon der Schweiz (Version vom 19.06.2012). hls-dhs-dss.ch/de/articles/024594/2012-06-19 [Zugriff 08.10.2023]
Rielle, Yvan. «Im Zeichen der geistigen Landesverteidigung: Überwältigende Anerkennung der Rätoromanen.» In: Handbuch der eidgenössischen Volksabstimmungen 1848–2007. Hg. Linder, W.; Bolliger, C.; Rielle, Y. Bern: Haupt, 2010. 182–184.
Staub, Hans. «Il rumantsch lingua naziunala, ein Bildbericht.» Züricher Illustrierte (11.02.1938): 1–6.
Valär, Rico Franc. «Wie die Anerkennung des Rätoromanischen die Schweiz einte. Einige Hintergründe zur Volksabstimmung vom 20. Februar 1938.» In: Geschichte und Gegenwart des Rätoromanischen in Graubünden und im Rheintal. Hg. Wanner, G.; Jäger, G. Chur: Desertina, 2012. 101–116.
Valär, Rico Franc. Weder Italiener noch Deutsche! Die rätoromanische Heimatbewegung 1863–1938. Baden: Hier und Jetzt, 2013.

1938 Strafgesetzbuch

Gschwend, Lukas. «Strafrecht.» In: Historisches Lexikon der Schweiz (Version vom 26.11.2013). hls-dhs-dss.ch/de/articles/009616/2013-11-26 [Zugriff 27.02.2024]
Oberholzer, Niklaus. «Die neue Lust am Strafen.» Tages-Anzeiger (02.12.2016): 41.
Menzi, Brigitte. «Neuere Moralvorstellungen setzen sich durch: Das Volk segnet die Revision des Sexualstrafrechts ab.» In: Handbuch der eidgenössischen Volksabstimmungen 1848–2007. Hg. Linder, W.; Bolliger, C.; Rielle, Y. Bern: Haupt, 2010. 491–492.

Rielle, Yvan. «Strafgesetzbuch trotz heftigem Widerstand von Föderalisten und Konservativen knapp angenommen.» In: Handbuch der eidgenössischen Volksabstimmungen 1848–2007. Hg. Linder, W.; Bolliger, C.; Rielle, Y. Bern: Haupt, 2010. 187–189.

Walser, Erasmus. «Homosexualität.» In: Historisches Lexikon der Schweiz (Version vom 04.12.2013). hls-dhs-dss.ch/de/articles/016560/2013-12-04 [Zugriff 28.02.2024]

1947 AHV

Binswanger, Peter. Geschichte der AHV – schweizerische Alters- und Hinterlassenenversicherung 1916–1997. Zürich: Pro Senectute Schweiz, 1986.

Bütler, Monika. «Wir, die AHV.» Bulletin Credit Suisse 5 (2013). credit-suisse.com/media/assets/corporate/docs/about-us/responsibility/bulletin/bulletin-5-13-de.pdf [Zugriff 31.05.2024]

Degen, Bernhard. «AHV.» In: Historisches Lexikon der Schweiz (Version vom 13.04.2007). hls-dhs-dss.ch/de/articles/016611/2007-04-13/ [Zugriff 25.03.2024]

Koller, Christian. «Vor 70 Jahren: Grünes Licht für die AHV.» Schweizerisches Sozialarchiv. sozialarchiv.ch/2017/07/15/vor-70-jahren-gruenes-licht-fuer-die-ahv/ [Zugriff 25.03.2024]

Landolt, Noëmi; Baur, Caroline. «Ruth Dreifuss: ‹Wir müssen wohlwollende Bürokratinnen sein.›» Wochenzeitung (13.06.2019), woz.ch/1924/ruth-dreifuss/wir-muessen-wohlwollende-buerokratinnen-sein [Zugriff 31.05.2024]

Neue Zürcher Zeitung. «Ein guter Tag der Demokratie.» Neue Zürcher Zeitung (07.06.1947): 1.

Schäfer, Fabian. «Das Wunderwerk – ein Rückblick auf die erstaunliche Geburt der AHV.» Neue Zürcher Zeitung (09.07.2022). nzz.ch/schweiz/das-wunderwerk-ein-rueckblick-auf-die-erstaunliche-geburt-der-ahv-ld.1692453 [Zugriff 25.03.2024]

1949 Vollmachten

Agamben, Giorgio. Ausnahmezustand. Frankfurt/Main: Suhrkamp, 2004.

Engler, Sarah et al. «Democracy in Times of the Pandemic. Explaining the variation of COVID-19 policies across European democracies.» West European Politics (April 2021). tandfonline.com/doi/full/10.1080/01402382.2021.1900669 [Zugriff 02.05.2024]

Giacometti, Zaccaria. «Die gegenwärtige Verfassungslage.» Schweizerische Hochschulzeitung (1942): 139–154.

Kley, Andreas. «Vollmachtenregime.» In: Historisches Lexikon der Schweiz (Version vom 06.10.2020). hls-dhs-dss.ch/de/articles/010094/2020-10-06/ [Zugriff 20.03.2024]

Kley, Andreas. «Mit Macht durch den Krieg.» NZZ am Sonntag (04.05.2015): 22–23.

Kley, Andreas. «Die UBS-Rettung im historischen Kontext des Notrechts.» Zeitschrift für schweizerisches Recht 130 (2011): 123–138.

Loser, Philipp. «Ich will Notrecht!» Tages-Anzeiger (30.03.2016), tagesanzeiger.ch/12215478 [Zugriff 02.05.2024]

Nassehi, Armin. «Sichtbar unsichtbar. Warum der Ausnahmezustand normal ist.» Kursbuch 209 (März 2022): 50–65.

NZZ. «Eine Demonstration des Volkes.» Neue Zürcher Zeitung (12.09.1949): 1.

Rielle, Yvan. «Erfolgreiche Initiative setzt den Dringlichkeitskompetenzen des Parlaments Grenzen.» In: Handbuch der eidgenössischen Volksabstimmungen 1848–2007. Hg. Linder, W.; Bolliger, C.; Rielle, Y. Bern: Haupt, 2010. 217–219.

Schäfer, Fabian. «Wer kann den Bundesrat noch stoppen?» Neue Zürcher Zeitung (26.03.2020). nzz.ch/schweiz/coronavirus-notrecht-wer-kann-den-bundesrat-noch-stoppen-ld.1548207 [Zugriff 02.05.2024]

Schlumpf, Danny & Aeschlimann, Peter. «Grenzkontrollen gegen Asyl-Druck: SVP will Notstandsklausel aktivieren.» Blick (03.03.2023). blick.ch/politik/grenzkontrollen-gegen-asyl-druck-svp-will-notstandsklausel-aktivieren-id18369806.html [Zugriff 02.06.2024]

1966 Auslandschweizer

Bolliger, Christian. «Eine Verfassungsgrundlage für die Bürgerinnen und Bürger der Fünften Schweiz.» In: Handbuch der eidgenössischen Volksabstimmungen 1848–2007. Hg. Linder, W.; Bolliger, C.; Rielle, Y. Bern: Haupt, 2010: 293–294.

BBl 1965 II 385. «Botschaft des Bundesrates an die Bundesversammlung über die Ergänzung der Bundesverfassung durch einen Artikel 45bis betreffend die Schweizer im Ausland.» Bundesblatt (02.07.1965). fedlex.admin.ch/eli/fga/1965/2_385_401_405/de [Zugriff 02.02.2024]

Fenazzi, Sonia. «Als die Fünfte Schweiz in der Bundesverfassung verankert wurde.» Swissinfo (13.10.2016). swissinfo.ch/ger/direktedemokratie/50-jahre-ausland schweizer-artikel_als-die-fuenfte-schweiz-in-der-bundesverfassung-verankert-wurde/42511492 [Zugriff 15.11.2023]

Kury, Patrick; Holenstein, André; Schulz, Kristina. Schweizer Migrationsgeschichte. Von den Anfängen bis zur Gegenwart. Baden: Hier und Jetzt, 2018.

NZZ. «Dank an die Fünfte Schweiz.» Neue Zürcher Zeitung (10.10.1966, Morgenausgabe). Blatt 5.

Perrenoud, Marc. «Auslandschweizer.» In: Historisches Lexikon der Schweiz (Version vom 12.02.2014). Übersetzt aus dem Französischen. hls-dhs-dss.ch/de/articles/007990/2014-02-12 [Zugriff 15.11.2023]

Studer, Brigitte; Arni, Caroline; Matthieu, Jon; Tissot Laurent; Leimgruber, Walter (Hg.) Die Schweiz anderswo – La Suisse ailleurs: AuslandschweizerInnen – SchweizerInnen im Ausland. Zürich: Chronos, 2015.

Wyder, Rudolf. Globale Schweiz: Die Entdeckung der Auslandschweizer. Bern: Stämpfli, 2016.

1970 Überfremdung

Beglinger, Martin; Tribelhorn, Marc. «Die Schweiz hat nie aus rein humanitären Gründen Migranten aufgenommen.» Neue Zürcher Zeitung (27.08.2018). nzz.ch/schweiz/wir-sind-nicht-xenophober-als-andere-ld.1385745 [Zugriff 07.05.2024]

Dubach, Roswitha. «‹Überfremdungsbekämpfung› von oben: Die erste ‹Ausländerinitiative› wird abgelehnt.» In: Handbuch der eidgenössischen Volksabstimmungen 1848–2007. Hg. Linder, W.; Bolliger, C.; Rielle, Y. Bern: Haupt, 2020. 138–140.

Eidg. Volkswirtschaftsdepartement. «Abkommen und Verhandlungen mit Italien: Brief von Bundesrat Hans Schaffner, 13.08.1964.» In: Diplomatische Dokumente der Schweiz, Band 23. Hg. Zala, S. et al. Zürich: Chronos, 2011. dodis.ch/30798 [Zugriff 07.05.2024]

Espahangizi, Kijan. Der Migration-Integration-Komplex. Wissenschaft und Politik in einem (Nicht-)Einwanderungsland, 1960–2010. Konstanz: University Press, 2022.

Espahangizi, Kijan. «Gibt es einen helvetischen Rassismus?» Studie im Auftrag der Fachstelle für Rassismusbekämpfung (Dezember 2014). integrationaargau.ch/fileadmin/user_upload/Espahangizi_Helvetischer_Rassismus.pdf [Zugriff 07.05.2024]

Frisch, Max. Öffentlichkeit als Partner. Frankfurt/Main: Suhrkamp, 1967.

Kuenzi, Renat. «Wie Demokratie die Schweizer Fremdenangst verdaut.» Swissinfo (04.06.2020). swissinfo.ch/ger/bundespolitik/abstimmung-17-mai_direkte-demokratie-verarbeitet-angst-der-menschen-vor-den-fremden/45614558 [Zugriff 07.05.2024]

Senn, Tobias. Hochkonjunktur, «Überfremdung» und Föderalismus. Zürich: Chronos, 2016.

SRF. «Gegen das Fremde. Der lange Schatten des James Schwarzenbach». SRF Dok (16.10.2014). srf.ch/play/tv/dok/video/gegen-das-fremde---der-lange-schatten-des-james-schwarzenbach?urn=urn:srf:video:ae1faadc-0e53-4dc9-8018-bd5c3ffe81a9 [Zugriff 07.05.2024]

Stiftung gegen Rassismus und Antisemitismus. «Überfremdung.» Glossar (2015). gra.ch/bildung/glossar/ueberfremdung/ [Zugriff 07.05.2024]

Vecchio, Concetto. Jagt sie weg! Zürich: Orell Füssli, 2020.

1971 Frauenstimmrecht

Brotschi, Markus. «Der grösste Geschlechtergraben der Geschichte.» Tages-Anzeiger (25.09.2022). tagesanzeiger.ch/der-groesste-geschlechtergraben-aller-zeiten-820513605498 [Zugriff 22.03.2024]

Dermont, Clau. 50 Jahre Frauenstimmrecht und 30 Jahre Stimmrechtsalter 18. Ein Rückblick auf die Volksabstimmungen zum Stimmrecht und deren Folgen für die politische Repräsentation in der Schweiz. Neuchâtel: Bundesamt für Statistik, 2021.

Eidgenössische Kommission für Frauenfragen. Frauen. Macht. Geschichte. Zur Geschichte der Gleichstellung in der Schweiz 1848–2000. Bern: EKF, 2009.

Keller-Sutter, Karin. «50 Jahre Frauenstimm- und Wahlrecht.» Jubiläumsfeier, Live-Stream EJPD. ejpd.admin.ch/ejpd/de/home/themen/50-jahre-frauenstimmrecht.html [Zugriff 22.03.2024]

Müller, Salome; Loser, Philipp. «Heldinnen des Frauenstimmrechts.» Tages-Anzeiger (23.1.2021). interaktiv.tagesanzeiger.ch/2021/50-heldinnen-des-frauenstimmrechts/ [Zugriff 22.03.2024]

Seitz, Werner. Auf die Wartebank geschoben. Der Kampf um die politische Gleichstellung der Frauen in der Schweiz seit 1900. Zürich: Chronos, 2020.

Staatsarchiv ZH. Kleine Zürcher Verfassungsgeschichte: 1218–2000. Staatsarchiv des Kantons Zürich, 2000.

Studer, Brigitte; Wyttenbach, Judith. Frauenstimmrecht. Historische und rechtliche Entwicklungen 1848–1971. Zürich: Hier und Jetzt, 2021.

Vögeli, Yvonne. «Frauenstimmrecht.» In: Historisches Lexikon der Schweiz (Version vom 04.04.2023). hls-dhs-dss.ch/de/articles/010380/2023-04-04/ [Zugriff 22.03.2024]

1978 Kanton Jura

CH Magazin. «19. Fest des jurassischen Volkes.» SRF (19.10.1982). srf.ch/play/tv/ch-magazin/video/kanton-jura-14-festumzug?urn=urn:srf:video:1b0f5c71-be15-4d0b-af9c-b4d3071d92a3 [Zugriff 01.04.2024]

de Weck, Hervé. «Jura-Serie: Die Jahre 1947 bis 1973.» Blog Nationalmuseum (18.12.2017). blog.nationalmuseum.ch/2017/12/blog-geschichte-serie-entstehung-kanton-jura/ [Zugriff 01.04.2024]

Hebeisen, Philippe. «Jurafrage (Übersicht).» In: Lexikon des Jura / Dictionnaire du Jura (DIJU) (Version vom 15/04/2024). diju.ch/d/notices/detail/1003333-jurafrage-ubersicht [Zugriff 15.04.2024]

Kohler, François. «Jura (Kanton).» In: Historisches Lexikon der Schweiz (Version vom 19.09.2019). hls-dhs-dss.ch/de/articles/007399/2019-09-19/ [Zugriff 01.04.2024]

Molliet, Jean-Pierre. Les événements qui ont modelé l'histoire jurassienne. Delémont: Éditions D+P, 2017.

Moser, Christian. Der Jurakonflikt. Eine offene Wunde der Schweizer Geschichte. Zürich: NZZ Libro, 2020.

NZZ. «Kanton Jura – Emotion und politische Vernunft.» Neue Zürcher Zeitung (16./17.09.1978): 33.

1980 Gurtenobligatorium

Abstimmungsbüchlein. «Erläuterungen des Bundesrats» (30.11.1980). bk.admin.ch/bk/de/home/dokumentation/volksabstimmungen/volksabstimmung-19801130.html [Zugriff 04.04.2024]

Bundesamt für Statistik. «Verkehrsunfälle: 1940–2022.» (09.08.2023). bfs.admin.ch/bfs/de/home/statistiken/mobilitaet-verkehr/unfaelle-umweltauswirkungen/verkehrsunfaelle.html [Zugriff 04.04.2024]

Glinz, Franz. «Die grosse Gurtenschlacht steht bevor.» Schweizer Illustrierte (07.11.1977): 21–23.

Gomoll, Wolfgang. «Deshalb haben bald alle Neuwagen eine Blackbox.» Blick (24.03.2024). blick.ch/auto/service/blackbox-isa-und-spurhalter-systeme-sind-pflicht-wegen-eu-regelung-diese-assistenten-muessen-schweizer-neuwagen-haben-id19299524.html [Zugriff 04.04.2024]

NZZ. «Für die Erhaltung von Menschenleben.» Neue Zürcher Zeitung (15./16.11.1989): 33.

SRF. «Gurtpflicht seit 30 Jahren.» In: Zeitblende SRF (13.08.2011). srf.ch/audio/drs-4-zeitblende/gurtpflicht-seit-30-jahren-wiederholung?id=10186843 [Zugriff 04.04.2024]

Volvo [Anzeige]. «It violates individual human rights: 1986, Reaktion der New York Times auf die gesetzliche Gurtenpflicht.» Das Magazin (Oktober 2020): 2.

1985 Neues Eherecht

Bühlmann, Marc. «Bis dass der Tod Euch scheidet. Das Familienbild als Gleichstellungsbremse.» In: Dem Laufgitter entkommen. Frauenforderungen im eidgenössischen Parlament seit 1950. Hg. Gerber, M; Heidelberger, A. Zürich/Genf: Seismo, 2001. 113ff.

Dufour, Alfred. «Eherecht.» In: Historisches Lexikon der Schweiz (Version vom 31.01.2006). hls-dhs-dss.ch/de/articles/009608/2006-01-31/ [Zugriff 04.02.2024]

Loser, Philipp. «Zwanzig Jahre für ein Ja.» Tages-Anzeiger (16.02.2019): 3.

Menzi, Brigitte. «Überraschend knappe Mehrheit für eine Lastverschiebung zu den Kantonen.» In: Handbuch der eidgenössischen Volksabstimmungen 1848–2007. 425–426.

Rüegg-Reinhardt, Monika; Mascarin, Ruth. «Eherecht.» Emanzipation: Feministische Zeitschrift für kritische Frauen (Band 8: 1982): 16–20. doi.org/10.5169/seals-35977 [Zugriff 04.02.2024]

SRF. «Eherecht (2/2): Pro und Contra.» Rundschau SRF (17.09.1985). srf.ch/play/tv/rundschau/video/eherecht-22-pro-und-contra?urn=urn:srf:video:7afd9844-e6ad-4411-9c07-8f9c0c040e80 [Zugriff 04.02.2024]

SRF. «Die erste Schweizer Bundesrätin – eine Feministin im Gegenwind.» SRF News (14.04.2023). swissinfo.ch/ger/wirtschaft/elisabeth-kopp-ist-tot_die-erste-schweizer-bundesraetin-eine-feministin-im-gegenwind/48436816 [Zugriff 08.05.2024]

Stamm, Judith. «Die vergessene Revolution.» Grosseltern – Das Magazin über das Leben mit Enkelkindern (Mai 2018). grosseltern-magazin.ch/die-vergessene-revolution [Zugriff 04.02.2024]

Zeindler, Nathalie. «Der weibliche Erfolg bei den Wahlen ist auf den Frauenstreik zurückzuführen: Luzernerin Judith Stamm glaubt nicht an grüne Bundesrätin.» zentralplus (29.11.2019). zentralplus.ch/politik/der-weibliche-erfolg-bei-den-wahlen-ist-auf-den-frauenstreik-zurueckzufuehren-1661561/ [Zugriff 14.05.2024]

1987 Rothenthurm

Geiger, Willy. «Rothenthurm: Ein Meilenstein für die Natur.» Bundesamt für Natur, Medienkonferenz 20 Jahre Moorschutz-Initiative (07.09.2007). newsd.admin.ch/newsd/message/attachments/10771.pdf [Zugriff 19.04.2024]

Hartmann, Stefan. «Kampf um ein Stück Heimat und Natur.» Swissinfo (05.12.2007). swissinfo.ch/ger/klimawandel/kampf-um-ein-stueck-heimat-und-natur/6280552 [Zugriff 19.04.2024]

Müller, Stephanie. Rothenthurm: Der Kampf um den Waffenplatz. Zürich: Hier und Jetzt, 2023.

Schwyz Tourismus. «Hochmoor Rothenthurm.» schwyz-tourismus.ch/de/erleben/wanderwunder-schwyz/schwyzer-landschaften/hochmoor-rothenthurm [Zugriff 19.04.2024]

1989 Schweiz ohne Armee

BBl 1988 II 967. «Botschaft des Bundesrates über die Volksinitiative ‹für eine Schweiz ohne Armee und für eine umfassende Friedenspolitik›.» Bundesblatt. (25. Mai 1988). fedlex.admin.ch/eli/fga/1988/2_967_946_854/de [Zugriff 15.03.2024]

Buomberger, Thomas. Die Schweiz im Kalten Krieg, 1945–1990. Zürich: Hier und Jetzt, 2017.

Cassidy, Alan; Loser, Philipp. Der Fall FDP: Eine Partei verliert ihr Land. Zürich: Rotpunktverlag, 2015.

Scherrer, Lucien; Tribelhorn, Marc. «Ich war entsetzt, als ich von dieser Initiative gehört habe: Vor 30 Jahren wollten linke Pazifisten die Armee abschaffen – und versetzten die Bürgerlichen in Angst und Schrecken.» Neue Zürcher Zeitung (23.11.2019). nzz.ch/schweiz/vor-30-jahren-wollten-linke-pazifisten-die-armee-abschaffen-ld.1523877 [Zugriff 15.03.2024]

SRF. «Schweiz ohne Armee – Die GSoA-Initiative» SRF Zeitreise (15.03.2003). srf.ch/play/tv/zeitreise---highlights-aus-50-jahren-fernsehen/video/schweiz-ohne-armee-die-gsoa-initiative?urn=urn: srf: video: e8061bf5-9830-4d07-b0cb-54eff8d984a1 [Zugriff 15.03.2024]

Zeyer, René. «Wie Roman Brodmann mithalf, die heiligste Kuh infrage zu stellen.» Neue Zürcher Zeitung (28.07.2020). nzz.ch/feuilleton/roman-brodmann-erfand-den-politischen-dokumentarfilm-ld.1568549 [Zugriff 15.03.2024]

1990 Atom-Moratorium

Fischer, Michael. Atomfieber. Zürich: Hier und Jetzt, 2019.

Hug, Peter. «Antiatombewegung.» In: Historisches Lexikon der Schweiz (Version vom 23.07.2007). hls-dhs-dss.ch/de/articles/016516/2007-07-23/ [Zugriff 25.03.2024]

Kriesi, Hans-Peter. AKW-Gegner in der Schweiz. Diessenhofen: Rüegger, 1982.

Kupper, Patrick. Atomenergie und gespaltene Gesellschaft. Die Geschichte des gescheiterten Projektes Kernkraftwerk Kaiseraugst. Zürich: Chronos, 2003.

Scruzzi, Davide. «Woodstock der AKW-Gegner.» Neue Zürcher Zeitung (23.03.2015): 9.

Ritter, Pascal. «Als Atom-Doris Leuthard den Ausstieg wagte: Die Frauenmehrheit im Bundesrat war entscheidend.» Aargauer Zeitung (11.03.2021). aargauerzeitung.ch/schweiz/fukushima-als-atom-doris-leuthard-den-ausstieg-wagte-die-frauenmehrheit-im-bundesrat-war-entscheidend-ld.2113279 [Zugriff 05.04.2024]

US Department of Energy. «At COP28, Countries Launch Declaration to Triple Nuclear Energy Capacity by 2050, Recognizing the Key Role of Nuclear Energy in Reaching Net Zero» (01.12.2023). energy.gov/articles/cop28-countries-launch-declaration-triple-nuclear-energy-capacity-2050-recognizing-key [Zugriff 25.03.2024]

1992 EWR-Beitritt

Baumann, Markus; Burri, Regula. Deutungsmuster und Einstellungen zu Europa. Zwei Fallanalysen zur EWR-Abstimmung vom 6. Dezember 1992. Bern: Institut für Soziologie der Universität Bern, 1996.

Cassidy, Alan; Loser, Philipp. Der Fall FDP: Eine Partei verliert ihr Land. Zürich: Rotpunktverlag, 2015.

Ebneter, Erik. FDP und EWR: Geschichte einer liaison fatale. Zürich: Institut für Empirische Wirtschaftsforschung, 2010/2011.

Freiburghaus, Dieter; Kreis, Georg (Hg.). Der EWR: Verpasste oder noch bestehende Chance? Zürich: NZZ Libro, 2012.

Goetschel, Laurent. Zwischen Effizienz und Akzeptanz. Die Information der Schweizer Behörden im Hinblick auf die Volksabstimmung über den EWR-Vertrag vom 6. Dezember 1992. Bern: Haupt, 1994.

Koller, Christian. «Vor 30 Jahren: Die Jahrhundertabstimmung über den EWR-Beitritt.» Sozialarchiv Info 4 (2022): 27–61.

Schaffner, Andreas. «Die Schweiz und ihr Nein zu Europa: 20 Jahre nach der EWR Abstimmung.» SRF DOK (09.12.2013). youtube.com/watch?v=ctig2b2bPLY [Zugriff 15.03.2024]

Somm, Markus. Christoph Blocher: Der konservative Revolutionär. Herisau: Appenzeller Verlag, 2009.

1994 Anti-Rassismus-Strafnorm

BBl 1992 III 269. «Botschaft über den Beitritt der Schweiz zum Internationalen Übereinkommen von 1965 zur Beseitigung jeder Form von Rassendiskriminierung und über die entsprechende Strafrechtsrevision vom 2. März 1992.» Bundesblatt (26.05.1992). fedlex.admin.ch/eli/fga/1992/3_269_265_217/de [Zugriff 31.05.2024]

Bundesrat. «Verbot der Diskriminierung aufgrund der sexuellen Orientierung tritt per 1. Juli in Kraft.» Medienmitteilung (03.04.2020). admin.ch/gov/de/start/dokumentation/medienmitteilungen.msg-id-78673.html [Zugriff 14.05.2024]

Eidgenössische Kommission gegen Rassismus. «Statistischer Überblick.» ekr.admin.ch/dienstleistungen/d272.html [Zugriff 14.05.2024]

Eugster, David. «Ein Vierteljahrhundert Diskussion um die Meinungsfreiheit in der Schweiz.» Swissinfo (24.09.2019). swissinfo.ch/ger/politik/25-jahre-antirassismusgesetz_ein-vierteljahrhundert-diskussion-um-die-meinungsfreiheit-in-der-schweiz/45234580 [Zugriff 14.05.2024]

O'Dea, Clare. «Rassismus-Strafnorm widersteht Angriffen von rechts.» Swissinfo (11.06.2014). swissinfo.ch/ger/politik/rassismus-strafnorm-widersteht-angriffen-von-rechts/38758862 [Zugriff 14.05.2024]

Schär, Bernhard C. «Rassismus.» In: Historisches Lexikon der Schweiz (Version vom 08.04.2024). hls-dhs-dss.ch/de/articles/060537/2024-04-08/#med060537-007 [Zugriff 14.05.2024]

SRF. «Strafnorm hat vor allem Signalwirkung.» Heute Morgen SRF (14.01.2020). srf.ch/news/schweiz/anti-rassismus-strafnorm-nur-rund-900-faelle-innert-25-jahren [Zugriff 14.05.2024]

SRF. «SVP blitzt vor Bundesgericht ab.» In: Tagesschau SRF (13.04.2017). srf.ch/news/schweiz/svp-blitzt-vor-bundesgericht-ab [Zugriff 16.05.2024]

Tribelhorn, Marc. «Verbot von Hitlergruss und Hakenkreuz: Die Schweizer Politik will die Anti-Rassismus-Strafnorm verschärfen. Es ist ein überfälliger Schritt.» In: Neue Zürcher Zeitung (17.04.2024). nzz.ch/meinung/verbot-von-hitlergruss-und-hakenkreuz-mehr-als-nur-symbolpolitik-ld.1826793 [Zugriff 14.05.2024]

Von Wyl, Benjamin. «Als die Holocaust-Leugner: innen an die Öffentlichkeit drängten.» Swissinfo (21.07.2022). swissinfo.ch/ger/kultur/schweiz-holocaust-leugner-an-die-oeffentlichkeit-draengten/47734882 [Zugriff 15.05.2024]

2001 Schuldenbremse

Eidgenössisches Finanzdepartement. «Die Schuldenbremse.» EFD (13.02.2014). efd.admin.ch/efd/de/schuldenbremse [Zugriff 12.04.2024]

Fischer, Peter A.; Schmutz, Christoph G. «Kaspar Villiger: ‹Ich beobachte mit Sorge, wie der Föderalismus langsam verschlammt› – Karin Keller-Sutter: ‹Wenn man ein Ausgabenproblem hat, sollte man bei den Ausgaben ansetzen und nicht bei den Einnahmen›.» Neue Zürcher Zeitung (25.09.2023). nzz.ch/wirtschaft/karin-keller-sutter-und-kaspar-villiger-interview-ld.1754088 [Zugriff 12.04.2024]

Häfliger, Markus; Loser, Philipp. «Ein Heiligtum wankt.» Tages-Anzeiger (16.03.2024). tagesanzeiger.ch/schweizer-schuldenbremse-ein-heiligtum-wankt-890467059459 [Zugriff 12.04.2024]

Villiger, Kaspar. «Schuldenbremse: Ein Blick in die Entstehungsgeschichte.» Die Volkswirtschaft – Plattform für Wirtschaftspolitik (14.11.2023). dievolkswirtschaft.ch/de/2023/11/schuldenbremse-ein-blick-in-die-entstehungsgeschichte/ [Zugriff 12.04.2024]

Müller-Jentsch, Daniel. «Exportschlager Schuldenbremse.» Bulletin Credit Suisse 6 (2012).

Schäfer, Fabian. «Keller-Sutters Superwaffe – gegen sie hat auch die stärkste Lobby keine Chance.» Neue Zürcher Zeitung (02.09.2023). nzz.ch/schweiz/keller-sutters-superwaffe-gegen-sie-hat-auch-die-staerkste-lobby-keine-chance-ld.1753899 [Zugriff 12.04.2024]

2002 UNO-Beitritt

Ambühl, Michael; Meier, Nora; Thürer, Daniel. «Eine Reform des UN-Sicherheitsrates ist möglich.» FAZ (15.06.2023): 6.

Büttner, Jean-Martin. «Neutral bleiben, bis in die Knochen.» Tages-Anzeiger (04.03.2002): 2.

Dahinden, Martin. «Sicherheitspolitik der Schweiz neu denken – aber wie?» SGA-ASPE (April 2024). aussenpolitik.ch/wp-content/uploads/2024/04/Dahinden_Sicherheitspolitik-der-Schweiz-neu-denken.pdf [Zugriff 02.04.2024]

Ferrari, Luciano. «‹Ein grosser Sieg für die Befürworter der Öffnung›: Interview mit Hanspeter Kriesi.» Tages-Anzeiger (03.03.2002): 3.

Frenkel, Max. «Die Uno – der Dorfplatz der Welt.» Neue Zürcher Zeitung (27.02.2002): 13.

Gemperli, Simon. «Die Schweizer Uno-Politik darf sich nicht verzetteln.» Neue Zürcher Zeitung (03.03.2012): 25.

Jorio, Marco. «Zur neuen Neutralität: Die Schweiz muss Russland und die Ukraine nicht gleich behandeln.» Neue Zürcher Zeitung (01.04.2023). nzz.ch/feuilleton/eine-neue-schweizer-neutralitaet-historiker-marco-jorio-ld.1732487 [Zugriff 02.04.2024]

Kley, Andreas. «Mit Macht durch den Krieg.» NZZ am Sonntag (04.05.2015): 22–23.

Moser, Urs. «Herr Deiss, haben Sie eine gute Flasche aufgemacht?» Blick (04.03.2002): 3.

Tanner, Jakob. «Die Schweizerische Neutralität: Ein Anachronismus.» Geschichte der Gegenwart (23.07.2023). geschichtedergegenwart.ch/die-schweizerische-neutralitaet-ein-anachronismus/ [Zugriff 02.04.2024]

Unser, Günther. «Weil das Volk jetzt will ... Der lange Marsch der Schweiz in die Vereinten Nationen» In: Praxishandbuch UNO. Hg. von Schorlemer, S. Heidelberg u.a.: Springer, 2003.

2002 Fristenlösung

Eidgenössische Kommission für Frauenfragen. Frauen. Macht. Geschichte. Zur Geschichte der Gleichstellung in der Schweiz 1848–2000. Bern: EKF, 2001.

Gaillard, Ursula. «Abtreibung.» In: Historisches Lexikon der Schweiz (Version vom 13.10.2011). hls-dhs-dss.ch/de/articles/007977/2011-10-13/ [Zugriff 29.03.2024]

Gindulis, Edith; Obinger, Herbert. Der Kampf um die Fristenlösung in der Schweiz. Ein Lehrstück konkordanzdemokratischer Überforderung. (Zes-Arbeitspapier 3/02). Zentrum für Sozialpolitik, Universität Bremen, 2002.

Joris, Elisabeth. «Frauenbefreiungsbewegung (FBB).» In: Historisches Lexikon der Schweiz (Version vom 06.12.2022). hls-dhs-dss.ch/de/articles/016504/2022-12-06/ [Zugriff 29.03.2024]

Scherrer, Giorgio. «‹Wir haben nie etwas gratis bekommen, nie.› Der lange Kampf für das Recht auf Abtreibung in der Schweiz.» Neue Zürcher Zeitung (09.07.2022). nzz.ch/zuerich/abtreibung-in-der-schweiz-der-lange-weg-zur-fristenloesung-ld.1692064 [Zugriff 29.03.2024]

2004 Verwahrung

Boos, Susanne. «Kleine Verwahrung: Die Angst beeinflusst die Urteile. Interview mit Oberrichterin Marianne Heer.» Wochenzeitung (05.01.2017): 3.

Bundesamt für Statistik. «Massnahmenvollzug: mittlerer Insassenbestand nach Art der Massnahme. 1984–2022» BfS (16.11.2023). bfs.admin.ch/bfs/de/home/statistiken/kriminalitaet-strafrecht/justizvollzug.asset-detail.28565838.html [Zugriff 19.03.2024]

Bundesamt für Statistik. «BfS Aktuell: Verwahrungen» Neuchâtel: BfS, 2007.

Chaaban, Anita. «Von der eigenen Betroffenheit zur Volksinitiative – der Weg der Verwahrungsinitiative.» In: Leges 3 (2004): 103–104.

Dietrich, Andreas. «Gesetz ausser Kraft gesetzt.» Blick (08.03.2018): 3.

Fontana, Katharina. «‹Vergeltung ist wichtig.› Der abtretende Bundesrichter Hans Mathys zum grossen Umdenken im Strafrecht.» Neue Zürcher Zeitung (22.12.2014): 7.

Gerny, Daniel. «Unwiderrufliche Härte nützt nichts.» Neue Zürcher Zeitung (08.03.2018): 11.

Hasler, Thomas. «Zwei Frauen wollen Gerechtigkeit – und stellen die Justiz vor ein Problem.» Podcast Apropos, Tages-Anzeiger (18.08.2023). tagesanzeiger.ch/598845148496 [Zugriff 19.03.2024]

Mettler, Hans-Peter. «Auch Verwahrte haben Menschenrechte.» Neue Zürcher Zeitung (04.02.2004): 15.

Ott, Bernhard; Moser, Adrian. «‹‹Die Linke hat in den letzten 20 Jahren historisch versagt.› Dank der Volksrechte sei die Schweiz gegenüber Europa im Vorteil, sagt Staatsrechtler Pierre Tschannen.» Der Bund (28.01.2017): 2.

Sandl, Ida. «Callgirl-Mord: Thurgauer verwahrt.» Thurgauer Zeitung (06.03.2012): 28.

Schindler, Felix. «Randalieren mit der Verfassung.» Tages-Anzeiger (04.06.2016): 2.

2004 Mutterschaftsversicherung

Aeppli, Daniel C. «Wirkungsanalyse Mutterschaftsentschädigung.» Eidgenössisches Departement des Innern, 2012.

Bundesamt für Sozialversicherungen. «Ein altes Postulat wird teilweise verwirklicht.» 2020. geschichtedersozialensicherheit.ch/synthese/2004 [Zugriff 28.04.2024]

Eidgenössisches Büro für die Gleichstellung von Frau und Mann. «Hintergründe der Lohnunterschiede zwischen Frauen und Männern.» EBG (15.08.2023). ebg.admin.ch/de/hintergrunde-der-lohnunterschiede-zwischen-frauen-und-manner [Zugriff 28.04.2024]

Eidgenössische Kommission für Frauenfragen: «Frauen. Macht. Geschichte – Zur Geschichte der Gleichstellung in der Schweiz 1848–2000.» 2002. [Zugriff 28.04.2024]

Gerber, Marlène. «Die Geschichte einer Zangengeburt: Die Mutterschaftsversicherung.» De Facto (24.12.2021). defacto.expert/2021/12/24/die-geschichte-einer-zangengeburt-die-mutterschaftsversicherung/ [Zugriff 28.04.2024]

Häusermann, Silja; Bürgisser, Reto. «Familienpolitik.» In: Handbuch der Schweizer Politik. Hg. Papadopoulos, Y.; Sciarini, P.; Vatter, A. u.a. Zürich: NZZ Libro, 2022. 931–953.

Heusser, Simon. «Die falsche Schlacht.» Weltwoche (02.09.2004): 9.

Lüthi, Sabine; Weissberg, Bernhard. «Ich weiss, was es bedeutet, ein Kind auf die Welt zu bringen. Doppel-Interview mit Ruth Dreifuss und Ruth Metzler.» Sonntagsblick (25.05.1999): 18–19.

Moser, Urs. «Christa Markwalder (FDP): ‹Gerechtigkeit für Frauen!› Jasmin Hutter (SVP): ‹Wehret den Anfängen!›.» Blick (03.09.2004).

Schweizer Parlament. «Die (beinahe) unendliche Geschichte der Mutterschaftsversicherung.» Parlament (11.03.2019). parlament.ch/blog/Pages/unendliche-geschichte-der-mutterschaftsversicherung.aspx [Zugriff 28.04.2024]

Wecker, Regina. Die «schutzbedürftige Frau». Zur Konstruktion von Geschlecht durch Mutterschaftsversicherung, Nachtarbeitsverbot und Sonderschutzgesetzgebung. Zürich: Chronos, 2001.

Wirz, Claudia. «Ja zu einem schlanken Mutterschutz.» Neue Zürcher Zeitung (22.09.2004): 13.

2005 Gentech-Moratorium

Ammann, Klaus. «Die unerträgliche Leichtigkeit des Halbwissens.» Neue Zürcher Zeitung (05.11.2005): 77.

Akademien der Wissenschaften Schweiz. «Vernehmlassungsantwort zur Änderung des Gentechnikgesetzes (Verlängerung des Moratoriums zum Inverkehrbringen von gentechnisch veränderten Organismen)» SCNAT/Forum Genforschung (25.02.2021). scnat.ch/de/uuid/i/d3b0813b-3222-5fb5-9982-5c418cf2fe15-Stellungnahme_zur_Verlängerung_des_Gentechnik-Moratoriums [Zugriff 01.05.2024]

Bühlmann, Beat. «Zuerst die Risiken klären.» In: Tages-Anzeiger (17.11.2005): 6.

EVD. «Gentech-Moratorium ist Gift für die Schweizer Wirtschaft.» Pressemitteilung Eidgenössisches Volkswirtschaftsdepartement (03.10.2005).

Hofmann, Markus. «Erfolg für links-konservatives Genmoratorium.» Neue Zürcher Zeitung (28.11.2005): 9.

Leserbriefe. «Lässt sich die Natur überlisten?» In: Tages-Anzeiger (19.11.2005): 26.

Mutter, Bettina. «Die Initiative verbietet, was gar niemand tun will: Interview mit Joseph Deiss.» Tages-Anzeiger (28.11.2005): 2.

U.S. Food & Drug Administration. «Science and History of GMOs and other Food Modification Processes.» FDA (03.05.2024). fda.gov/food/agricultural-biotechnology/science-and-history-gmos-and-other-food-modification-processes [Zugriff 18.05.2024]

Saleh, Rita; Bearth, Angela; Siegrist, Michael. «How chemophobia affects public acceptance of pesticide use and biotechnology in agriculture.» Food Quality and Preference 91 (2021): 104197. https://doi.org/10.1016/j.foodqual.2021.104197 [Zugriff 30.06.2024]

Speiser, Marcel. «Leere Drohung oder reale Gefahr? Wird das Gentech-Moratorium angenommen, befürchtet die Konjunkturforschungsstelle der ETH Schlimmes: den Verlust von Wissen und Arbeitsplätzen.» Tages-Anzeiger (04.11.2005): 34.

Stadler, Beda. Gene an die Gabel. Das erste GVO-Kochbuch der Welt. Bern: Internutrition, 2001.

2010 Ausschaffung

Bruhin, Martin. «Flut von Ausschaffungen überlastet Schweizer Gerichte.» Blick (21.12.2021). blick.ch/schweiz/richter-kommen-kaum-nach-flut-von-ausschaffungen-ueberlastet-schweizer-gerichte-id17087154.html [Zugriff 02.04.2024]

Fontana, Katharina. «Acht von zehn Tätern dürfen bleiben.» Neue Zürcher Zeitung (25.05.2021): 3.

Schweizer, Silas. «Gegenentwurf kann die erstmalige Annahme einer ausländerpolitischen Initiative nicht verhindern.» Swissvotes – die Datenbank der eidgenössischen Volksabstimmungen (2019). swissvotes.ch/vote/552.10 [Zugriff 02.02.2024]

Strassberg, Daniel. «Was für die Jungen der Botellón, ist für die Alten die Abstimmung.» Tages-Anzeiger (16.12.2010): 9.
Strehle, Res. «Fatale Sehnsucht nach der Idylle.» Tages-Anzeiger (29.11.2010): 1.
Vallely, Paul. «Switzerland: Europe's Heart of Darkness?» Independent (07.09.2007)

2013 Abzocker

Bandle, Rico. «‹Das habe ich so noch nie erlebt› – Michael Hermann über aggressiven Abstimmungskampf.» Sonntags-Zeitung (02.03.2024). tagesanzeiger.ch/13-ahv-rente-michael-hermann-ueber-aggressiven-abstimmungskampf-511509134059 [Zugriff 04.04.2024]
Cassidy, Alan; Müller, Patrik. «Philipp Müller bezeichnet Wirtschaftsführer als ‹Arschloch›.» Schweiz am Sonntag (14.42013). aargauerzeitung.ch/schweiz/philipp-muller-bezeichnet-wirtschaftsfuhrer-als-arschloch-ld.1759423 [Zugriff 04.04.2024]
Schirm-Gasser, Carmen. «‹Ich habe einen riesen Hals›.» Handelszeitung (10.05.2023). handelszeitung.ch/politik/nach-kollaps-der-credit-suisse-wie-thomas-minder-heute-seine-abzocker-initiative-formulieren-wurde-599972 [Zugriff 04.04.2024]
Städler, Iwan. «‹Der Minder› kann nicht anders.» Tages-Anzeiger (14.12.2012). tages-anzeiger.ch/der-minder-kann-nicht-anders-951134264226 [Zugriff 04.04.2024]
Travail Suisse. «Abzockerinitiative – was hat sie eigentlich gebracht?» Medienmitteilung (10.5.2016). travailsuisse.ch/de/arbeit/managerloehne/2016-05-10/abzockerinitiative-was-hat-sie-eigentlich-gebracht [Zugriff 04.04.2024]

2014 Masseneinwanderung

Aargauer Zeitung. «Sommaruga verspricht, SVP-Initiative rasch umzusetzen.» Aargauer Zeitung (09.02.2014). aargauerzeitung.ch/schweiz/sommaruga-verspricht-svp-initiative-rasch-umzusetzen-ld.1818279 [Zugriff 02.05.2024]
Bundesamt für Statistik. «Wanderung der ständigen ausländischen Wohnbevölkerung, 1950–2022.» BfS. bfs.admin.ch/bfs/de/home/statistiken/bevoelkerung/migration-integration.assetdetail.26565428.html [Zugriff 02.05.2024]
Brunner, Toni. «Masseneinwanderung stoppen!» Medienkonferenz SVP (25.07.2011). svp.ch/aktuell/publikationen/artikel/masseneinwanderung-stoppen/ [Zugriff 02.05.2024]
Hermann, Michael. Politgeografische Studie zur Masseneinwanderungsinitiative. Zürich: Sotomo, 2014.
Parmelin, Guy. «Darf man der Wahrheit nicht ins Gesicht schauen?» Medienkonferenz SVP (25.07.2011). svp.ch/aktuell/publikationen/referate/darf-man-der-wahrheit-nicht-ins-gesicht-schauen/ [Zugriff 02.05.2024]
Schmalz, Sarah. «Bewegungspolitisch haben wir das verschlafen.» Wochenzeitung (01.09.2016). woz.ch/1635/die-masseneinwanderungsinitiative-und-die-sp/bewegungspolitisch-haben-wir-das-verschlafen [Zugriff 02.05.2024]

Schlusswort: Die nächsten 700 Abstimmungen

Brennan, Jason. Against Democracy. Princeton: University Press, 2016.
Brooks, David. «The Authoritarians Have the Momentum.» New York Times (16.05.2024). nytimes.com/2024/05/16/opinion/trump-liberals-authoritarians.html
Brussig, Thomas. «Mehr Diktatur wagen.» Süddeutsche Zeitung (09.02.2021). sueddeutsche.de/kultur/corona-diktatur-thomas-brussig-1.5199495 [Zugriff 10.04.2024]

Crouch, Colin. Coping with Post-Democracy. London: Fabian Society, 2000.

Diamond, Larry. «Facing Up to the Democratic Recession.» Journal of Democracy 26: 1 (2015): 141–155.

Economist Intelligence Unit. Democracy Index 2023. London: EIU, 2024. eiu.com/n/campaigns/democracy-index-2023/ [Zugriff 10.06.2024]

Foa, Roberto et al. Youth and Satisfaction with Democracy: Reversing the Democratic Disconnect? Cambridge, UK: Centre for the Future of Democracy, 2020. bennettinstitute.cam.ac.uk/publications/youth-and-satisfaction-democracy/ [Zugriff 10.06.2024]

Freedom House. Freedom in the World Report 2024. Washington DC: Freedom House, 2024. freedomhouse.org/sites/default/files/2024-02/FIW_2024_DigitalBooklet.pdf [Zugriff 10.06.2024]

Kriesi, Hanspeter. «Der Zustand der schweizerischen Demokratie. Fakten, Probleme aus Sicht der Politikwissenschaft.» In: Demokratie in der Krise. Hg. Brühlmeier, D.; Mastronardi, P. Zürich: Chronos, 2016. 19–28.

Levitsky, Steven; Ziblatt, Daniel. How Democracies Die. New York: Viking, 2018.

Matsusaka, John. Let the People Rule. Princeton: University Press, 2020.

Mounk, Yasha. The People vs Democracy. Harvard: University Press, 2018.

Müller, Jörg Paul. «Die Zukunftstauglichkeit der Demokratie.» In: Demokratie in der Krise. Hg. Brühlmeier, D.; Mastronardi, P. Zürich: Chronos, 2016. 301–316.

Münkler, Herfried. Zukunft der Demokratie. Wien: Brandstätter, 2022.

Nichols, Tom. Our Own Worst Enemy: The Assault From Within on Modern Democracy. Oxford: University Press, 2021.

Qvortrup, Matt (Hg.). Referendums around the World. Basingstoke: Palgrave MacMillan, 2017.

Runciman, David. How Democracy Ends. London: Basic, 2018

Schaub, Hans-Peter; Bühlmann, Marc. «Funktioniert die direkte Demokratie in der Schweiz?» In: Direkte Demokratie in der Schweiz. Neue Erkenntnisse aus der Abstimmungsforschung. Hg. Schaub, H.-P.; Bühlmann, M. Zürich/Genf: Seismo, 2022. 11–21.

Susskind, Jamie. Future Politics. Oxford: University Press, 2020.

Ulrich, Bernd; Richter, Hedwig. Demokratie und Revolution. Wege aus der selbstverschuldeten ökologischen Unmündigkeit. Köln: KiWi, 2024.

Vatter, Adrian. «Zur Zukunftstauglichkeit demokratischer Institutionen in der Schweiz.» In: Demokratie in der Krise. Hg. Brühlmeier, D.; Mastronardi, P. Zürich: Chronos, 2016. 285–300.

Bildnachweis

Autoren und Verlag waren bemüht, alle Rechte für die Reproduktion einzuholen. Sollten wir Ansprüche übersehen haben, bitten wir um Nachsicht und eine Meldung an den Verlag.

Collection des Affiches, Bibliothèque de Genève

- 61 «Pour la souveraineté des cantons. Contre le code pénal Suisse. Votez non.» Noël Fontanet (1938).
- 107 «Non au port obligatoire de la ceinture – Vigilance.» Pierre-André Jacot (1980).

Economiesuisse, Zürich

- 199 «Nein zur Minder-Initiative.» Die Antwort AG / Economiesuisse (2013).

Graphische Sammlung (Druckgrafik), Schweizerische Nationalbibliothek, Bern

- 17 «Révision. Un Saut dans l'Abime.» Flugblatt der Föderalisten gegen die geplante Verfassungsrevision (1872).

Graphische Sammlung (Plakatsammlung), Schweizerische Nationalbibliothek, Bern

- 25 «Lasst mich arbeiten, stimmt: Ja!» Jules-Ami Courvoisier (1924).
- 37 «Souvenir de l'Emancipation 1798–1898.» Henry Meylan (1898).
- 49 «Gerechtigkeit erhöht ein Volk.» Melchior Annen (1918).
- 64 «Ein Volk, ein Recht – und dann ein Führer? Keine Gleichschaltung. Gegen das schweiz. Strafgesetz.» Unbekannt (1938).
- 79 «Die fünfte Schweiz verdient unsere Stimme.» Unbekannt / Burri Druck (1966).
- 116 «Familienfreundlich, partnerschaftlich, zeitgemäss. Ja zum neuen Eherecht.» Schweizerisches Aktionskomitee für das neue Eherecht (1985).
- 137 EWR / EG «Nein.» AUNS (1992).

Museum für Gestaltung Zürich, Plakatsammlung, ZHdK

- 153 «Non au mécanisme de frein à l'endettement.» Comité Droit au Social / David Rust (1998).

Plakatsammlung, Schule für Gestaltung Basel

- 43 «Direkte Bundessteuer Ja!» Hugo Laubi (1918).
- 85 «Zur Initiative gegen die Überfremdung ein klares Nein am 6./7. Juni.» Linard Biert / Jungradikale Basel (1970).
- 88 «Wir brauchen diese Menschen, und sie brauchen uns. Schwarzenbach-Initiative: Nein!» Celestino Piatti (1970).
- 89 «Volksbegehren gegen die Überfremdung: Ja. Für die Schweiz.» Initiativ-Komitee Volksbegehren gegen die Überfremdung (1970).
- 93 «Frauenstimmrecht Nein.» Donald Brun (1946).
- 96 «Frauenstimmrecht Ja.» Jürg Spahr / Aktionskomitee für das Frauenstimmrecht (1959).
- 96 «Wollt Ihr solche Frauen?» Otto Baumberger (1920).
- 98 «Frauenstimmrecht Nein.» Anonym / Kantonal-Zürcherisches Komitee gegen das Frauenstimmrecht (1947).
- 128 «Unsere Armee abschaffen: Nein.» Kern + Kern, Zürich / Schweizerisches Aktionskomitee gegen die Armeeabschaffungsinitiative (1989).

140 «Sicherheit! Arbeitsplätze! Wohlstand! Unabhängigkeit! Ja zum EWR.» Meinrad Fischer / Aktionskomitee Ja zum EWR (1992).
148 «Le racisme – y'en a marre!» Nicholas Marc Palffy / VPOD (1994).
149 «UNO-Maulkorb, Nein. Unser Strafrecht genügt! Nein zum Rassismus-Gesetz.» Stafford / Aktion für freie Meinungsäusserung – gegen Rassismus und UNO-Bevormundung, Hallau (1994).
165 «Beide sind bedroht. Fristenlösung Nein.» Mark Zeugin / Aktionskomitee gegen die Fristenlösung (1977).
208 «Bilaterale abholzen?» Economiesuisse (2014).
209 «Schluss mit dem Schwarz-Weiss-Denken!» GomS (2014).

Schweizer Allianz Gentechfrei, Zürich

185 «Ja: Lebensmittel aus gentechfreier Landwirtschaft.» Herbert Karch / Schweizer Allianz Gentechfrei (2005).

Schweizerischer Gewerkschaftsbund, Bern

67 «Ja.» Hans Erni / SGB (1947).

Schweizerisches Sozialarchiv, Zürich

28 «Familienglück ist Volksglück. Stimmt nein.» Dora Hauth-Trachsler (1924).
28 «Arbeitszeitgesetz Ja. Wir haben die Verantwortung, helft sie uns zu tragen.» Carl Scherer (1920).
29 «1877–1977 Fabrikgesetz.» Roland Hirter / PTT (1977).
40 «Die Schweizerbahnen dem Schweizervolk!» Johann Friedrich Boscovits (1898).
101 «Ja zum Kanton Jura.» Unbekannt (1978).
113 «Verfehltes Eherecht.» Agentur H. R. Abächerli / SVP (1985).
119 «Rothenthurm für uns, pour nous, per noi, per nus.» Fritz Hug / Rothenthurm-Initiative Ja (1987).
125 «Stop the Army: Ja, Oui, Si.» GSoA (1989).
131 «Hauptsache, der Samstagsjass überlebt.» Greenpeace Schweiz (1990).
141 «Oui à l'EEE – 6 Decembre 1992.» G. Nicole / SMUV (1992).
145 «Gemeinsam gegen Rassismus. Ja am 25. September '94.» Unbekannt (1994).
159 «Neutralität: Politische UNO Nein.» Goal AG / SVP (2002).
171 «Damit das nie mehr passiert ...» Unbekannt (ca. 2004).
177 «Oui: Protection maternité et congé parental.» Ofra (1984).
180 «Mutterschaftsschutz-Initiative Ja.» Ofra (1984).
181 «Staatskinder? Mutterschaftsversicherung – Nein.» Goal AG / SVP (2004).
182 «Mutterschaftsurlaub Ja.» Strahm Müller Werbung / SP Schweiz (2004).
188 «Abenteuer Essen – Guten Appetit! Ihre Gentech-Industrie» Greenpeace Schweiz (ca. 1995).
193 «Sicherheit schaffen.» Goal AG / SVP (2007).
205 «Stop alla immigrazione di massa!» Goal AG / SVP (2014).

Zentralbibliothek Zürich, Graphische Sammlung

20 «Gedenkblatt zum 19. April 1874.» E. Conrad / Verlag A. Frey, Zürich (1874).

Zentralbibliothek Zürich, Alte Drucke / Rara

31 «Der Hofmetzger an der Arbeit.» Nebelspalter (Juni 1893, Heft 23).
55 «Il Rumantsch lingua naziunala.» Titelseite der «Züricher Illustrierten» (11.02.1938). Foto: Albert Steiner.
73 «Allmächtigi Vollmacht, de Chrieg isch verbii.» Carl «Bö» Böckli, Nebelspalter (Juni 1949, Heft 24).

Zu diesem Buch

Wir haben mit zwei Listen begonnen. Jeder Autor hat 30 Volksabstimmungen notiert, die er für besonders wirksam hielt. Unser Auswahlkriterium war simpel: Der Volksentscheid sollte Veränderung gebracht und die Schweiz dauerhaft geprägt haben. Es zählte nicht, wie heftig vor der Abstimmung gestritten wurde (über den Schulvogt, die F/A-18, die Konzernverantwortung), sondern was danach geschah.

Unsere wichtigsten Quellen waren die Bundeskanzlei, die alle 676 Volksabstimmungen seit Gründung des Bundesstaates 1848 (Stand Ende 2024) chronologisch aufführt, sowie das Handbuch der Eidgenössischen Volksabstimmungen 1848–2007 (Haupt Verlag, Bern 2010) bzw. seine Online-Weiterführung durch die Universität Bern auf swissvotes.ch.

Unsere zwei Listen hatten mehrere Übereinstimmungen auf Anhieb (Schächtverbot, AHV, Frauenstimmrecht, EWR-Nein u. a. m.), in vielen Punkten aber divergierten sie auch. Wir diskutierten, recherchierten, konsolidierten.

Unsere erste gemeinsame Liste setzten wir systematisch der Kritik von Sachverständigen, Arbeitskollegen und Menschen an der Bar aus. Bei der Demokratie kann jede und jeder mitreden. Über ein halbes Jahr lang haben wir die Liste spielerisch verfeinert – und eine zweite Liste begonnen, in welche wir wichtige, aber dennoch zweitplatzierte Abstimmungen auslagerten.

Unsere Auswahl der Volksentscheide ist nicht wissenschaftlich und erhebt keinen Anspruch auf Absolutheit. Es ging uns auch um den Unterhaltungswert der Geschichten und um den Zugang zur jüngeren Schweizer Vergangenheit, den sie bieten. Jede Leserin und jeder Leser ist eingeladen, uns zu melden, welches die noch wichtigeren Abstimmungen sind und wo wir danebenlagen: hesseloser@proton.me.

Bei der Recherche haben wir profitiert von den Daten der Bundeskanzlei, vom Politischen Atlas der Schweiz, vom Historischen Lexikon der Schweiz – und von der Zeit vieler Forscherinnen, Schreiber und involvierter Zeitzeuginnen, die uns grosszügig Auskunft gegeben haben. Mehr als 40 Interviews sind in dieses Buch eingeflossen.

Dank

Wir sind sehr vielen Menschen zu Dank verpflichtet. Sie haben Fragen beantwortet, Texte gegengelesen, Anregungen formuliert, Dummheiten verhindert, Plakate zur Verfügung gestellt, Dokumente kopiert und Archivtüren für uns geöffnet. Wir sind glücklich und dankbar, dass wir auf so viel Hilfe zählen durften. Für alle im Buch verbliebenen Fehler sind wir Autoren ganz allein verantwortlich.

Michael Ambühl, ehem. Staatssekretär EDA und em. Professor ETH Zürich
Christian Bolliger, Politologe, Journalist
Markus Brotschi, Journalist
Alan Cassidy, Journalist
Daniel Di Falco, Journalist
Kijan Espahangizi, Privatdozent für Geschichte, Universität Zürich
Rahel Freiburghaus, Politologin, Universität Bern
Rolf Graber, Titualprofessor für Geschichte, Universität Zürich
Valentin Groebner, Professor für Geschichte, Universität Luzern
Ueli Grossniklaus, Professor für Pflanzenbiologie, Universität Zürich
Lukas Gschwend, Professor für Rechtsgeschichte, Universität St. Gallen
Markus Häfliger, Journalist
Lea Haller, Co-Generaldirektorin der Schweizerischen Akademie der Geistes- und Sozialwissenschaften
Stephan Häsler, ehem. stv. Direktor Bundesamt für Veterinärwesen und Präsident der Schweizerischen Vereinigung für Geschichte der Veterinärmedizin
Marianne Heer, ehem. Kantonsrichterin Kanton Luzern und Lehrbeauftragte an den Universitäten Fribourg und Bern
Michael Hermann, Politologe, Forschungsstelle Sotomo und Universität Zürich
Simon Heusser, Eidg. Departement des Inneren
Laura Kaiser, Stiftung SBB Historic
Andreas Kley, em. Professor für öffentliches Recht, Verfassungsgeschichte sowie Staats- und Rechtsphilosophie, Universität Zürich
Christian Koller, Historiker, Direktor Schweizerisches Sozialarchiv, Zürich
Georg Kreis, em. Professor für Geschichte, Universität Basel
Gesine Krüger, Professorin für Geschichte, Universität Zürich
Patrick Kupper, Professor für Geschichte, Universität Innsbruck
Patrick Kury, Professor für Geschichte, Universität Luzern
Josef Lang, Historiker
Stefan Länzlinger, Schweizerisches Sozialarchiv, Zürich
Philipp Messner, Plakatsammlung, Schule für Gestaltung Basel
Beat Metzler, Journalist
Christian Moser, Journalist und Autor
Andreas Müller, Pro Futuris und Schweizerische Gemeinnützige Gesellschaft
Salome Müller, Journalistin
Stephanie Müller, Historikerin
Marianne Pletscher, Dokumentarfilmerin und Autorin
Bettina Richter, Kuratorin Plakatsammlung Museum für Gestaltung, ZHdK

Paul Scherer, Agraringenieur, ehem. Geschäftsleiter Schweizer Allianz Gentechfrei
Beat Scherrer, Graphische Sammlung, Schweizerische Nationalbibliothek, Bern
Stefan G. Schmid, Professor für öffentliches Recht, Universität St. Gallen
Werner Seitz, Historiker, ehem. Leiter Sektion «Politik, Kultur, Medien», Bundesamt für Statistik
Brigitte Studer, em. Professorin für Geschichte, Universität Bern
Pierre Tschannen, em. Professor für Staats- und Verwaltungsrecht, Universität Bern
Benedikt Weibel, ehem. Generaldirektor SBB
Rudolf Wyder, ehem. Direktor Auslandschweizer-Organisation

Besonderer Dank gilt unseren Familien (es sind die besten!): Natalie, Louis, Benjamin und Mirjam, Arno, Tom.

Autoren

Foto Ornella Cacace

David Hesse, geboren 1979, Historiker. Zuständig für Zukunftsfragen und Stiftungsentwicklung bei der Stiftung Mercator Schweiz. Davor USA-Korrespondent der «Süddeutschen Zeitung» und des «Tages-Anzeigers», Redaktor der «NZZ am Sonntag». Bis 2022 Lehrbeauftragter für Geschichte, Universität Zürich. Bücher: «Warrior Dreams», «Invisible Hands» (mit Stephan Sigrist).

Foto Urs Jaudas

Philipp Loser, geboren 1980, Journalist und Historiker. Arbeitet für die Seite Drei des «Tages-Anzeigers», moderiert die Podcasts «Apropos» und «Politbüro» von Tamedia und ist Kolumnist bei «Das Magazin». Bücher: «Der Fall FDP» (mit Alan Cassidy), «Der FC Basel und seine Stadt» (mit Thilo Mangold, Claudio Miozzari und Michael Rockenbach).

50 Jahre Frauenstimmrecht
Herausgegeben von Isabel Rohner und Irène Schäppi
25 Frauen über Demokratie, Macht und
Gleichberechtigung

Am 7. Februar 1971 stimmten die Schweizer Männer nach mehreren gescheiterten Plebisziten endlich mehrheitlich für das allgemeine Stimm- und Wahlrecht für Frauen. 50 Jahre danach ziehen 25 Frauen Bilanz und schauen zurück und nach vorne. Der Durchbruch kam spät – viel später als in den Nachbarländern –, doch der Kampf hatte auch in der Schweiz eine lange Geschichte. Warum dauerte es fast 100 Jahre bis zur politischen Gleichberechtigung? Welche Rolle spielt das Stimmrecht heute für Frauen? Wählen Frauen anders?

Es geht um die Geschichte und Gegenwart, aber vor allem um die Zukunft der Gleichberechtigung – denn es gibt noch immer zu tun!

«Ausserordentlich vielseitig und ertragsreich.» *Fabienne Grimm, P.S.*

«Eine erhellende Lektüre!» *Dagmar Brunner, ProgrammZeitung*

«Ein vielschichtiges Buch zum Nachschlagen, schmökern, sich freuen und manchmal auch, um ärgerlich den Kopf zu schütteln über die Ungleichbehandlung.» *FrauenLand*

«Nach der Lektüre von ‹50 Jahre Frauenstimmrecht› bleiben eine gewisse Empörung, gemischt mit einer Portion von Staubers Optimismus, zurück. Und viel neu gewonnenes Wissen über den wohl grössten Kampf der Schweizer Frauen, über den bis anhin zu häufig geschwiegen worden ist.» *Julia Käser, Bluewin*

Der Schwarzenbacheffekt
Herausgegeben von Francesca Falk
Wenn Abstimmungen Menschen traumatisieren
und politisieren

1970 wurde die Schwarzenbach-Initiative nur knapp verworfen. Sie war der Auftakt zu einer bis heute anhaltenden Reihe von «Überfremdungsinitiativen», die Generationen von Menschen mit Migrationsgeschichte traumatisiert haben.

In diesem Buch sprechen Zeitzeug:innen der Schwarzenbach-Initiative über ihr Leben im Provisorium. Sie erzählen von prekären Wohnverhältnissen, zurückgelassenen Kindern, Diskriminierung und Ausgrenzung, aber auch von Freundschaft und Widerstand. Viele von ihnen wurden durch die Initiative politisiert und zu einem Engagement bewegt, das bis heute das gesellschaftliche Leben in der Schweiz prägt.

«Es ist erfrischend und bereichernd, in einem so schlanken Band eine so grosse Bandbreite an Textgattungen anzutreffen, die sich, zugespitzt auf das titelgebende Thema, zu einem stimmigen und innovativen Werk fügen. Zweifellos vermag es der migrationsgeschichtlichen Forschung neue Impulse zu verleihen.»
Marino Ferri, Schweizerische Zeitschrift für Geschichte

«Die Beiträge ermöglichen es, die Komplexität der individuellen Lebenswege der Migrantinnen zu erfassen.» *Pauline Milani, traverse*

LIMMATVERLAG.CH

Dieses Buch wurde mit finanzieller Unterstützung durch den Förderverein des Limmat Verlags realisiert.

Für einen Druckkostenzuschuss dankt der Verlag der Ernst Göhner Stiftung und der Paul Schiller Stiftung

ERNST GÖHNER STIFTUNG   Paul Schiller Stiftung

Im Internet
› Informationen zu Autor:innen
› Hinweise auf Veranstaltungen
› Links zu Rezensionen, Podcasts und Fernsehbeiträgen
› Schreiben Sie uns Ihre Meinung zu einem Buch
› Abonnieren Sie unsere Newsletter zu Veranstaltungen und Neuerscheinungen
› Folgen Sie uns 𝕏 ⓘ ⓕ

Das *wandelbare Verlagslogo* auf Seite 1 zeigt Stühle und Sessel aller Art, Linoldruck von Laura Jurt, Zürich, laurajurt.ch

Der Limmat Verlag wird vom Bundesamt für Kultur mit einem Strukturbeitrag für die Jahre 2021–2024 unterstützt.

Karten: Grundkarte von NordNordWest auf commons.wikimedia.org mit historischen Anpassungen (Kanton Jura und Laufental) durch den Verlag

Typografie und Umschlaggestaltung: Trix Krebs
Bildbearbeitung: Widmer & Fluri, Zürich
Druck und Bindung: Friedrich Pustet, Regensburg

ISBN 978-3-03926-081-2
© 2024 by Limmat Verlag, Zürich
www.limmatverlag.ch